# デフレーションの
# 経済と歴史

## 高崎経済大学産業研究所【編】

日本経済評論社

## 刊行にあたって

　高崎経済大学附属産業研究所は、1957年（昭和32年）の本学設立と同時に設置され、50年を超える歴史を積み重ねてきた。研究所の目的とするところは、主に、産業・経済の分析・研究を通じて学問的に貢献し、併せて地域経済や地域産業・地域社会の振興・発展に寄与するところにある。また大学による地域貢献が唱えられるようになるよりも遙かに以前より、本学の地域貢献を担う部門として、公開講座や講演会等の様々な事業が行われてきた。2011年（平成23年）には本学が公立大学法人化され、それに伴って研究所の名称に「附属」を冠することがなくなり、高崎経済大学産業研究所と称するようになった。2015年度からは産業研究所と地域政策研究センターとを統合し、研究の基盤をより強固な物として、研究所の伝統を積み重ねていくこととなる。

　企業においては、新しい事業を本格的に始めようとするとき、別の部門を設置して取りかかることが多い。旧来の組織がもつしがらみがもたらすかもしれない悪影響から切り離し、新たな関係性へとつながっていくためである。時代が流れ環境が変化する中で生き残っていくために組織は適応的に変化する必要があるが、従来からある組織を変えてしまうのは危険性が大きい。新しい取り組みが成功するとは限らないからである。別部門にしておけば成功しなかった場合には、本体に大きな影響を与えることなく、損切りで対応できる。新しい部門が成功を収めた場合には、その活力を本体に取り込む手立てが取られることになる。今回の研究所再編はこのようにとらえることができよう。

　さて、本研究所の看板事業といえる研究プロジェクト・チームが始まったのは、大学創立20周年事業としてであった。その後、常に複数のチームが存在し、毎年その成果報告書を刊行できる体制となって、今日に至っている。高崎市域・群馬県域を対象とした研究のみならず、多種多様なテーマが取り

上げられてきた。詳しくは本研究所ウェブサイトに掲載されているので参照されたい。今回の報告書は『デフレーションの経済と歴史』と題され刊行される運びとなった。様々な研究分野の所員による様々な角度からの論考を、現今の状況を読み解くための一助としていただければ幸いである。

　本書ができるにあたっては、数多くの資料や著書、貴重な時間を割いて取材や調査に快く応じていただいた方々に負うところが多い。感謝申し上げたい。また本プロジェクトの研究および事業に関わった本研究所員および諸先生には格別なる論文をご寄稿いただいた。謝意を表したい。本プロジェクトの推進並びに本書の発刊を支援していただいた、高崎市、大学当局および事務職員、さらに編集・公刊の労をとっていただいた日本経済評論社に対し、衷心より感謝の意を表したい。

2015 年 2 月

高崎経済大学産業研究所所長　藤　本　哲

# 目　次

刊行にあたって　　　　　　　　　　　　　　　　　　　藤　本　哲　iii

### 第 1 部　デフレーションの理論

## 第 1 章　デフレの社会的費用 ……………………………中野正裕　3
1　物価下落が望ましくないのはなぜか　3
2　観察された長期デフレの傾向　6
3　定性的側面からみたデフレの費用　10
4　定量的側面からみた負債デフレの費用　20
5　金融政策運営上のコスト（犠牲率とフィリップス曲線）　22
6　おわりに　26

## 第 2 章　物価の変動と貨幣錯覚
　　　　　──経済実験によるアプローチ──………山森哲雄　29
1　はじめに　29
2　戦略的環境における貨幣錯覚の実験　31
3　異時点間の意思決定における貨幣錯覚の実験　36
4　国際取引と貨幣錯覚　40
5　おわりに　47

## 第 3 章　不確実性下における貨幣的均衡に関する考察
　　　　　………………………………………………岡田知之　51
1　はじめに　51
2　モデル　53
3　均衡　59

4　均衡に関する考察　62
　5　まとめ　71

## 第2部　デフレーションの財政と歴史

### 第4章　財政再建に求められるデフレ脱却と新しい公共経営……中村匡克　75
　1　はじめに　75
　2　デフレがマクロ経済において問題とされる理由　77
　3　厳しい財政状況とデフレが財政にもたらす影響　80
　4　新しい公共経営（NPM）の考え方　84
　5　まとめと今後の展望　88

### 第5章　公的年金制度改革をめぐる非難回避政治とその戦略……秋朝礼恵　93
　1　はじめに　93
　2　手柄争いの政治と非難回避の政治　95
　3　スウェーデンの年金改革　101
　4　おわりに　110

### 第6章　戦間期イギリスの金本位制復帰問題とデフレーション……伊藤宣広　115
　1　はじめに　115
　2　大戦末期からジェノア会議まで　116
　3　イギリスの金本位制復帰とケインズ　118
　4　復帰後のイギリス経済と各国の状況　129

## 第7章　近代成長期における群馬県のデフレーション
……………………………………………………今野昌信　139

1　はじめに　139
2　GNPと通貨　140
3　産業社会の形成と物価の変動　144
4　群馬県の産業形成と物価の変動　148
5　おわりに　154

### 第3部　デフレーションへの適応と経営戦略

## 第8章　天候不順によるリスクのヘッジ――天候デリバティブの活用について――…………………………阿部圭司　159

1　はじめに　159
2　天候デリバティブについて　160
3　プレミアムの求め方　170
4　まとめ　174

## 第9章　景気変動と経営戦略――Business Fluctuations and Strategy――……………………………関根雅則　179

1　はじめに　179
2　経営戦略立案前提としての環境分析　180
3　デフレ下における経営戦略　185
4　デフレ下における競争戦略　187
5　結び　194

## 第10章　LCCの参入と国内航空市場の変化………大石　恵　197

1　はじめに　197
2　海外航空市場の規制緩和とLCCの参入　199

3　日本の国内航空市場の規制緩和とLCCの参入　202
　　4　LCC参入路線の航空旅客数の変動　204
　　5　おわりに　208

## 第11章　地域発の国際戦略　　　　　　　　　　佐々木茂　213
　　1　はじめに　213
　　2　地域の国際化の取り組みの現状　218
　　3　地域の文化を核とする国際マーケティングのプロセス　223
　　4　世界の日本に対するニーズ　229
　　5　今後に向けた取り組み　233
　　6　むすびにかえて　236

あとがき　　　　　　　　　　　　　　　　　　　　　藤本　哲　239
執筆者紹介　244

# 第1部

# デフレーションの理論

# 第1章

# デフレの社会的費用[1]

中野　正裕

## 1　物価下落が望ましくないのはなぜか

　日本では1990年代から継続的な物価下落を示すデフレーション（以下デフレ）が観察されるようになった。2000年代半ば以降、景気回復を反映して物価の下落傾向にもいったん歯止めがかかったが、その後の米国発世界同時不況の影響を受けて2009年には再び顕著な物価下落が生じた。日本が長期にわたりデフレの状態にあるという表現が国内外で用いられるようになり、「デフレ経済からの脱却」が政府の主要な政策課題に掲げられた。2012年末に誕生した第2次安倍晋三内閣ではアベノミクスとよばれるマクロ経済政策のパッケージが提示され、2013年4月には「質的・量的金融緩和」とよばれる日本銀行の大規模な金融緩和政策が導入された。

　経済学で用いられるデフレという語それ自体は、物価が一定期間にわたって下落する状態を示すものにすぎない。しかし、日本の1990年代後半以降の経済状況を形容するデフレという語は、不況、雇用機会の喪失、高齢化、円高、生産性の低下や日本銀行の政策運営に対する批判などと結びついて、日本経済の低調を示す総合的な代名詞であるかのように扱われてきた。2000年代初頭を振り返ると、バブル崩壊後からの「失われた10年」が日本経済を形容する語としてよく用いられ、その後「10年」という年数は「15年」、「20年」と延長して使用され、総体として経済の低調や社会の閉塞感を人々に印象付けてきた。これらと同じように、最近まで日本で使用されてきたデ

フレという語も、経済の望ましくない状況、改善すべき状況をさす語として定着している。また、デフレ経済とよばれる状況が長く続いたため、そこから抜け出すことが極めて難しいという印象を人々に強く与えている。政策担当者も含めて多くの人々は、物価が上昇に転じるという予想を生み出すために、多大な労力をかけて、従来とはかけ離れた大胆な政策を実施しなければならないと考えるようになった。一方で、デフレという語の示す範囲が曖昧になり、デフレからの脱却が何を意味するのかが不明瞭であるという問題も生じている。

　デフレが単純に物価下落を表しているとすると、それを望ましくないと考える根拠は何だろうか。実は、なぜ物価下落が望ましくないのかを説明することはそれほど容易ではない。物価とは、社会を構成するさまざまな市場で取引される商品やサービスの価格の平均的な（加重平均した）水準を表す。したがって、物価下落は、さまざまな市場で価格が同時に低下していることから生じる[2]。そこで、まず個々の市場における価格の低下について考えてみよう。経済学では、市場の資源配分機能が発揮されるために、需給や供給の変動に応じて価格が伸縮的に変化することが望ましいと考える。かりに需給が変化しても価格がスムーズに変化しない（摩擦がある）市場では、資源配分上の非効率が生じやすい。この考え方にしたがうと、商品価格が需給関係を反映して速やかに変化していれば、市場機能はむしろ望ましい形で発揮されている。商品価格低下の要因として(a)商品の生産コストの低下、(b)商品に対する需要の減退、のどちらかまたは両方が考えられる。これらの要因の変化を個別に立ち入って問題とするかどうかは別にして、そうした変化は価格低下という情報として市場参加者に伝達される。価格低下という情報を受けた人々が（たとえば、購入量を増やすまたは減らすといった）自身にとってより望ましいとされる選択を行うような状況では、可能な限り非効率（ムダ）のない配分が実現する、というのが経済学の基本的な考え方である。この文脈では、何らかの過剰調整（均衡水準を超えてさらに価格が低下し続ける状況）が生じるような場合でない限り、商品価格の低下それ自体が「望

ましくない」現象であることを説明できない。

　もちろん、上に述べたことは個別の市場における価格低下を説明したに過ぎず、一般物価の下落を意味するものではない。そこで、今度は1国経済を構成するすべての市場（これには労働用役の市場も含まれる）で一斉に価格ならびに賃金が低下する状況を考えよう。経済学が想定する「価格が伸縮的な世界」では、家計や企業の行動に影響を及ぼすのは商品価格同士の相対的な変化のみである。つまり、ある商品と他の商品の相対価格が変化しなければ、すべての商品の価格が0.5倍になったとしても商品全体の需要は変化しない。また物価と賃金が同時に0.5倍になるのであれば実質賃金（商品単位で測った賃金の購買力）も変化しないので、企業の決定する生産量や雇用量は変化しない。つまり物価（や貨幣量）の変動は実体経済に中立的であり、物価下落が生じてもそれだけでは生産や雇用が変化しないことになる。

　ただし、物価の下落にともなって相対価格が変化するような場合はその限りではない。デフレの弊害として企業の減収により給与所得が物価下落よりも急速に低下し、実質所得の減少や消費の減退が生じるという問題がしばしば指摘される。また市場取引に必要な情報が不完全な場合や、人々が名目値の変化を実質値の変化と混同する、いわゆる貨幣錯覚とよばれる状況下では、物価や名目賃金の変化に対して家計が消費や労働供給を変化させる可能性がある。

　現実の経済取引は各種の取引コストをともなうため、物価の継続的な下落によってそのコストが増大する可能性もある。さらに、物価下落という情報が伝達されたとき、人々が長期的にみて合理的とはいえない（近視眼的な）行動をとる可能性や、人々が合理的な行動をとったとしても社会全体で非効率な状態が生じる可能性もある。戦後日本における物価の大きな変動でただちに思い浮かぶのは、「狂乱物価」とよばれた1970年代の状況である。1973年の第1次石油危機後、地価高騰などと相まって翌年には20％を超えるインフレーション（継続的な物価上昇をさす、以下インフレ）が発生した。この時期、日用品などは十分に流通していたにもかかわらず、さらなる物価上

昇を予想した人々が買いだめに走ったことで、社会的な混乱を招いた。このような事例を考えると、日本のデフレが1970年代と比較してマイルドなものだとしても、それが人々にどのような情報として伝わり、人々のどのような行動の変化を生み出すか、またどのような資源配分上のロス（非効率）が生じる可能性があるか、といった点を考える必要がある。

## 2　観察された長期デフレの傾向

### （1）デフレの定義と消費者物価指数の推移

　デフレとは一定期間にわたり物価が下落する状況を意味するが、具体的にどのくらいの期間下がりつづければデフレとみなすかについて、明確な合意があるわけではない。BIS（国際決済銀行）やIMF（国際通貨基金）では景気判断と切り離して少なくとも2年程度の持続的な物価下落をデフレと定義しており、内閣府もそれに倣っているが、同時に景気後退をともなうかどうかも含めて厳格な定義はない。岩田（2011）では、「1990年代以降の日本の経験に照らせば、物価が2年間続けて下落してから、デフレだと認識して対応するのでは遅すぎで、通常の金融政策でデフレから脱却することは難しくなる」として、2年の継続期間を重視することには批判的である。そのうえで、インフレ率が2%を下回るとデフレのリスクを認め（黄色信号）、1%を割ればデフレ・リスクに対応すべき（赤信号）であると述べている[3]。

　日本の物価を示す代表的な経済指標の1つに消費者物価指数（Consumer Price Index；CPI）があり、総務省統計局が作成している。図1-1は1994年から2013年までの消費者物価指数の伸び率（前年同月比）の推移を表している。図1-1より消費者物価指数の伸び率が継続して2年程度0%を下回っているのは1999年から2003年にかけての期間であるが、1997年と2008年の時期を除くほぼ全期間で1%を下回ってきたことが分かる。なお、2013年のアベノミクス実施以降は1%前後まで回復している。

　2001年4月の内閣府「月例経済報告」において、経済が「緩やかなデフ

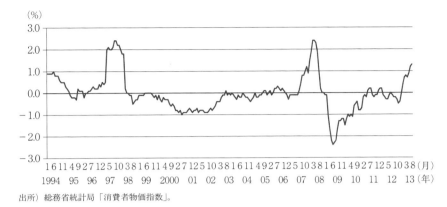

出所）総務省統計局「消費者物価指数」。

**図1-1 消費者物価指数（生鮮食品を除く総合）の伸び率の推移**（全国、前年同月比％、2010年＝100）

レ」にあることが示されて以来、日本でデフレという語は人々の間に広く認識されるようになった。なお、この年の「年次経済報告」では、過去2年程度のデフレをもたらした経済的背景について、①供給面の構造的要因（安い輸入品の増大）、②景気の弱さから来る需要要因（GDPギャップの拡大傾向）、③金融要因（企業の資金調達意欲の減退と銀行の仲介機能の低下）が指摘されている。

上の要因以外に、デフレの初期の段階では、生産性の上昇や高価格製品の価格是正を反映した望ましい物価下落であるとの指摘もしばしばなされた。いわゆる「良いデフレ」論である。こうした指摘は、しかしその後はあまり強調されなくなった。なぜなら、特定の製品の価格だけが低下しても、相対価格の変化によって人々の実質所得が増加して他の製品への支出が増加するため、一般物価水準の下落が生じるとは限らないためである。また、日本ではサービスのような非貿易財価格が高いことが内外価格差の要因として指摘されている。そのため一般物価の下落というデフレによる調整が内外価格差の是正という面で望ましいとはいえない。

2001年3月からの日銀による量的緩和策の導入や、銀行部門の不良債権

処理の進行を受けて、2007年頃まで②需要要因ならびに③金融要因による物価下落圧力は徐々に収まり、景気回復が続いた。しかし2008年のリーマンショックや2011年の東日本大震災の影響を受けて一時的に大きく経済情勢が悪化し、再び緩やかな回復基調を経たのち、2013年に入り再びプラスの状態に移行している。残念ながら2014年の時点で、日本が長期的なデフレ・リスクから脱却したと判断することは難しい。

### (2) GDPデフレーターの推移

物価の推移を示す他の指標として、内閣府が作成するGDPデフレーターがある。消費者物価指数が家計消費に対象を限定している一方で、GDPデフレーターでは企業の設備投資なども対象となるため、たとえばIT投資関連財の品質の向上を反映して下落傾向が顕著になる。また輸入財価格の変化の影響を受けにくいことなどから、消費者物価指数との乖離が生じやすい[4]。

図1-2は、1995年から2013年までのGDPデフレーターの前年比伸び率

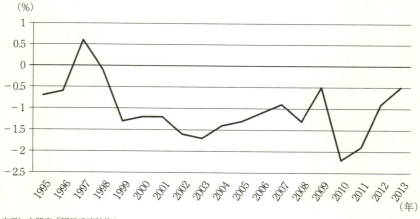

出所）内閣府「国民経済計算」。

**図1-2　GDPデフレーター伸び率の推移**（暦年、前年比％、2005年＝100）：1995年～2013年

の推移を示したものである。図1-2から明らかなように、GDPデフレーター伸び率は1997年にマイナスからいったんプラスに転じたが、1998年以降は一貫してマイナスの状態にあり、2010年には−2.2%まで低下している。

消費者物価指数、GDPデフレーターのいずれでみても、日本で長期にわたり物価下落圧力が存在し、2003年からの緩やかな景気回復期にも物価上昇率が1%を下回って推移してきたことが分かる。また米国発世界同時不況後の2008年から2009年にかけてどちらの指標も急激な下落を示しており、景気後退（GDPギャップの拡大）を反映した動きだといえる。とはいえ、15年超にわたり生じた物価下落圧力の要因を需要不足だけに求められるかどうか疑わしいとする意見は多い。現在まで円高や資産価格の変化や内外金利差、産業構造の変化や生産性低下など、さまざまな角度から長期デフレのメカニズムを解明しようとする試みがなされてきたが、望ましい解釈がどれかについて、未だ合意には至っていないのが現状である。

### (3) 物価の長期的推移

今度は、日本におけるより長い期間の物価の推移をみてみよう。図1-3は、戦後（1951～2013年）の消費者物価指数の前年比伸び率の推移を示したものである。消費者物価指数でみた戦後日本の物価上昇率は、1950年代半ばにマイナスに転じている。その後1960年代から1980年代にかけては、1970年代前半の狂乱物価の時期を除くとおよそ4～8%程度で推移していた。しかし1980年代半ばの円高不況の時期からすでに3%を下回るようになり、バブル経済とよばれた1980年代後半でも消費者物価指数の伸びは3%程度となっている。日本が低成長期に移行したのち、長期デフレ期に入るまでは低インフレの状態が継続していた。このようにインフレが収束し、物価上昇率が低下していく状況をディスインフレーションとよぶ。日本は、戦後の高度成長とインフレが収束したのち、ディスインフレの状態を経て1990年代からの長期デフレの状況に至る、という過程を経てきたといえる。

図1-3をみる限り、日本の過去20年の物価変動は戦後の全期間の中では

出所) 総務省統計局「消費者物価指数」。

**図 1-3　消費者物価指数の変化率の推移**（持家の帰属家賃を除く総合、2010 年＝100）

比較的マイルドな動きにみえる。戦後の混乱期や 1970 年代の毎年 5% を超える物価上昇期と比較して、1990 年代からのデフレがもたらした混乱や社会的損失は、相対的に小さなものであるように感じさせる。しかしこのようなディスインフレからデフレへと至る長期的な物価下落圧力が 15 年以上にわたって存続した国は、先進諸国では日本だけである。日本で生じたデフレの問題点を考えるために、次節でインフレやデフレといった物価変動がどのような社会的費用を発生させるか、一般的なコスト概念について整理したい。

## 3　定性的側面からみたデフレの費用

　インフレやデフレといった物価の変動はどのような社会的費用（ロス）をもたらすだろうか。物価変動が何らかの社会的費用をもたらしている場合、その定量的な評価を行おうとすれば、まず「望ましい」物価水準（またはインフレ率）を明確にする必要がある。しかし、望ましい物価またはインフレ率について、経済学者の間で一致した見解があるわけではない。物価変動を

もたらす要因はさまざまであり、CPIやGDPデフレーターのような物価指標がある特定の水準（範囲）にあれば良いとは必ずしもいえないからである。よって、物価変動の社会的費用を計測する統一的な手法は確立されていない。以下ではまず、物価変動がどのような社会的費用を発生させる可能性があるか、主に定性的な側面から考えよう。

インフレ、デフレのいずれにせよ、予想されていなかった物価の変動が何らかの社会的費用を発生させる可能性は高い。人々は異なる時点を通じて経済取引を行う場合、物価を含めた将来の経済指標を予想しながら意思決定を行う。そのさい、予期せざる物価変動が生じると、それが人々の最適な意思決定の障害となる。その結果、最適な資源配分が実現せず、社会的なロスが生じる可能性がある。

したがって物価変動の社会的費用を考える場合、それが予想されなかったことが原因で生じる費用と、予想された物価変動の下でも発生する費用に区分する必要がある。また、インフレによって発生する社会的費用は、デフレ（またはディスインフレ）の状況下では逆に便益を発生させているかもしれない。一方、デフレ特有の社会的費用も存在する。以下では、インフレ・デフレに共通の社会的費用、インフレ特有の社会的費用、デフレ特有の社会的費用について整理してみよう。

## (1) 予想されない物価変動（インフレ・デフレ共通）のコスト

① 強制的な富の移転

予想されなかったインフレ・デフレに共通の社会的費用として、予期されなかった富の移転が挙げられる。経済活動の多くは異時点間にまたがっており、また実際の取引契約は名目表示された値（名目金利や名目賃金）でなされることが多い。そのため、物価が予想を超えて変化すると実質値でみた契約額の変化は予期せぬ所得移転を強制的に発生させ、厚生上の損失を生じさせる。

このようなケースの典型的なものが、実質金利の変化である。すなわち、

名目金利が一定期間契約によって固定されている場合、インフレは実質金利を低下させて債権者から債務者に意図せざる所得移転を発生させ、逆にデフレは実質金利を上昇させて債務者から債権者に意図せざる所得移転を発生させる。

また、一般物価の変動が大きいとき、インフレによってもたらされた物価の変化と、個々の財の需給のシフトから生じた物価の変化を人々は混同するかもしれない。この要因により、予期されなかった物価上昇の下では価格が提供するシグナルに歪みが生じてしまい、市場経済が効率的に機能しない可能性がある。

② 不確実性の増大と支出低迷

真のインフレ率についての不確実性が増大すると、異なる価格の違いを知るために情報収集を行うための追加的な費用が発生する。インフレがもたらすリスクと不確実性により、人々の計画立案が困難になるという問題もある。たとえば退職時点での将来の貨幣価値が分からないために、現在どれだけ貯蓄すべきか分からないといったケースが当てはまる。こうした社会全体のコストによって、ハイパーインフレを経験した国の実質経済成長は低くなる傾向がある。

宮尾、中村、代田（2008）では、1971年から2007年までのGDPデフレーター、CPI、CGPI（企業物価指数）などのデータを用いて、インフレ率の標準偏差や時系列モデルを設定したうえでインフレ率とインフレ率の不確実性の間に正の相関があるかどうかを考察している。その結果、1994年以降のデフレ期にはボラティリティーでみた不確実性はあまり大きくなっておらず、またインフレ率とこれらの不確実性指標の相関もあまり高くなかったことから、デフレのコストはあまり大きくなかったと指摘している。

## （2） 予想された物価変動（インフレ・デフレ共通）のコスト

① メニュー・コスト

価格決定力をもつ独占的企業は、価格変更にともなう各種の費用（メニュ

ー・コスト：値札の付け替えやパンフレット、メニューの変更などの物理的費用）を負担しなければならない。インフレやデフレが生じると、それが予想されたものであってもメニュー・コストを発生させ、相対価格の変化をもたらす可能性がある。なぜなら、これらの費用負担の重さは企業ごとに異なるため、全ての企業が価格を改訂するとは限らないからである。メニュー・コストの存在により生じた相対価格の変化は、生産や消費といった実体的な活動に影響を及ぼし、資源配分上の歪みをもたらす可能性がある[5]。

② 契約変更や固定費用の存在による相対価格の変化

インフレやデフレが生じると家計や企業の取引契約の機会が変化する。また名目表示された取引額の変更が生じうる。こうした契約の変更にともなう費用が契約ごとに異なる場合、メニュー・コストが存在するケースと同様に相対価格が変化する可能性がある。また、生産量や取引量とは独立に名目額で表示された固定的な費用が必要な場合、インフレやデフレによって事後的な平均費用が変化することが予想され、それが生産や取引の計画に影響を及ぼすことも考えられる。

### (3) 予想されたインフレの社会的費用

① シューレザー・コスト

インフレ率の上昇は貨幣の実質価値を低下させるため、貨幣保有の費用を高める。たとえば予想されたインフレ率の上昇は名目金利を上昇させるため、利子のつく銀行預金や債券を保有するインセンティブが高まる。その結果、人々は預金や債券をより多く保有するために金融機関に頻繁に訪れることとなり、預金の引き出しや債券の売却の頻度が高まる。こうした換金などの経済行為にともなう費用は、何度も銀行へ通うことで靴底がすり減ってしまうことからシューレザー・コスト（靴の費用）ともいわれる。白塚 (2001) では、1885年～1999年の長期時系列データを用いて日本の通貨需要関数を計測し、名目金利が低下したさいの消費者余剰の低下を計測することでシューレザー・コストを求めている。その結果、10％の物価上昇率の低下（デ

ィスインフレ）によって実質 GDP 比で見た経済厚生はわずか 0.03％減少したにすぎず、シューレザー・コストは小さいものであったと論じている。

② インフレ税

インフレは人々が保有する貨幣の価値を低下させる。インフレが貨幣保有のコストを高め、人々の貨幣保有を妨げると、取引が阻害されて経済の効率性が損なわれてしまう。経済学ではこうした歪みを生じさせる効果をインフレ税とよぶ。

この文脈によれば、デフレは貨幣の価値を上昇させることになる。ただし、貨幣保有のインセンティブを急に引き上げるようなデフレもまた取引を阻害する要因になりうる。

### (4) 予想されないインフレの社会的費用

① 税制の非中立性

課税制度が物価変動を考慮しない名目所得に基づいて設定されている場合、賃金や利子などの名目所得の増加は累進課税により高い税負担をもたらす。キャピタル・ゲイン（価格差益）への課税についても同様である。また、歳入の名目額の増加により財政規律が守られなくなることの非効率性が問題となるかもしれない。

② 貨幣錯覚

名目値の変化が実質値の変化と混同され、人々の行動を変化させる場合がある。そもそも、絶えず物価の動向を把握し、実質価値を算定することの煩雑さや慣習的行為から、人々は実質的判断を誤る可能性がある。

たとえば、労働者が賃金契約を行うさい、自身の労働に対する賃金水準の実質価値を考えるためには、賃金支払時点での物価を予測しながら契約の判断基準としなければならない。しかし現在または近い将来の物価の変化に関する情報が適切に得られない場合、労働者は名目賃金と同率で物価が上昇していても実質賃金が上昇したと勘違いして、労働供給を増加させるかもしれない。

## （5）予想されたデフレの社会的費用
### ① 賃金の下方硬直性

　日本では、賃金の下方硬直性が存在したためにデフレに対する雇用調整がうまく働かなかったという見方がある。バブル崩壊後、経済成長率が鈍化しインフレ率も低下していったが、実質賃金はそれに呼応して低下していかなかった。CPI ベースでみても GDP デフレーターベースでみても、実質賃金（の低下）による調整が進んだが、それは非常に緩やかなペースであった。デフレの継続を反映して名目賃金は低下し始めたが、実質賃金は 1990 年前後のバブルのピーク時からあまり変化しなかった。黒田・山本（2006）では、労働者1人当たりの名目賃金変化率のヒストグラムをもとに非線形 SUR という推計手法を用いて名目賃金の下方硬直性の有無を検証した結果、バブル崩壊後の 1992 年から 1997 年まではフルタイム労働者の年間給与で測った名目賃金に下方硬直性がみられたことが指摘されている。

　デフレ期に賃金の硬直性があると、それは企業収益を圧迫し、また失業率を上昇させる要因となる。むろん失業率の上昇がデフレによってもたらされたとは必ずしもいいきれない。しかしインフレ期に比べてデフレ期の方が企業により大きな名目賃金切り下げが要求されるという程度において、賃金硬直性が発生していると考えることが妥当であり、解雇される労働者も多くなるだろう。

　しかしながら、黒田・山本（2006）の推計によれば、日本における名目賃金の下方硬直性は 1998 年以降にはほぼ完全に伸縮的になり、名目賃金の下方硬直性による失業率の押し上げ効果はその後見られなくなったとされる。一方、現実の完全失業率は 1998 年から 2002 年まで継続的に上昇している。したがって日本のデフレ期の失業率上昇については、名目賃金の下方硬直性以外の要因、例えばミスマッチ失業の増加や他の要因による労働市場の歪みについて考える必要があると黒田・山本（2006）では指摘されている[6]。

　日本の労働市場で 1990 年代に観察された賃金調整の働きは、2008 年以降の不況期にも観察されるだろうか。図 1-4 は、厚生労働省の「毎月勤労統

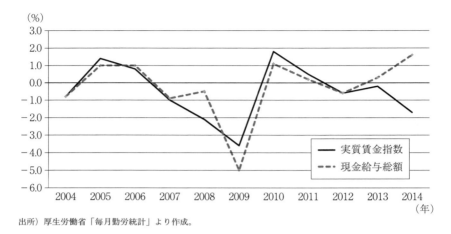

出所）厚生労働省「毎月勤労統計」より作成。

**図1-4 実質賃金指数と現金給与総額の変化率の推移**（前年比％、2010年＝100、2014年は速報値）

計」に基づいて2004年から2014年までの（規模30人以上の）現金給与総額と実質賃金指数の前年比伸び率の動きを比較したものである。実質賃金の変化率は（名目賃金変化率－インフレ率）で近似できるため、物価下落と比較して名目賃金があまり低下しない場合には、実質賃金が上昇することになる。ところが、図1-4では物価下落が顕著であった2009年から2010年にかけて実質賃金指数の変化率がマイナスになっており、現金給与総額の変化率はさらにそれを下回っている。つまり、この期間には物価下落よりさらに急速な名目賃金の低下が生じており、デフレ下で企業収益が圧迫された結果、全体として名目賃金による調整が進んだ可能性がある。ただし、これはあくまでも全体としての把握であるため、たとえば賃金の低下した事業所の割合や雇用者の年代といった個々の要因の変化が及ぼした影響を詳細に検証する必要がある。

② 金利の非負制約

実質金利が一定でも予想インフレ率が低下すると、それを反映して名目金利が低下する。将来のインフレ率に関する予想が名目金利に反映されること

を「フィッシャー効果」とよぶ。この場合、デフレはそれが予想されている下では名目金利を低下させる効果をもつ。しかしデフレ予想を反映して、いくらでも名目金利が低下するわけではない。銀行預金や債券の名目収益率はゼロより下に低下することができないからである。結果的にデフレ期にはこれらの資産の収益率はゼロに貼り付いてしまう。これは低金利の下で貨幣が無限に需要される「流動性の罠」と類似の状況を生み出し、伝統的な金利のコントロールを通じた金融政策の余地を奪うことになる。

　名目金利を一定程度低い水準に保つことは金融システムを安定化させるうえで、またデフレを継続させないためにも必要である。ただし、極端な低金利もまた金融部門に負の影響をもたらす。日本では1990年代末から銀行間市場の金利がゼロになり、短期資金の収益率が取引費用を下回ってしまったことから、銀行間の資金取引が停滞した[7]。銀行間市場の代表的な市場であるコール市場の取引残高（月末）は1998年1月に40兆円を上回っていたが、2001年1月には15兆円を下回るまで縮小した。ただし、2008年の景気後退期における規模縮小は1990年代末と比較して緩やかであり（2007年2月の約25兆円から2008年12月の約17兆円へと縮小）、2014年は20兆円前後で推移している。

### (6) 予想されないデフレの社会的費用
① 銀行の倒産リスクの上昇

　予想されなかった物価下落は負債の実質価値を増加させ、債務者の負担を大きくする。過剰債務問題が深刻化すると、不良債権を抱えた金融機関のバランス・シートが悪化し、倒産リスクが上昇する。日本ではバブル崩壊後の1990年代に、不良債権を抱えた金融機関が実質債務超過に陥り、大手銀行が倒産する例もみられた。結果的に破綻リスクの高まった金融機関には事後的に大規模な公的資金が注入されることとなった。このように金融機関の破綻リスクが高まると、救済するか否かを問わず、大きな社会的費用が発生する。また金融機関の経営悪化は他の健全な金融機関に対する預金の一斉引き

出しといった派生的なリスク（システミック・リスク）を高めるため、事前措置としての金融庁による定期的な検査や事後的な早期是正措置の適用といった対応が必要となる。

　金融庁の公表資料（2014〔平成26〕年8月時点）における国内銀行の金融再生法開示債権額は、2002年3月期で43兆2070億円であった。その後は不良債権処理が進み、2008年3月期で11兆4060億円まで縮小したが、2009年から緩やかに増加し、2013年3月期で11兆9030億円となっている。現在までの状況を見る限り、2009年からの景気後退期以降、1990年代末の金融危機時にみられたような金融機関の破綻リスクの急激な顕在化は生じていない。その理由として、上述のような事前措置、事後措置としてのセーフティネットが拡充されてきたことや、また近年債権流動化など広義の証券化の動きが進み、金融機関が危険債権をオフバランス化することでバランス・シートの健全化につとめてきたことなどが考えられる。しかし銀行など金融機関のこのような経営状況の変化は、デフレ期に金融機関がより一層貸し出しに慎重になる、また資産担保証券に投資する個人投資家や機関投資家のリスク負担が過大になるといった傾向を高めているかもしれない。

② 実質金利の上昇

　金融契約時点で予想されなかった物価下落は名目金利に反映されないため、その後物価下落が生じると債務者の実質的な金利負担が高まることになる。デフレによって事後的に金利の実質的負担が高まると、資金の借り手がモラル・ハザードとよばれる行動をとるかもしれない。つまり、借り手の事後的な事業選択の行動を貸し手が観察できない場合、借り手がハイリスクな事業を選択する可能性が高まり、借り手の平均的な返済可能性が低下する可能性がある。

　日本では1990年代後半から近年まで名目金利がきわめて低水準にあり、また15年を超えるマイルドなデフレが継続したこともあり、予想しなかった物価下落により借り手の実質的な金利負担が過大となった可能性は低い。しかし当初時点で企業の資金調達状況が困難でなかったとしても、予想でき

なかった物価下落がその後生じることで過去に予想していたキャッシュフローの割引価値が低下し、実質的に生産性の低い資本が長期にわたり蓄積される可能性がある。

③ 負債デフレ（debt deflation）の悪循環

Fisher（1933）によれば、一般に債務者は債権者に比べて相対的に支出性向が高いと考えられる。そのため、予想されなかったデフレが生じて債務者から債権者への実質的な所得移転が生じると、社会全体の支出額は減少してしまい、経済活動の縮小によりデフレがさらに進行して経済は悪循環に陥ることになる。また、予期しなかった物価下落と同時に担保価値の下落が生じている場合には、債務者の損失が債権者の利得によって相殺されない可能性が高まり、上述の支出減退の効果はさらに強まる。

以上論じてきた物価変動のもたらす社会的費用について表1-1にまとめた。物価変動は、それが予想されたものかそうでないかにより発生させるコストが異なる。またインフレにともなうコストはデフレ期には利得となりうるが、金利の非負制約や負債デフレの進行といったデフレ特有のコストが存在するため、両者は必ずしも対称的に捉えられるものではない。さらに、物価変動のコストについては、何が望ましい物価水準かという定義付けが困難なこともあり、定性的なアプローチだけでは限界があるといえる。

表1-1 物価変動のもたらす社会的費用のまとめ

|  | 予想されない物価変動 | 予想された物価変動 |
|---|---|---|
| 共通 | 強制的な富の移転<br>不確実性の増大・支出低迷 | メニュー・コストや契約変更のコスト<br>相対価格の変化 |
| インフレ | 税制の非中立性<br>貨幣錯覚 | シューレザーコスト<br>インフレ税 |
| デフレ | 銀行の倒産リスクの上昇<br>負債デフレの悪循環 | 賃金の硬直性<br>金利の非負制約 |

## 4 定量的側面からみた負債デフレの費用

### (1) ミクロ的なデフレ期待からみた負債デフレの可能性

以下では、負債デフレのコストに関する定量的側面からの研究事例をとり上げて論じることにする。

先に述べたように、Fisher (1933) の負債デフレ論によると、予期せぬデフレによって支出性向の高い債務者から支出性向の低い債権者に所得移転が発生し、経済全体の消費が減少する。もし債権者、債務者がともにマクロ的な需要の減退を予想するのであれば、債権者、債務者を問わずデフレ期待は高まるので、デフレの悪循環が発生しうる。一方、債権者、債務者が自身の資産価値変動と支出変動を根拠に物価予想を形成するのであれば、債権者はインフレ期待、債務者はデフレ期待を抱くことになり、全体として支出の縮小が進むとは必ずしもいえない。

竹田・慶田 (2009) では内閣府の『消費動向調査』の1982年から2004年までの個票データを利用し、家計に対する今後半年間の物価上昇の予想についての回答結果をもとに期待インフレ率を推計している。彼らは古典的なカールソン・パーキン法と、それをより一般化した可変パラメータ・モデルとよばれる2つのアプローチを用いて期待インフレ率を計測し、1998年以降では家計が将来のデフレについて過大な予測をする傾向にあったと指摘している。さらに、住宅ローンのある家計を債務者、住宅ローンのない家計を債権者として両者の期待インフレ率の差をとることで社会における楽観(平均インフレ率よりも債務者の期待インフレ率が高く、債権者の期待インフレ率が低い状況をさす)と悲観(平均インフレ率よりも債務者の期待インフレ率が低く、債権者の期待インフレ率が高い状況をさす)の状態の推移を説明し、1991年から1996年までの時期と2001年以降に社会全体が悲観的状況になったことを明らかにしている。そして、1998年3月以降に期待インフレ率が低下してデフレ期待が高まり、負債デフレ論のシナリオが進んだが、

2001年に実施された日銀の量的緩和策を契機として住宅の資産価値が高まると家計が予想したため、累積的なデフレ期待の下降を食い止め、負債デフレの進行を阻止した可能性があることを示している。この分析は、個人がマクロの構造を理解したうえでミクロの期待を形成する合理的期待仮説とは異なり、個々の家計の期待インフレ率と社会全体の平均的な期待インフレ率が一致せず、予期せぬデフレによりデフレ期待がさらに亢進される状況をうまく説明できるという特徴をもつ。

### (2) 企業の過剰債務問題と倒産コスト

　福田、粕谷、中原（2004）はマイルドなデフレ下においても、債務者である企業の実質債務残高の増加による債務負担が企業の倒産確率を高めることで、企業が倒産した場合に失われる企業価値（デフォルト・コスト）を増大させると考えた。彼らは清算を通じて毀損する企業価値として有形固定資産だけでなく、上場企業の株価から推計された無形資産や労働者の特殊技能といった企業特殊的な価値を含め、（平均）のトービンのq概念を用いて清算価値を求めている。ここでデフォルト・コストとは「存続していれば得られたと考えられる将来利益の割引現在価値」と「企業の資本ストックの清算価値」との差として定義される[8]。

　彼らは実質債務残高、営業利益、特別損失、メインバンクの自己資本比率などの財務指標を説明変数として、プロビット・モデルを用いて各企業の倒産確率を推計し、計算されたデフォルト・コストと倒産確率の積を全上場企業で集計することで社会的な期待デフォルト・コストを求めている。そして、一般物価ならびに地価や株価の下落によって期待デフォルト・コストがどのように変化するかを推計している。

　推計の結果、一般物価の下落は企業の次期の倒産確率をわずかながら上昇させ、また期待デフォルト・コストに及ぼす影響として、有形固定資産の消滅分よりも無形資産や人的資産といった有形固定資産以外の資産価値をより多く消滅させることが示されている。また、一般物価が－0.5％下落した場

合、それは地価が −20%、株価が −5.0% 下落した場合の期待デフォルト・コスト（それぞれ 8.5 億円と 5.6 億円）よりも大きい損失（10.4 億円）をもたらすとして、一般物価の下落がもたらす相対的な影響の大きさを示唆している。

## 5　金融政策運営上のコスト（犠牲率とフィリップス曲線）

一般に、物価や賃金の変化率と失業率の間には負の関係があるといわれる。この関係はフィリップス曲線とよばれる。フィリップス曲線は、1950 年代に A. W. フィリップスがイギリスの長期データから名目賃金変化率と失業率の負の相関について発表して以来、失業率と名目賃金上昇率の関係を表す右下がりの曲線として広く知られるようになった。

さらに、名目賃金上昇率とインフレ率の間に正の関係があることから、インフレ率と失業率についても、やはり右下がりの曲線を描くことができる。この（物価版）フィリップス曲線の傾き（正確には、傾きの逆数）は、インフレ率を 1% 低下させることで失業率が何%上昇するかを示しており、犠牲率（sacrifice ratio）ともよばれる。図 1-5 は、図 1-3 で示された戦後 60 年の消費者物価指数伸び率とその年の完全失業率の組み合わせをプロットし、毎年の変化を線でたどったものである。図 1-5 は大雑把な目安にすぎないものではあるが、傾向的にインフレ率（消費者物価指数伸び率）と失業率が負の関係をともなって推移していることを観察できる。図 1-3 と同じ指標を用いているので、インフレ率は 1970 年代から 1990 年代にかけて傾向的に低下していく。一方、完全失業率は 2000 年代初頭まで上昇を続け、近年では 4%～5% の水準で推移している。また、1970 年代半ばに急速な物価上昇が生じたが、失業率は 2% 以下で安定していた。これに対し、1990 年代以降の時期は、インフレ率がゼロ%を下回る低水準で推移しながら、失業率が 1990 年代半ばの 3% から 2000 年前後に 5% 付近まで上昇している。このように、日本ではディスインフレ期からデフレ期に移行しながら、フィリップ

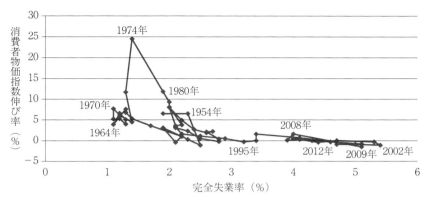

出所）総務省「消費者物価指数」、「労働力調査」より作成。

**図 1-5　日本における消費者物価指数伸び率と完全失業率の動き**（1951〜2013 年）

ス曲線の勾配が次第にフラット化していったことが指摘されている。日本の傾向的な失業率の上昇をもたらした要因として構造的要因（ミスマッチ失業の増加）も無視できないが、デフレ期に価格低下が緩慢となり、一方で需要不足失業が拡大した可能性がある。両者の水準の変化にどのような因果関係があるのか、素朴なフィリップス曲線では説明できない[9]。しかし犠牲率（フィリップス曲線の勾配の逆数）が上昇したことで、需要不足失業対策としての政策資源で測った物価変動のコストが上昇したといえるかもしれない。

　フィリップス曲線について注意すべき点は傾きが変化するだけでなく、曲線の位置を変化させるシフト要因が存在することである。フィリップス曲線のシフト要因として有力視されてきたのは、生産性の変化と予想インフレ率の変化である。1960 年代から 1970 年代にかけて先進諸国で不安定な形状のフィリップス曲線が観察されたために、原材料価格などコスト要因の変化や生産技術の変化がシフト要因として指摘されるようになった。

　しかしより重要なシフト要因と考えられるのが、人々が将来のインフレ率に対して形成する予想の変化である。人々の予想インフレ率が上昇するとフ

ィリップス曲線は上方にシフトし、逆に予想インフレ率が低下すると下方にシフトする。フィリップス曲線の不安定化という 1970 年代までの経験は、マクロ経済政策が市場参加者のインフレ予想を通じて異なる効果をもたらすのはなぜかを考える重要な契機となった。

フィリップス曲線においてインフレ率がゼロの状態に対応した失業率は自然失業率といわれ、経済の潜在 GDP に対応している。現実の GDP が潜在 GDP を上回ると失業率は自然失業率を下回り、逆に現実の GDP が潜在 GDP を下回ると失業率は自然失業率を上回るという関係がある[10]。この関係より、フィリップス曲線をインフレ率と GDP ギャップ（現実の GDP－潜在 GDP）の関係を示す右上がりの曲線（インフレ供給曲線ともよばれる）に置き換えることができる。図 1-6 は IMF の 'World Economic Outlook Database' に基づいて日本を含む OECD 主要 7 カ国の消費者物価の年変化率と GDP ギャップ（GDP 比%）の関係を図示したものである。7 カ国のうちイギリスは回帰直線（図中の破線）が右下がりとなっているが、それ以外の国は日本も含めて右上がりとなっている。

図 1-6 は 2001 年から 2013 年という比較的短い期間での試算であるため厳密さの点で問題はあるが、2008 年以降に世界同時不況の影響を受けて主要国のほとんどで GDP ギャップが大きなマイナスに転じ、インフレ率が低下したことが強く反映されている。なお、イギリスだけは 2000 年代を通じてインフレ率が上昇傾向にあり、2009 年に GDP ギャップがマイナス（デフレ・ギャップ）に転じたのちも、4% を超えてインフレ率が上昇し続けたため、期間中に GDP ギャップとの負の関係となって表れている。

期間中のインフレ率の範囲が国ごとに異なるため波線の勾配を単純に比較することはできないが、他国と比較して日本の破線が最も低い位置にある。素朴なフィリップス曲線の考え方によれば、フィリップス曲線を上方向にシフトさせるためには中長期的にみたインフレ期待の上昇が必要であるという見方が標準的である。現在日本銀行が実施しているようなインフレーション・ターゲッティングは政策へのコミットメントを通じて政府（日銀）が実

図1-6 OECD 7カ国のインフレ率とGDPギャップの関係（2001〜2013年）

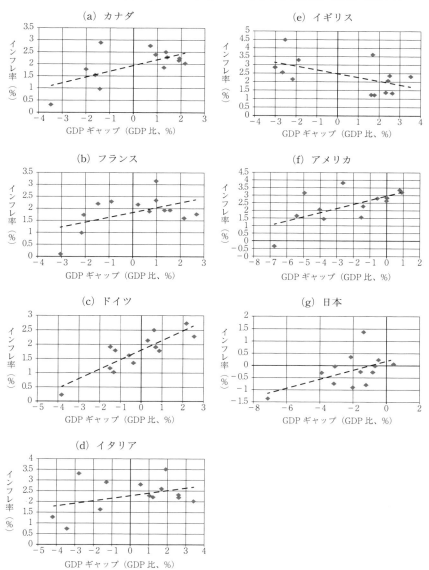

出所）International Monetary Fund, World Economic Outlook Database（October 2014）より作成。

施する政策への信認を高める政策の枠組みであり、人々がインフレ期待を形成しやすくなるというメリットをもつ。

## 6  おわりに

　本章では、インフレを含めた物価変動のコストに関する概念と計測に関するいくつかの論点を整理し、日本で生じた長期デフレの社会的費用という観点からデフレの「望ましくなさ」についてどのような解釈がありうるかを考えてきた。計測の対象や手法にもよるが、総じて日本の1990年代以降に生じたデフレがもたらした社会的費用が甚大なものであったとは断言できない。しかし日本で長期デフレがなぜ生じたのかを解明するために、企業がどのように市場情報を収集し販売価格の設定を行うか、また家計は価格の変化にどのように反応し、また将来の物価に関する期待を形成するかといったミクロレベルの問題意識についてさらなる定量的考察が進み、より多くの情報が蓄積される必要がある。なお、本章ではデフレ下の金融政策運営を評価する判断基準となる貨幣経済の理論的枠組みや、また中長期的な財政規律と関連付けたデフレの問題については論じていない。本章で扱われなかったそれらの論点については、本書の第2章以降の議論を参照されたい。

注
1) 本章は、2014年度高崎経済大学第31回公開講座「デフレーションを考える」（第8講、2014年11月18日）で筆者が行った講義内容に加筆・修正を加えたものである。
2) 実際には大多数の商品価格が一斉に低下しなくても物価が下落することがある。たとえば物価指数を算定するさいの商品項目の中でとくにウェイトの高い商品の価格が低下する場合などが考えられる。
3) このような主張の根底にはインフレやデフレが貨幣的現象であり、機動的な金融政策を重視すべきとする考え方がある。
4) 消費者物価指数の総合とGDPデフレーターを最終家計支出に限定した指数の動きでみると、両者はほぼ同じ動きをする。ただし、消費者物価指数はラスパイレス方式、GDPデフレーターはパーシェ方式という異なる算定方式をとるため、ラスパイレス方式である消費者物価指数の方が高くなる傾向にある。

5) ただしこうしたメニュー・コスト仮説は、現実にはあまり支持されないようである。渡辺（2012）では日本の製造業を対象に実施されたアンケート結果から、「原価や需要が変化しても即座には価格を動かさない」と回答した企業が90％を上回っており、価格硬直性が実際に存在するものの、その理由としては情報の収集や加工コストの存在が大きく、価格改定の物理的コストを理由に挙げる企業は皆無であったことが指摘されている。
6) ただし、黒田・山本（2006）でも名目賃金の下方硬直性により人件費が圧迫された企業の雇用調整は数期間のラグをともなう可能性が指摘されており、1990年代末からの失業率上昇の要因として賃金硬直性を排除できないことが指摘されている。さらに、その後さまざまな改良をなされたパネルデータ分析によって賃金変化の要因についての研究が進んでおり、日本の労働市場における賃金の硬直性は2000年代に入っても高まっているとする指摘もある。これについては、例えば神林（2011）を参照されたい。
7) 金利の期間構造（リスク要因以外に金利差に影響を及ぼす満期構造）を描いた曲線はイールド・カーブとよばれる。日本ではこの時期、イールド・カーブがフラット化し、金利スプレッドが狭まったために銀行の収益を圧迫したといわれる。
8) このうち、有形固定資産以外の資産価値は、存続していれば得られたであろう将来利益の割引現在価値＝株価総額＋負債総額－流動資産－無形固定資産－投資その他の資産－繰延資産、という計算式から求められる。
9) 黒田・山本（2006）では1985～2001年の地域別データを用いて、名目賃金の下方硬直性を考慮したフィリップス曲線の推計を行い、フィリップス曲線が非線形（インフレ率が低いほどフラット化する）であること、また名目賃金の下方硬直性がフィリップス曲線の非線形性の要因の1つであるが、労働市場の歪みによる実質賃金の高止まりや失業をもたらす構造変化という要因もフィリップス曲線のフラット化の要因である可能性があることが指摘されている。
10) これはオークンの法則とよばれ、次式のように定式化される。
$$Y - Y_p = -a(u - u_N)$$
ただし $Y$；GDP、$Y_p$；潜在GDP、$u$；失業率、$u_N$；自然失業率、である。$a$ は「オークン係数」とよばれる。内閣府は2010年に1980年代から2004年まで5年間ごとに推計したオークン係数の値を公表しており、推計されたオークン係数が各期間を通じて低下していることが示されている。

**参考文献**

Fisher, Irving (1933) "Debt Deflation Theory of Great Depressions." *Econometrica*, Vol. 1, pp. 377-57.

Taimur, Baig (2003) Understanding the Costs of Deflation in the Japanese Context. *IMF Working Paper*, 03/215.

岩田規久男（2011）『デフレと超円高』講談社現代新書。

神林龍（2011）「日本における名目賃金の硬直性（1993～2006）——疑似パネルデータを用いた接近」『経済研究』（一橋大学経済研究所）第62巻第4号、301～317頁。

黒田祥子、山本勲（2006）『デフレ下の賃金変動――名目賃金の下方硬直性と金融政策』東京大学出版会。

白塚重典（2001）「望ましい物価変動とは何か？――物価の安定のメリットに関する理論的・実証的議論の整理」『金融研究』（日本銀行金融研究所）第21巻、第1号、247～287頁。

竹田陽介、慶田昌之（2009）「負債デフレ論とデフレ心理」吉川洋編『バブル／デフレ期の日本経済と経済政策2――デフレ経済と金融政策』慶應義塾大学出版会、第6章、175～200頁。

福田慎一、粕谷宗久、中原伸（2004）「デフォルト・コストの観点からみたデフレのコスト分析」『金融研究』（日本銀行金融研究所）第23巻第3号、49～86頁。

宮尾龍蔵、中村康治、代田豊一郎（2008）「物価変動のコスト――概念整理と計測」日本銀行ワーキング・ペーパーシリーズ、No. 08-J-2。

渡辺努（2012）「ゼロ金利下の長期デフレ」日本銀行ワーキング・ペーパーシリーズ、No. 12-J-3。

# 第2章

# 物価の変動と貨幣錯覚
——経済実験によるアプローチ——

山森　哲雄

## 1　はじめに

　貨幣は私たちの日常の経済活動に欠かすことのできないものであるが、その価値は決して安定しているわけではない。たとえば、2009年8月の消費者物価指数は前年同月比でマイナス2.4％であった[1]。これは、2009年8月における1円の購買力は前年8月よりも2.4％大きいことを意味している。また、2014年5月の消費者物価指数は前年同月比でプラス3.4％であった。これは、2014年5月における1円の購買力は前年5月よりも3.4％小さいことを意味している。物価が上昇するインフレーションとは貨幣の価値が下落すること、そして、物価が下落するデフレーションとは貨幣の価値が上昇することに他ならない。

　モノやサービスの価格が上昇したり下落したりすることには敏感な人であっても、それに伴って貨幣の価値が変化しているということを見落としている人は少なくない。Fisher (1928) は人々が「貨幣錯覚」に陥っていることがその原因であると考えた。貨幣錯覚とは、貨幣の実質的な価値を無視して額面上の貨幣額をもとに損得を評価する人々の傾向のことをいう。たとえば、次の2つの状況のうちあなたにとってより望ましい状況はどちらだろうか。

　（i）物価が12％下落しているときにあなたの給料が7％下がる。

(ii) 物価が変化していないときにあなたの給料が3%上がる。

　このとき、(ii)の状況の方が望ましいと考えた人はまさに貨幣錯覚に陥っている。物価が12%下落しているということは貨幣の価値が12%上昇しているということであるから、(i)の状況では、給料が7%下がったとしても、あなたはその給料で以前よりも5%多くのものを購入することができるのである。
　貨幣錯覚の存在が経済学に対して持つ意義は決して小さいものではない。たとえば、家計や企業の多くが貨幣錯覚に陥ることで貨幣的ショックに対する名目価格や賃金の調整は不完全なものとなるだろう。この名目値調整の不完全性はケインズ経済学において中心的な役割を果たしており、拡張的な金融政策が実質GDPや雇用水準などの実物経済に影響を与えることができるのはこのような不完全性があるためである。他方で、古典派経済学の主要な命題の1つである「貨幣の中立性」、すなわち、貨幣の変動は実物経済に何ら影響を及ぼさないという命題は、家計や企業が貨幣錯覚に陥ることのない合理的な経済主体であることが前提となっている。
　本章は、貨幣錯覚が実物経済にもたらす影響について検証した経済実験を紹介し、その成果の経済学的含意について議論することを目的とする。これまで、貨幣錯覚に関する実証的データの多くはアンケート調査によって提供されてきた[2]。しかし、実際にアンケートにあるような状況に直面したとき、被験者がアンケートで回答した内容と同じ行動を選択するかは定かではない。選択した行動によって自分の利益が左右されるような場合には、恐らくアンケートに回答するよりも慎重に行動を選択するはずである。また、アンケート調査では、経験による最適行動の学習や集団的な相互作用などが貨幣錯覚にどのような影響を及ぼすのかを検証することも難しい[3]。それに対し、経済実験では、被験者たちの選好や彼らが直面する物価などを直接統制することで、集団的な意思決定を含むさまざまな状況において貨幣錯覚の存在やその様態を観察することが可能となる。

本章の構成は次の通りである。次節では、戦略的状況において貨幣錯覚が名目価格の緩慢な調整をもたらすことを明らかにした Fehr and Tyran (2001) の実験を紹介する。この実験研究の最大の貢献は、個々の意思決定主体が貨幣錯覚に陥ることのない合理的な個人であったとしても、他者が錯覚に陥ると多くの個人が予想することで名目価格の調整が不完全となることを示した点にある。第 3 節では、異時点間にわたる消費・貯蓄の決定問題において、物価の変動が人々の過少消費を持続的にもたらすことを明らかにした Yamamori et al. (2014) の実験を紹介する。そこでは、貨幣錯覚が経験や学習によって解消されることのない長期的な現象であることが示唆される。第 4 節では、著者が行った実質為替レートに関するアンケート調査と国際取引市場の実験を紹介する。他国通貨に対する自国通貨の実質的な価値を評価するためには、名目為替レートだけでなく両国の物価水準を考慮した実質為替レートを計算しなくてはならない。国際取引市場の実験は実質為替レートについて理解を深めるという教育上の目的で考案されたものであるが、名目為替レートや国内物価の変動が国際取引市場にどのような影響を与えるのかを検証する実験にもなっている。第 5 節では、本章で紹介した実験研究の意義と残された課題について論じる。

## 2 戦略的環境における貨幣錯覚の実験

戦略的な状況において、自らの利益を最大化するために個人がどのような選択をすればよいのかは他者がどのような選択をするのかに依存している。すると、貨幣錯覚に陥ることのない合理的な個人であっても、他者が貨幣錯覚に陥ると予想することで、あたかも自分自身が錯覚に陥っているかのような行動を選択するかもしれない。とくに、他の人と近い行動をとるほど個人の利益が増加するような戦略的補完関係がある状況ではそのような行動を選択する動機は強くなる。Ernst Fehr と Robert Tyran は、貨幣錯覚に陥ることで個人の意思決定が最適な行動から乖離することを貨幣錯覚の「直接的

効果」と呼び、他者が貨幣錯覚に陥ると予想することで個人が最適行動とは異なる行動をとることを貨幣錯覚の「間接的効果」と呼んだ。戦略的補完性があるような価格設定ゲームを基に彼らが行った一連の実験研究（Fehr and Tyran 2001; 2007; 2008）は、貨幣錯覚の直接的効果が小さい状況においても、貨幣錯覚はその間接的効果によって経済全体に無視できない影響を与え得ることを示唆している。本節では、名目価格の調整が貨幣錯覚の間接的効果によって緩慢になることを示した Fehr and Tyran（2001）の実験を紹介する。

### （1） 実験設計と手順

実験のベースとなるゲームは次のような4人価格設定ゲームである。各プレイヤーは名目価格として1から30までの整数値をそれぞれ同時に選択する。プレイヤー $i$ の実質的な利得 $\pi_i$ は、自分の選択した名目価格 $P_i$、自分以外の3人のプレイヤーが選択した平均価格 $\overline{P}_{-i}$、そして外生的に与えられる名目貨幣供給量 $M$ の関数として次のように与えられる。

$$\pi_i = \pi_i(P_i, \overline{P}_{-i}, M) \qquad i = 1, 2, 3, 4.$$

具体的な関数形は複雑なため割愛するが、この利得関数は各変数について0次同次関数となっており、各変数が同時に $\lambda$ 倍されても実質利得は変化しない。また、戦略的な補完性が成り立っており、プレイヤー $i$ の最適反応関数は $\overline{P}_{-i}$ について広義単調増加である。これらの特徴はすべてのプレイヤーに共通のものであるが、プレイヤーによって具体的な利得関数は異なっており、プレイヤーのうち2人は均衡名目価格が低いタイプ（タイプX）、残りは高いタイプ（タイプY）である。なお、ゲームの均衡は任意の $M$ に対して一意となっている。

被験者はこのような価格設定ゲームを同じグループで繰り返しプレイする。名目貨幣供給量 $M$ が一定のもとである程度の回数を繰り返せば、被験者の選択する名目価格は均衡価格に収束することが予想される。その後、実

表 2-1 実験設計 (Fehr and Tyran 2001)

| 貨幣供給量の変化前 | | 貨幣供給量の変化後 | |
|---|---|---|---|
| 名目貨幣供給量 | 42 | 名目貨幣供給量 | 14 |
| タイプXの均衡価格 | 9 | タイプXの均衡価格 | 3 |
| タイプYの均衡価格 | 27 | タイプYの均衡価格 | 9 |
| 均衡における平均価格 | 18 | 均衡における平均価格 | 6 |
| 均衡における各プレイヤーの実質利得 | 40 | 均衡における各プレイヤーの実質利得 | 40 |

験者は貨幣供給量 $M$ を一度だけ変化させ、新しい均衡価格に名目価格が調整されるまでの回数を観察する。表 2-1 は貨幣供給量が変化する前後の各パラメタの値をまとめたものである。

名目貨幣供給量が 1/3 となるのに伴って各タイプの均衡価格も 1/3 に変化する。しかし、利得関数の 0 次同次性から、各プレイヤーの均衡利得は貨幣供給量の変化によって影響を受けない。

以上の設計を基準として 4 種類の条件で実験は行われた。表 2-2 は各実験条件とそれぞれの参加人数をまとめたものである。実験条件 RH では、実質利得 $\pi_i$ を基にした利得表が被験者に配布され、かつ 4 人のプレイヤーはすべて被験者である。実験条件 RC では、実質利得を基にした利得表が被験者に配布され、かつ 4 人のプレイヤーのうち被験者は 1 人であり、残りの 3 人をコンピュータ・プログラムが担当する。実験条件 NH は、名目利得 $\overline{P}_{-i}\pi_i$ を基にした利得表が被験者に配布される以外は RH と同様である。最

表 2-2 実験条件 (Fehr and Tyran 2001)

| | 実質利得表を配布 | 名目利得表を配布 |
|---|---|---|
| すべてのプレイヤーが被験者 | (RH)<br>1グループ 4名<br>計 10 グループ 40名 | (NH)<br>1グループ 4名<br>計 11 グループ 44名 |
| プレイヤー 3人がコンピュータ・プログラム | (RC)<br>1グループ 1名+3コンピュータ<br>計 22 グループ 22名 | (NC)<br>1グループ 1名+3コンピュータ<br>計 24 グループ 24名 |

後に、実験条件 NC は、名目利得 $\bar{P}_{-i}\pi_i$ を基にした利得表が被験者に配布される以外は RC と同様である。

　繰り返しの回数は、RH と NH では貨幣供給量の変化前と変化後にそれぞれ 20 回、RC と NC では変化前と変化後にそれぞれ 10 回である。なお、実験条件に関わらず、すべての被験者には実験開始前に $M=42$ に対応した各タイプの利得表が、貨幣供給量が変化する直前に $M=14$ に対応した各タイプの利得表が配布された。

　被験者に配布される利得表は、$P_i$ と $\bar{P}_{-i}$ の可能な組み合わせそれぞれについて、実質利得もしくは名目利得を示したものである。実験条件 RH と RC において配布される利得表には被験者が得る実質利得が明示されている。他方で NH と NC で配布される利得表には名目利得 $\bar{P}_{-i}\pi_i$ のみが示されているので、被験者が自分の実質利得を計算するためには表の名目利得を $\bar{P}_{-i}$ で割らなくてはならない。貨幣供給量が減少するのに伴い、均衡への調整は名目価格を下方に調整することでなされるが、被験者が名目利得に基づいて意思決定を行うとこのような調整に時間を要することになる。さらに、実験条件 NH において、他の被験者が名目利得に基づいて意思決定を行う、つまり貨幣錯覚に陥ると予想した被験者は、戦略的な補完性のために価格調整の速度を故意に緩めることになるだろう。したがって、貨幣供給量変化後の名目価格の推移を RH と NH で比較することによって、名目価格の調整速度に与える貨幣錯覚の（直接および間接的効果の）総合的な効果を検出することができる。

　貨幣錯覚の直接的効果は RC と NC の比較によって観察することができる。RC と NC において、コンピュータは実質利得に基づいて常に最適行動を選択するようにプログラムされており、被験者は事前にそのことを知らされている。つまり、これらの実験条件では、被験者は他の被験者の行動を読む必要はなく、事実上、個人の意思決定問題を解くことになる。したがって、貨幣供給量の変化後、新しい均衡価格に名目価格が調整されるまでの回数が RC よりも NC の方が長ければ、それは個人レベルで貨幣錯覚が生じ

ていたことになる。また、RH と NH の差は貨幣錯覚の総合的な効果によるものであるから、RC と NC の差よりも RH と NH の差の方が大きい場合には、貨幣錯覚の間接的効果の存在が立証されることになる。

### (2) 実験結果

図 2-1 は各実験条件における平均価格の推移である。すべての実験条件について貨幣供給量が変化した直後の回を第 1 期としている。つまり、貨幣供給量は－20 期から－1 期までが 42 であり、1 期から 20 期までが 14 である。

まず、個人レベルの貨幣錯覚が起こっているかを検証するために実験条件 RC と NC の結果を比較しよう。実験条件 RC では、例外はあるものの、平均価格はほとんどの期で均衡価格と一致している。とくに、貨幣供給量の変化後、平均価格は速やかに新しい均衡価格に調整されていることが分かる。一方で、名目利得表が配布された NC においては、貨幣供給量が変化した後のすべての期間で平均価格は均衡価格から乖離している。しかし、その差は決して大きくはない。したがって、個人レベルの貨幣錯覚は生じてはいるがそのインパクトは小さいといえる。

つぎに、RH と NH に注目しよう。第 1 期における RH の平均価格は均衡価格よりも 3 以上大きいものの、第 4 期以降は第 7 期を除いてその差は 1 未満である。RH では他のプレイヤーとの協調が必要となるために RC に比べて均衡への調整が遅くなっているが、その影響は大きくない。一方で、NH における平均価格の調整速度は他の実験条件に比べて非常に遅い。第 1 期における平均価格は均衡価格よりも 7 以上大きく、その差はゆっくりと縮まるものの、わずかな期を除いて 1 以上の乖離を維持している。貨幣錯覚の直接的効果による影響がわずかであることから、NH における名目価格の緩慢な調整は貨幣錯覚の間接的効果によるものであることが分かる。

これまで、貨幣錯覚は個々の経済主体の合理性の問題であり、各個人が錯覚から自由になれば貨幣錯覚が市場に影響を与えることはないと考えられていた。しかし、個人レベルで生じている貨幣錯覚がわずかであったとして

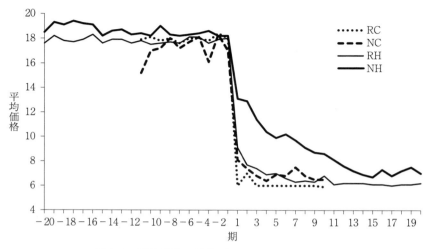

図 2-1　平均価格の推移（Fehr and Tyran 2001）

も、それが人々の予想に影響を与えることによって名目価格の調整に大きな影響をもたらすことがこの実験によって明らかにされたのである。もちろん、名目値調整の不完全性をもたらす要因は貨幣錯覚だけではない。また、現実経済における価格調整の背後に貨幣錯覚がどの程度影響を与えているのかについても定かではない。しかし、貨幣錯覚が名目値調整の不完全性を説明する要因としてこれまで考えられていた以上に重要な位置を占めるようになったことは確かである。

## 3　異時点間の意思決定における貨幣錯覚の実験

Fehr と Tyran の一連の実験研究は静学的な意思決定問題を繰り返すというものであった。このような状況では、各期の利得をそれぞれ最大化することによって全期間を通した利得を最大化することができる。すなわち、合理的な個人は毎期その期の利得を最大化することだけを考えて意思決定をすればよい。しかし、現実の企業や家計はある程度長期的な視野に立って意思決

定を行っているのではないだろうか。たとえば、ほとんどの家計は現役のあいだに貯蓄を行って老後の生活に備えているだろう。この節では、貨幣錯覚が異時点間にわたる消費・貯蓄の意思決定問題にどのような影響を及ぼすのかを検証した Yamamori et al.（2014）の実験を紹介する。

### (1) 実験設計と手順

実験において被験者が解く意思決定問題は 20 期間にわたる消費・貯蓄の決定問題である。被験者には最初に 40000 ポイントの実験通貨が所得として渡され、毎期手元に残っている所得を使ってある仮想的な財を購入する。所得がこれ以上増えることはなく、今期使わなかった所得は来期に持ち越すことになる。貯蓄を取り崩しながら老後の生活を送るような状況を想定していると考えると分かり易い。被験者の利得は、各期の財購入量に応じて以下のように計算される。

$$\sqrt{第1期購入量} + \sqrt{第2期購入量} + \cdots + \sqrt{第20期購入量}$$

したがって、毎期の消費量が同じになるように財を購入することで被験者の利得は最大化される。

実験は物価変動の大きさが異なる 3 つの条件から構成されていた。表 2-3 は各実験条件についてまとめたものである。実験条件 C では財の価格が 20 期間に渡って一定である。実験条件 S と L では、財の価格が毎期独立にある分布にしたがって変化する。実験条件 S において、今期の価格が前期と同じ確率は 1/3、前期から 1% 上昇する確率は 1/3、1% 下落する確率は 1/3

表 2-3　**実験条件**（Yamamori *et al.* 2014）

|  | 価格不変（C） | 価格変動小（S） | | | 価格変動大（L） | | |
|---|---|---|---|---|---|---|---|
| 価格変化率 | 0% | −1% | 0% | +1% | −20% | 0% | +20% |
| 確率 | 1 | $\frac{1}{3}$ | $\frac{1}{3}$ | $\frac{1}{3}$ | $\frac{1}{3}$ | $\frac{1}{3}$ | $\frac{1}{3}$ |

である。また、実験条件Lにおいて、今期の価格が前期と同じ確率は1/3、前期から20%上昇する確率は1/3、20%下落する確率は1/3である。なお、いずれの実験条件においても第1期における財の価格は80ポイントである。

　財の価格が変動するSとLにおいて、来期に持ち越した所得は価格と常に同率で変化するように設計されていた。したがって、すべての実験条件は実質的には同一の意思決定問題であり、各期の最適購入量は物価変動から独立に決まる。ただし、被験者が毎期選択するのは財の購入量ではなく、その支出額である。つまり、現在手元に残っている所得のなかから、今期の支出額と来期以降のためにとっておく貯蓄額を選択するのである。なお、これらの設計については事前に被験者に知らせたうえで実験を行っている。

　すべての実験条件は実質的に同一であるから、被験者が貨幣錯覚に陥らないとすれば、被験者の誤購入量の絶対値、つまり、実際の財購入量と最適購入量との差の絶対値は実験条件間で変わらないはずである。しかし、名目表記の価格や貯蓄が変化することで貨幣錯覚が生じれば被験者の誤購入量の絶対値は大きくなるだろう。したがって、実験条件CとS、もしくはCとLを比較することで貨幣錯覚の有無を検証することができる。また、SとLを比較することによって、物価変動の大きさと貨幣錯覚の関係についても検証することができる。

　被験者は高崎経済大学の学部生64名であり、実験条件Cには20名、Sには21名、Lには23名が参加した。被験者の各実験条件への割り当てはランダムであり、条件間に被験者の重複はない。実験開始後は、1期から20期までの意思決定を順番に行い、次の期に移行すると前の期の選択をやり直すことができないようになっていた。意思決定の時間に制限はなかったが、ほとんどの被験者は1時間以内に実験を終えている。

### (2) 実験結果[4]

　表2-4は各実験条件における誤購入量の絶対値の平均である。物価の変動がより大きい条件ほど誤購入量の絶対値が大きくなっている。実際、$t$検定

表 2-4　誤購入量の絶対値の平均値（Yamamori *et al.* 2014）

|  | C | S | L |
| --- | --- | --- | --- |
| 平均値 | 13.91 | 20.37 | 27.23 |
| 標準偏差 | 25.07 | 32.44 | 33.26 |

や Mann-Whitney 検定によって実験条件間の差は有意であることが確認されている。物価の変動が大きくなるにつれて貨幣錯覚による影響も大きくなるのである。

図 2-2 は誤購入量の絶対値が期間とともにどのように変化しているのかを表したものである。物価変動がない条件 C では誤購入量の大きさが全体として緩やかに減少している。他方、物価変動がある条件 S と L では、第 12 期以降に誤購入量の絶対値が急激に増加していることが分かる。また、その傾向は物価変動が大きい条件 L よりも変動が小さい条件 S の方が顕著である。Shafir *et al.*（1997）は貨幣錯覚が経験によって解消されることはないと主張したが、この実験結果はまさに彼らの主張を裏付けたものとなっている。

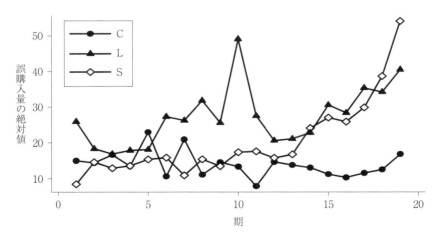

図 2-2　誤購入量の絶対値の推移（Yamamori *et al.* 2014）

表 2-5　誤購入量の方向（Yamamori *et al.* 2014）

|  | C | S | L |
|---|---|---|---|
| 平均値 | −3.22 | −13.13 | −9.83 |
| 中央値 | 0 | −1.01 | −12.28 |
| 標準偏差 | 28.50 | 35.99 | 41.87 |

　これまでは誤購入量の絶対値に注目をしてきたが、被験者が購入量を誤る方向には過少消費（過剰貯蓄）と過剰消費（過少貯蓄）という2つの方向がある。誤購入量は実際の財購入量から最適購入量を引いた値であるから、この値が正であれば過剰消費を表し、負であれば過少消費を表すことになる。表 2-5 は各実験条件について誤購入量の記述統計量をまとめたものである。

　いずれの実験条件においても、誤購入量の分布は負の方向、つまり過少消費に偏っている。実際、平均値が 0 に等しいという帰無仮説を $t$ 検定によって検定した結果、いずれの実験条件においてもこの仮説は 5% 有意水準で棄却された。したがって、物価変動の有無にかかわらず、被験者は平均的に最適購入量に比べて過小に消費をしていたことになる。また、物価変動がない条件 C に比べ、物価変動がある S と L の方が過少消費の傾向が顕著である。

　異時点間にわたる消費・貯蓄の決定問題では被験者の消費が過少になる傾向があることが Johnson *et al.*（1987）や Anderhub *et al.*（2000）などの実験研究によって明らかになっている。条件 C の結果はこれらの実験研究と整合的である。さらに、物価変動がない条件 C と比べ、物価変動がある S と L の方が過少消費の傾向が強いことから、貨幣錯覚は被験者の過少消費の傾向を強化する方向に作用することが明らかになった。

## 4　国際取引と貨幣錯覚

　貨幣錯覚は国際的な取引や観光にも影響を及ぼす。Fisher（1928）は、多くの人が自分の国の通貨について貨幣錯覚に陥っていると指摘した。人々に

は他国通貨の価値が変化しているように見えるのに対し、自国通貨は常に安定しているように見えるというのである。現代の日本においてどれほどの人がこのような誤った認識を持っているのかは定かでない。しかし、自国通貨の実質的な価値を国際的な視野で評価をすることが、多くの人にとって難しい問題であるというのは確かなようである。たとえば、次の問題を考えてみよう。

【問1】今からちょうど1年前、日本円の対米ドルの為替レートは1ドル＝100円であり、現在は1ドル＝90円である。米国に海外旅行に行く場合、現在と1年前ではどちらが得か？

為替レートが円高になっていることから多くの人は現在のほうが得だと回答するだろう。実際、著者が高崎経済大学の学生231名を対象に行った調査では85%の学生がそのような回答をしている。では、次の問題はどうだろう。

【問2】今からちょうど1年前、日本円の対米ドルの為替レートは1ドル＝100円であり、現在は1ドル＝90円である。また、この1年間、米国では15%のインフレがあり、日本ではインフレがなかった。米国に海外旅行に行く場合、現在と1年前ではどちらが得か？

為替レートから判断すれば現在の方が得であるように思うかもしれない。しかし、1年前が正解である。1年間で日本円が10%円高になっているが、同時に米国の物価が15%上昇していることから、1円で購入できる米国の財・サービスは1年前よりも現在の方が少ない。著者が行った調査では42%の学生がこの問題に正しく回答することができなかった。

上の問題では国内の物価が一定であったが、一般的に日本円の米国ドルに対する実質的な価値を評価するためには、米国だけでなく自国の物価変動も

考慮した「実質」為替レートを計算しなくてはならない。実質為替レートとは、自国の財・サービスと他国の財・サービスとの交換比率のことである。たとえば、名目為替レートや他国の物価に変化がなかったとしても、自国の物価水準が下落（上昇）すれば自国通貨は他国通貨に対して実質的に減価（増価）することになる。国際的な取引で損をしないためには実質為替レートを考慮して取引を行う必要がある。したがって、実質為替レートはその国の輸出量や輸入量を決定する重要な要因となっている。

　これから紹介する国際取引市場の実験は、著者が共同研究者とともに高校生を対象とした模擬授業のなかで行ったものである[5]。先に紹介したアンケート結果は、多くの学生が貨幣錯覚に陥っていることを示唆しているものの、実際に他者と取引を行い、その結果に応じて利益が変わるような状況でも同じような錯覚に陥るとは限らない。この実験は実質為替レートについて理解を深めるという教育上の目的で行われたものであるが、同時に、このような文脈で貨幣錯覚が生じるかどうかを検証する実験にもなっている。

### (1) 実験設計と手順

　被験者は売り手と買い手に分かれて、ある仮想的な財の売買を行う。各売り手は財を1単位のみ所有しており、各買い手は最大で1単位の財を購入することができる。売り手と買い手は2つの異なる仮想国家の住人である。取引はすべて第三国の通貨で行われるのに対し、被験者の利得は各国の通貨単位で評価される。

　表2-6は実験設計をまとめたものである。財の売り手はA国の住人であり、国内（A国）で財を販売するか、B国に輸出するかを選択する。一方、買い手はB国の住人であり、国内（B国）で財を購入するか、A国から財を輸入するかを選択する。A国の通貨は「ポイント」、B国の通貨は「ゲット」で与えられ、被験者の利得はすべて自国の通貨で評価されている。ただし、国際取引はすべて基軸通貨である「トークン」のみが使用できるものとする。名目為替レート、A国内の販売価格、そしてB国内の購入価格は外

**表 2-6　実験設計**（国際取引実験）

| 売り手（A 国の住人） | |
|---|---:|
| 自国通貨： | ポイント |
| 国際取引通貨： | トークン |
| 国内で財を販売したときの利得（販売価格が A ポイントのとき）： | A ポイント |
| B 国に財を輸出したときの利得（取引価格が M トークンとなり、名目為替レートが 1 トークン R ポイントのとき）： | M×R ポイント |

| 買い手〔B 国の住人〕 | |
|---|---:|
| 自国通貨： | ゲット |
| 国際取引通貨： | トークン |
| 国内で財を購入したときの利得（購入価格が B ゲットのとき）： | 5000−B ゲット |
| A 国から財を輸入したときの利得（取引価格が M トークンとなり、名目為替レートが 1 トークン S ゲットのとき）： | 5000−M×S ゲット |

生的に与えられる。売り手と買い手は教室内を歩き回って取引相手を探して自由に価格交渉を行い、取引が成立した場合はそのペアの間で輸出入が行われる。ポイントの対トークン為替レートが 1 トークン R ポイントであり、ゲットの対トークン為替レートが 1 トークン S ゲットであるとしよう。このとき、売買価格 M トークンで取引が成立すると、売り手の利得は M×R ポイントとなり、買い手の利得は（5000−M×S）ゲットとなる。また、取引が成立しなかった場合は自動的に国内で販売、もしくは購入するものとする。このとき、売り手の利得は国内の販売価格であり、買い手の利得は 5000 ゲットから国内の購入価格を引いた値となる。

　実験は為替レートと国内価格を変えて計 15 回行われた。各期のはじめ、その期の為替レートが公開されるとともに、売り手には財の国内販売価格が記載されている書類が、買い手には財の国内購入価格が記載されている書類がランダムに配布された。先にも述べた通り、この実験の主な目的は実質為替レートについて理解を深めることにある。同じ国であっても被験者によって国内価格は異なり、配布された書類には自分の国内価格以外の情報は記載されていない。したがって、被験者は毎期、その期の名目為替レートと自分の国内価格をもとに、損をしないような取引価格を模索しなくてはならな

表 2-7 売り手の国内販売価格と留保価格の分布

| タイプ | 被験者数<br>(計 21 名) | 名目為替レートに応じた国内販売価格（ポイント） | | | 留保価格<br>(トークン) |
|---|---|---|---|---|---|
| | | 1 トークン<br>125 ポイント | 1 トークン<br>100 ポイント | 1 トークン<br>80 ポイント | |
| X | 7 | 3750 | 3000 | 2400 | 30 |
| Y | 7 | 2500 | 2000 | 1600 | 20 |
| Z | 7 | 1250 | 1000 | 800 | 10 |

い。

ポイントとゲットの対トークン為替レートはそれぞれ 3 種類が、A 国内の販売価格と B 国内の購入価格はその期の為替レートに応じてそれぞれ 3 タイプが事前に用意された。表 2-7 には為替レートに応じた A 国の国内販売価格と各タイプの被験者数がまとめられている。たとえば、ある期の為替レートが 1 トークン 100 ポイントの場合、市場には国内販売価格が 3000 ポイント、2000 ポイント、1000 ポイントの売り手がそれぞれ 7 名ずついることになる。また、表 2-7 には各タイプの留保価格が記されている。売り手の留保価格は、取引価格が何トークン以上であれば国内で販売するよりも輸出をした方が利得が高いかを表している。この表からも明らかなように、売り手の各タイプの留保価格は為替レートに依存しない設計となっている。

表 2-8 には為替レートに応じた B 国の国内購入価格と各タイプの被験者数がまとめられている。たとえば、ある期の為替レートが 1 トークン 100 ゲットの場合、市場には国内購入価格が 3500 ゲット、2500 ゲット、1500 ゲッ

表 2-8 買い手の国内購入価格と留保価格の分布

| タイプ | 被験者数<br>(計 21 名) | 名目為替レートに応じた国内購入価格（ゲット） | | | 留保価格<br>(トークン) |
|---|---|---|---|---|---|
| | | 1 トークン<br>110 ゲット | 1 トークン<br>100 ゲット | 1 トークン<br>85 ゲット | |
| X | 7 | 3850 | 3500 | 2975 | 35 |
| Y | 7 | 2750 | 2500 | 2125 | 25 |
| Z | 7 | 1650 | 1500 | 1275 | 15 |

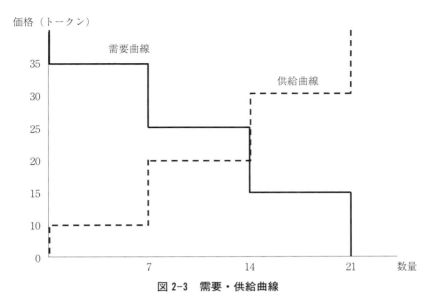

**図 2-3　需要・供給曲線**

トの買い手がそれぞれ 7 名ずついることになる。また、表 2-8 には各タイプの留保価格が記されている。買い手の留保価格は、取引価格が何トークン以下であれば国内で購入するよりも輸入をした方が利得が高いかを表している。この表からも明らかなように、買い手の各タイプの留保価格は為替レートに依存しない設計となっている。

このように、財の国内価格や為替レートといった名目値は毎期変化するが、トークン表記での留保価格の分布は不変となっている。図 2-3 は売り手と買い手の留保価格の分布を描いたものである。売り手の留保価格がこの市場の供給曲線となり、買い手の留保価格が需要曲線となる。毎期の市場は実質的には同じ条件であり、20 トークンから 25 トークンのあいだの任意の価格が市場均衡価格となる。したがって、名目為替レートの変動によって市場で実現する財の取引価格が均衡価格から乖離すれば、それは貨幣錯覚によるものと考えることができる。

## (2) 実験結果

図 2-4 は平均取引価格の推移である。図には均衡価格の上限と下限が点線で記されている。平均取引価格は、第 1 期から第 3 期までは均衡価格から乖離しているものの、第 4 期目以降のすべての期で均衡価格に一致している。

次に、取引が成立した売り手と買い手の余剰に注目する。売り手の余剰は取引価格から留保価格を引いた値であり、買い手の余剰は留保価格から取引価格を引いた値である。余剰が負であるということは、その取引価格で取引を行うよりも国内で販売、もしくは購入した方が利得は高いことを意味している。図 2-5 は買い手と売り手それぞれについて、余剰が負となった被験者数の推移を表したものである。

余剰が負となる取引を行った売り手は、第 1 期を除いたすべての期で 1 名以下となっている。とくに、後半の 6 期間は取引を行ったすべての売り手が正の余剰を得ていた。余剰が負となった買い手は第 3 期までは増加しているものの、第 4 期以降は減少し、第 10 期目からは 1 名以下となっている。こ

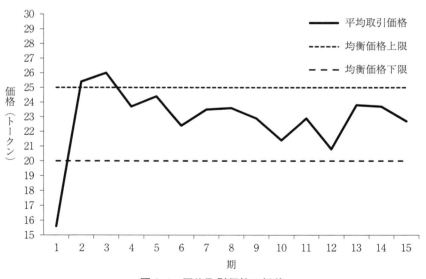

図 2-4　平均取引価格の推移

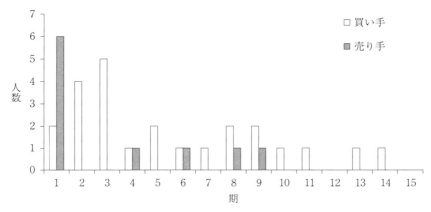

図 2-5　余剰が負となった被験者

のように、実験当初は無視できない数の被験者が損をするような取引を行っていたものの、ほとんどの被験者は実質為替レートを感覚的に学習し、第4期目以降は損をしない価格で取引を行うようになっていた[6]。

　国際的な市場取引を再現した今回の実験では、貨幣錯覚が国際取引に影響を及ぼしているという証拠は得られなかった。貨幣錯覚を検出した他の実験と今回の実験の主な相違として、今回の実験では意思決定の前に自由な価格交渉が認められていたという点を挙げることができる。つまり、被験者は交渉相手とのやり取りのなかで損をしないような取引を学習していたのではないだろうか。この結果は、交渉などを通した他者とのコミュニケーションが貨幣錯覚を解消する方法として有効であることを示唆しているのかもしれない。

## 5　おわりに

　近年のマクロ経済学において、ケインズ経済学と古典派経済学の差異は短期と長期という時間的視野の違いとして理解されている。これは名目値調整の不完全性が短期的な現象であり、長期的には市場の価格メカニズムが機能

すると考えられているためである。この議論の背後には、貨幣錯覚が市場に影響を及ぼすとしてもそれは短期的なものであるという暗黙の仮定がある。

　たしかに、貨幣錯覚は私たちの経済厚生に弊害をもたらすものであるから、長期的には学習や市場原理が貨幣錯覚による市場の歪みを除去する方向に働くと考えるのは自然なことかもしれない。実際、第4節で紹介した国際取引市場の実験では、名目為替レートと国内物価が毎期変動しているなかにあっても、売り手と買い手が自由に価格交渉を行う結果、取引価格は速やかに均衡価格に一致した。この実験結果は、市場を通した相互作用によって貨幣錯覚が解消される可能性を示している。もちろん、この実験は貨幣錯覚を検証する実験としては問題が多く、この実験結果から、貨幣錯覚が取引に影響を与えていなかったと結論付けることはできない。たとえば、今回の実験では市場均衡における総余剰よりも実現した総余剰が有意に低いという結果が得られているが、これが名目為替レートの変動によるものなのかを検証するためには対照実験を実施する必要がある。また、今回の設計では取引が成立しなかった被験者が合理的な選択を行っていたかどうかについても検証することは難しい。なぜなら、交渉が決裂した際に提示されていた価格がデータとして残らないためである。国際取引市場における貨幣錯覚の影響については、これらの問題を改善した新たな実験設計のもとで改めて検証する必要があるだろう。

　他方で、第2節と第3節で紹介した Fehr and Tyran（2001）と Yamamori et al.（2014）の実験研究は、貨幣錯覚が長期的にも市場全体に無視できない影響を与える可能性を示唆している。Fehr and Tyran（2001）の実験は、均衡が一意の価格設定ゲームにおいて、貨幣錯覚の間接的効果が名目価格の調整速度に影響を及ぼすことを明らかにしたが、もし均衡が複数存在しているのなら、この間接的効果は均衡選択の結果にも影響を与えるはずである。実際、Fehr and Tyran（2007）は、均衡を複数もつ価格設定ゲームでは貨幣錯覚の間接的効果が非効率的な均衡をもたらすことを実証した。また、物価の変動によって被験者の誤購入量が期間とともに増加することを明らかに

した Yamamori et al.（2014）の実験結果は、貨幣錯覚が経験や学習によっては解消されないことを示している。

　貨幣錯覚が長期的にも解消されない現象なのであれば、拡張的な金融政策は実物経済に対して長期的に影響を及ぼすことが可能となるだろう。ただし、それがどのような影響を及ぼすのかについては明らかでない。たとえば、物価のランダムな変動が人々の過少消費をもたらすことが Yamamori et al.（2014）によって明らかにされたが、物価が持続的に上昇するインフレーション、もしくは持続的に下落するデフレーションが異時点間の意思決定にどのような歪みをもたらすのかについては検証されていない。日本銀行による 2% のインフレ目標や金融緩和政策が貨幣錯覚によってどのような帰結を実物経済にもたらすのかなど、貨幣錯覚の政策的含意を明らかにすることが今後の課題となるだろう。

**注**
1) 　総務省統計局「消費者物価指数（全国）の前年同月比の推移」より。
2) 　比較的最近のアンケート調査として Shafir et al.（1997）がある。
3) 　価格調整の不完全性に対する説明として貨幣錯覚を用いることに否定的な態度を示す経済理論家は多い。Tobin（1972）が表現したように、「経済理論家は貨幣錯覚を仮定する以上に大きな罪を犯すことはできない」というのである。貨幣錯覚に対する経済理論家の懐疑的な態度は、それが経済理論の想定する経済主体の合理性と矛盾するからというだけでなく、恐らく、貨幣錯覚に関する証拠の多くがアンケート調査や事例報告によって提供されてきたこととも無関係ではない。
4) 　最終期における最適な意思決定は残っている所得をすべて支出するという単純なものであるため、これ以降は第 20 期のデータを除いて分析している。
5) 　この実験は、東京大学大学院経済学研究科の松井彰彦教授と亜細亜大学経済学部の加藤一彦准教授の協力のもと、2011 年 4 月に東京大学で実施された。被験者は東京大学を訪れていた福島県立相馬高等学校の生徒 1 年生から 3 年生まで計 42 名である。
6) 　模擬授業では実験終了後に国際貿易と実質為替レートに関する講義を行った。実質為替レートは高校生にとって理解するのが難しい経済用語の 1 つである。しかし、実験終了後に行った講義では多くの生徒がこの概念を容易に理解していたように見えた。もちろん、この実験の教育効果を正確に検証するためには、模擬講義のあとに筆記試験を行うなど、追加的な調査が必要である。

**参考文献**

Anderhub, V., Güth, W., Müller, W., and Strobel, N. (2000) "An Experimental Analysis of Intertemporal Allocation Behavior," *Experimental Economics*, 3, pp. 137-52.

Fehr, E. and Tyran, J.-R. (2001) "Does Money Illusion Matter?" *American Economic Review*, 91(5), pp. 1239-62.

Fehr, E. and Tyran, J.-R. (2007) "Money Illusion and Coordination Failure," *Games and Economic Behavior*, 58(2), pp. 246-68.

Fehr, E. and Tyran, J.-R. (2008) "Limited Rationality and Strategic Interaction: The Impact of the Strategic Environment on Nominal Inertia," *Econometrica*, 76(2), pp. 353-94.

Fisher, I. (1928) *The Money Illusion*. Longmans: Toronto.

Johnson, S., Kotlikoff, L., and Samuelson, W. (1987) "Can People Compute? An Experimental Test of the Life Cycle Consumption Model," Working Paper, Harvard University.

Shafir, E., Diamond, P. A., and Tversky, A. (1997) "Money Illusion," *Quarterly Journal of Economics*, 112, pp. 341-74.

Tobin, J. (1972) "Inflation and Unemployment," *American Economic Review*, 62, pp. 1-18.

Yamamori, T., Iwata, K., and Ogawa, A. (2014) "An Experimental Study of Money Illusion in Intertemporal Decision Making," *TCER Working Paper Series*, E-85.

## 第3章

# 不確実性下における貨幣的均衡に関する考察

岡田　知之

## 1　はじめに

　通常、不況下では拡張的な財政政策や金融の緩和が行われ、経済の活性化が図られる。近年では、累積的な財政赤字に苦しむ国も多く、拡張的な財政政策を行うことには限界があるケースも多い。このため、景気刺激策として金融緩和を行う頻度が高まっている。

　景気刺激策として、金融緩和政策の必要性は高まっているが、金融緩和政策が景気を刺激するのは、貨幣錯覚などにより人々がある種の非合理的な選択を行うからであり、もし合理的な選択が行われるならば、貨幣的な政策は実体経済に影響を及ぼさないため、金融緩和政策は景気刺激策として有効性を持たない、という考え方もある。このような考え方は Muth（1961）や Lucas（1972）などによって論じられた合理的期待仮説にもとづくものである。例えば Wallace（1981）や Chamley and Polemarchakis（1984）は、人々が合理的な選択を行い貨幣的均衡が実現している状況下で、政府が公開市場操作により貨幣供給量を変化させたとしても、実体経済に影響を及ぼすことができない可能性を示唆した。Wallace（1981）や Chamley and Polemarchakis（1984）の主張が正しいのであれば、金融緩和政策が実体経済に与える影響は、人々の非合理的な選択に依存することになる。非合理性の程度やどのようなかたちで非合理的な選択が行われるかを予測することは難しく、また、状況が変化すれば、非合理的に行動原理が変化する可能性が

ある。このような状況下で、安易に金融政策を実施すると、（人々が非合理的に行動原理をさせ、）政策目標から大きく乖離した状況が生じてしまう恐れがある。もし、そうであるならば、政策立案には慎重な態度で臨む必要があると考えられる。

本章の目的は、Wallace (1981) の議論をふまえて、金融政策を実施する際には、一層の慎重さが必要であることを示唆することにある。Wallace (1981) は、OLG モデル[1]を用いて不確実性下における合理的な貨幣的均衡を定義し、この均衡が実現している状況下で公開市場操作により貨幣供給量を変化させても実体経済に影響が及ばない可能性を示した。本章では、不確実性の程度を限定し、2つの状態が生じる可能性がある状況下において、同一の貨幣的な政策のもとで合理的な貨幣的均衡が複数存在する可能性があることを示すことにより合理的な期待形成の行われ方は一通りではなく、複数存在する可能性があることを示唆する。合理的な期待が複数存在するならば、人々が仮に合理的な選択を行ったとしても、複数存在する合理的な選択のうち、どれを選択するかを事前に予測することは困難となる。比較的、金融政策の効果を予測しやすいと思われる、人々が合理的な選択を行うという状況下にあったとしても、合理的な貨幣的均衡が複数存在するならば、複数存在する均衡のうちどれが実現するかを予測することは困難な可能性が高いであろう。合理的な貨幣的均衡が複数存在する場合、金融政策を実施する際には、一層の慎重さが必要であると考えられるのである。

以下では、第2節でモデルを説明する。本章で用いるモデルは Wallace (1981) で用いられた不確実性が存在する状況下における OLG モデルである。将来へ資産を持ち越す手段として政府が供給する貨幣、投資、将来財への請求権が存在するものとし、また投資の収益に関し不確実性を想定する。2期間生存する各経済主体は、このような不確実性のもとで合理的に期待を形成し、自らの効用が最大化するように消費計画をたてる。第3節では、貨幣、将来財への請求権、消費財の需要と供給が一致する貨幣的な均衡を定義し貨幣的均衡が実現するための条件を求める。第4節では Wallace

(1981) によって示された貨幣的均衡を提示する。この均衡は各経済主体が合理的に期待を形成し、その結果、将来の予想値と実現値が一致する完全予見が達成される均衡となっている。さらにこの節では、合理的な期待が複数存在し、異なる期待のもとで、異なる状態が実現しうる可能性があることを示唆する。最後に第5節でまとめを述べる。

## 2 モデル[2]

経済は、消費者と政府により構成され、それぞれが予算制約を満たすように経済活動を行うものとする。

### (1) 消費者

消費者は2期間生存し、生まれてから若年期、老人期を経て死滅するものとする。$t$期に生まれた消費者を$t$世代と呼び、$t$世代の人口を$N(t)$で示す。$t+1$期には、老人期を過ごす$t$世代の消費者と若年期を過ごす$t+1$世代の消費者が重複して存在する。$t+1$期における総人口は$N(t)+N(t+1)$となる。

$t$世代のある消費者$h$は、$t$期と$t+1$期に（税払い、もしくは補助金給付後）所得を受け取り、$t$期における（2期間にわたる）期待効用が最大化するように、$t$期と$t+1$期における消費量を決定する。財は1期間で劣化し、$t$期に存在する財をそのままの形で$t+1$期に消費することはできないものとしよう。ここでは、投資、将来財への請求権の売買、貨幣の保有という3種類の方法により若年期の財を老人期に持ち越すことや、老人期に得ることが予想される財を若年期に消費することが可能となる状況を考える。

まず投資について考察する。今期の財を（1期間をかけて）来期の財へ変換する生産技術が存在するものとする。ただし、将来の状態に関して不確実性が存在し、変換される来期財の数量は来期に実現する状態に依存するものとする。ここでは来期に$I$種類の状態が生じる可能性があるという状況を

考え、今期の時点で来期に状態 $i(i=1,2\cdots\cdots,I)$ が生じる確率を $f_i$ で示す。来期に状態 $i(i=1,2\cdots\cdots,I)$ が生じる場合、$t$ 世代の消費者 $h$ が今期に $k^h(t)$ 単位の財を投資し、この生産技術を用いて来期財に変換すると、$k^h(t)$ 単位の今期財は $x_i k^h(t)$ 単位の来期財に変換されるものとする。投資を行うことにより、若年期の財を老人期に持ち越すことが可能となる。

次に将来財に対する請求権に関して説明する。各時点で来期財の請求権が売買されるものとしよう。例えば $t$ 期に売買される、$t+1$ 期に1単位の財を受け取る権利を考える。ここでは $t+1$ 期に（$i$ 以外の状態が生じた場合には何も受け取ることができず）状態 $i$ が生じた場合にのみ1単位の財を受け取ることができる権利の（$t$ 期における $t$ 期の財ではかった）価格を $s_i(t)$ で示すことにする。$t+1$ 期に状態 $i$ が実現すると1単位の財を受け取れる権利を世代 $t$ の消費者 $h$ が $t$ 期において $d_i^h(t)$ 単位購入すると、この消費者 $h$ は $t$ 期に $s_i(t) d_i^h(t)$ 単位の財を引き渡し、$t+1$ 期に状態 $i$ が実現すると $d_i^h(t)$ 単位の財を、$i$ 以外の状態が生じた場合には0単位の財を受け取る。逆に $t+1$ 期に状態 $i$ が実現すると1単位の財を受け取れる権利を世代 $t$ の消費者 $h$ が $t$ 期に $d_i^h(t)$ 単位売却すると、この消費者 $h$ は $t$ 期に $s_i(t) d_i^h(t)$ 単位の財を受け取り、$t+1$ 期に状態 $i$ が実現すると $d_i^h(t)$ 単位の財を、$i$ 以外の状態が生じた場合には0単位の財を引き渡す。

このように将来財に対する請求権を購入することにより、（実質的には）若年期の財を老人期に持ち越すことが可能となり、将来財に対する請求権を売却することにより、老人期に得ることが予想される財を若年期に消費することが可能となる。ただし、将来財に対する請求権の売買は、同一世代内でしか行われない。今期に若年期の消費者が老人期の消費者から将来財に対する請求権を購入した場合、来期の時点で請求権の売り手は死滅しており、（財を受け取ることができる状態が実現しても）請求権の買い手は財を受け取ることができない。このような取引は行われないであろう。逆に今期に老人期の消費者が若年期の消費者から将来財に対する請求権を購入した場合、来期の時点で請求権の買い手は死滅しているので、（財を受け取ることがで

きる状態が実現しても）請求権の買い手は財を受け取ることができない。このような取引も行われないであろう。いずれにしても将来財に対する請求権の売買は同一世代内でしか行われない。したがって、将来財に対する請求権を売買することにより、個人レベルで若年期の財を老人期に持ち越したり、老人期に得ることが予想される財を若年期に消費することができるが、同一世代全体として考えると若年期の財を老人期に持ち越したり、老人期に得ることが予想される財を若年期に消費することはできない。また、将来財に対する請求権の売買により、異なる世代間で富を移転することもできない。

最後に貨幣についてであるが、政府により貨幣が供給され、各時点で消費者は財と貨幣を交換できるものとする。$t$期において貨幣1単位が財$p(t)$単位と交換され、$t+1$期に状態$i$が実現した場合、貨幣1単位と財$p_i(t+1)$単位が交換されるとしよう。この状況下で、$t$世代のある消費者$h$が$t$期に$m^h(t)$単位の貨幣を入手し、$t+1$期に$m^h(t)$単位の貨幣を手放すと、この消費者は若年期に$p(t)m^h(t)$単位の財を手放すかわりに、老人期に$p_i(t+1)m^h(t)$単位の財を入手することになる。このように貨幣を保有することにより、若年期の財を老人期に持ち越すことが可能となる。また、貨幣は異なる世代間で富を移転する手段にもなりうる。

$t$世代の消費者$h$は、$t$期に（税払い、もしくは補助金給付後）所得$w_t^h(t)$、$t+1$期に状態$i$が実現した場合（税払い、もしくは補助金給付後）所得$w_{ti}^h(t+1)$を受け取るものとしよう。この消費者の$t$期における消費量は$c_t^h(t)$、状態$i$が実現した場合の$t+1$期における消費量は$c_{ti}^h(t+1)$で示されるものとする。$t$世代の消費者$h$は、$t$期に、その時点における各状態が実現した場合の将来財の請求権価格$s_i(t)$($i=1,2,\cdots\cdots,I$)、物価の逆数（財と貨幣の交換比率）$p(t)$をふまえ、さらに$t+1$期における各状態における投資技術がもたらす収益率$x_i$($i=1,2,\cdots\cdots,I$)、物価の逆数（財と貨幣の交換比率）$p_i(t+1)$($i=1,2,\cdots\cdots I$)を予測し、$t$期と$t+1$期における予算制約が満たされるように、$t$期における消費量$c_t^h(t)$、状態$i$が実現した場合の$t+1$期における消費量$c_{ti}^h(t+1)$($i=1,2,\cdots\cdots,I$)、$t+1$期に状態$i$が

生じた場合1単位の財を受け取れる権利の需要量（供給量）$d_i^h(t)$（$i=1,2,\dots,I$）、$t$期に生産技術に投入する財の数量（投資量）$k^h(t)$、$t$期における貨幣の保有量 $m^h(t)$ を選択することにより、$t$期における（2期間にわたる）期待効用

$$Eu^h(c_t^h(t), c_{ti}^h(t+1)) = \sum_{i=1}^{I} f_i u^h(c_t^h(t), c_{ti}^h(t+1)) \tag{1}$$

の最大化を目指す。$u^h(c_t^h(t), c_{ti}^h(t+1))$ は厳密な増加関数であり、かつ2階微分可能な凹関数である。$t$期の予算制約は、

$$c_t^h(t) + k^h(t) + \sum_{i=1}^{I} s_i(t) d_i^h(t) + p(t) m^h(t) \leq w_t^h(t) \tag{2}$$

となり、状態 $i$（$i=1,2,\dots,I$）が生じた場合の $t+1$ 期における予算制約は、

$$c_{ti}^h(t+1) \leq w_{ti}^h(t+1) + x_i k^h(t) + p_i(t+1) m^h(t) + d_i^h(t)$$
$$(i=1,2,\dots,I) \tag{3}$$

となる。$t$期と $t+1$ 期の予算制約より、2期間にわたる予算制約

$$c_t^h(t) + \sum_{i=1}^{I} s_i(t) c_{ti}^h(t+1) \leq w_t^h(t) + \sum_{i=1}^{I} s_i(t) w_{ti}^h(t+1)$$
$$+ k^h(t) \left[\sum_{i=1}^{I} x_i s_i(t) - 1\right] + m^h(t) \left[\sum_{i=1}^{I} p_i(t+1) s_i(t) - p(t)\right] \tag{4}$$

が求められる。

　若年期の財を老人期に持ち越す手段として投資、将来財への請求権の売買、貨幣の保有という3種類の方法のどれかを選択する際に、もしこれらの3種類の方法の間で今期財と来期財の交換比率（収益率）に違いがあるならば、より収益率の高い方法のみが選択され収益率の低い方法は選択されないであろう。このような裁定行動により、3種類の方法がもたらす収益率は均等化する傾向にあると考えられる。まず、貨幣と将来財に対する請求権の選択を考えてみよう。$t$期に消費者が $p(t)$ 単位の財を手放し、1単位の貨幣を入手したとしよう。$t+1$ 期に状態 $i$ が生じると、この消費者は1単位の貨幣と交換に $p_i(t+1)$ 単位の財を手に入れることができる。$t+1$ 期に状態

$i$ が生じたときに $p_i(t+1)$ 単位の財を手に入れることを将来財への請求権購入により達成するためには、$t$ 期において各状態に対する将来財の請求権を $p_i(t+1)$ $(i=1,2,\cdots\cdots, I)$ 単位購入する必要がある。このような将来財に対する請求権（の組み合わせ）を購入するためには、$t$ 期に $\sum_{i=1}^{I} p_i(t+1)s_i(t)$ 単位の財を支払う必要がある。$p(t) \geqq \sum_{i=1}^{I} p_i(t+1)s_i(t)$ が成り立つときには、将来財に対する請求権の収益率が貨幣保有に関する収益率を上回り、逆に $p(t) \leqq \sum_{i=1}^{I} p_i(t+1)s_i(t)$ が成り立つときには貨幣保有に関する収益率が将来財に対する請求権の収益率を上回る。裁定行動を考えると、両者の収益率は均等化し、以下の関係が成り立つ[3]。

$$\sum_{i=1}^{I} p_i(t+1)s_i(t) = p(t) \tag{5}$$

次に投資と将来財に対する請求権の選択を考えてみよう。$t$ 期に消費者が 1 単位の財を投資し生産技術に投入したとしよう。$t+1$ 期に状態 $i$ が生じると、この消費者は $x_i$ 単位の財を手に入れることができる。$t+1$ 期に状態 $i$ が生じたときに $x_i$ 単位の財を手に入れることを将来財への請求権購入により達成するためには、$t$ 期において各状態に対する将来財の請求権を $x_i$ $(i=1,2,\cdots\cdots, I)$ 単位購入する必要がある。このような将来財に対する請求権（の組み合わせ）を購入するためには、$t$ 期に $\sum_{i=1}^{I} x_i s_i(t)$ 単位の財を支払う必要がある。$1 \geqq \sum_{i=1}^{I} x_i s_i(t)$ が成り立つときには、将来財に対する請求権の収益率が投資の収益率を上回り、逆に $1 \leqq \sum_{i=1}^{I} x_i s_i(t)$ が成り立つときには投資の収益率が将来財に対する請求権の収益率を上回る。裁定行動を考えると、両者の収益率は均等化し、以下の関係が成り立つ。

$$\sum_{i=1}^{I} x_i s_i(t) = 1 \tag{6}$$

将来財への請求権の売買、貨幣の保有、投資の収益率が均等化することを前

提とすると、(5)、(6)を(4)に代入することにより2期間にわたる予算制約は以下のようにまとめられる。

$$c_t^h(t) + \sum_{i=1}^{I} s_i(t) c_{ti}^h(t+1) \leq w_t^h(t) + \sum_{i=1}^{I} s_i(t) w_{ti}^h(t+1) \qquad (4)'$$

以上より、$t$ 世代の消費者 $h$ が2期間にわたる予算制約(4)のもとで $t$ 期における（2期間にわたる）期待効用(1)を最大化するように、$t$ 期における消費量 $c_t^h(t)$、状態 $i$ が実現した場合の $t+1$ 期における消費量 $c_{ti}^h(t+1)$ ($i=1,2,\cdots\cdots,I$)、$t+1$ 期に状態 $i$ が生じた場合1単位の財を受け取れる権利の需要量（供給量）$d_i^h(t)$ ($i=1,2,\cdots\cdots,I$)、$t$ 期に生産技術に投入する財の数量（投資量）$k^h(t)$、$t$ 期における貨幣の保有量 $m^h(t)$ を選択するという問題は、将来財への請求権の売買、貨幣の保有、投資の収益率が均等化することを前提とすると、(4)′で示される制約のもとで、（2期間にわたる）期待効用(1)を最大化するように $t$ 期における消費量 $c_t^h(t)$、状態 $i$ が実現した場合の $t+1$ 期における消費量 $c_{ti}^h(t+1)$ ($i=1,2,\cdots\cdots,I$) を選択するという問題としてとらえることができる。そして、効用最大を実現するための1階の条件は、

$$f_i u_2^h(c_t^h(t), c_{ti}^h(t+1)) = s_i \sum_{j=1}^{I} f_j u_1^h(c_t^h(t), c_{tj}^h(t+1))$$
$$(i=1,2,\cdots\cdots,I) \qquad (7)$$

となる[4]。ただし、$u_1^h(c_t^h(t), c_{ti}^h(t+1))$ は $u^h(c_t^h(t), c_{ti}^h(t+1))$ の第1変数に関する偏導関数であり、$u_2^h(c_t^h(t), c_{ti}^h(t+1))$ は $u^h(c_t^h(t), c_{ti}^h(t+1))$ の第2変数に関する偏導関数である。

### (2) 政府

各期に政府は、消費者に対する課税や補助金の給付、投資、貨幣の発行や流通している貨幣の回収を行い、これらの活動から得た収入をもちいて、予算制約が満たされるように新たな投資と財政支出を行う。

$t$ 期において投資による収益以外の社会全体で利用可能な財を $Y(t)$ で示

すと、$t$ 期に状態 $i$ が生じた場合の課税額（もしくは補助金給付額）$T_i(t)$ は、

$$T_i(t) = Y(t) - \sum_{h=1}^{N(t)} w_t^h(t) - \sum_{h=1}^{N(t-1)} w_{t-1,i}^h(t) \tag{8}$$

となる。また、$t-1$ 期に $K^g(t-1)$ 単位の財を政府が投資したとき、状態 $i$ が生じた場合の $t$ 期における政府の収益は $K^g(t-1)x_i$ となる。さらに、$t$ 期に流通している貨幣を $M(t)$ で示すと、$[M(t)-M(t-1)]$ は $t$ 期における政府の通貨発行量（回収される通貨の数量）となり、$t$ 期に状態 $i$ が生じた場合の通貨発行益は、$p_i(t)[M(t)-M(t-1)]$ となる。$t$ 期に状態 $i$ が生じた場合、政府は、前期に行った投資から $K^g(t-1)x_i$ という収益を受け取り、この収益と税収 $T_i(t)$、通貨発行益 $p_i(t)[M(t)-M(t-1)]$ の合計である収入と投資量 $K^g(t)$、財政支出 $G_i(t)$ の合計である支出が等しくなるように、$M(t)$、$T_i(t)(w_t^h(t), w_{t-1,i}^h(t))$、$G_i(t)$ を選択する。以上より、0 期における（政府の）投資量 $K^g(0)$、貨幣の流通量 $M(0)$、0 世代の 1 期における消費者 $h$ の所得 $w_0^h(1)$ を所与とすると、各期における政府の予算制約は以下の関係として示される。

$$K^g(t) + G_i(t) = T_i(t) + K^g(t-1)x_i + p_i(t)[M(t)-M(t-1)]$$
$$(i=1,2,\cdots\cdots,I \quad t \geq 1) \tag{9}$$

## 3　均衡

### (1)　貨幣的均衡の定義

$t$ 世代の消費者 $h$ は、$t$ 期における（税払い、もしくは補助金給付後）所得 $w_t^h(t)$、将来財の請求権価格 $s_i(t)(i=1,2,\cdots\cdots,I)$、物価の逆数（財と貨幣の交換比率）$p(t)$ を所与とし、さらに $t+1$ 期に状態 $i$ が実現した場合の（税払い、もしくは補助金給付後）所得 $w_{ti}^h(t+1)$、物価の逆数（財と貨幣の交換比率）$p_i(t+1)(i=1,2,\cdots\cdots,I)$ を予測し、$t$ 期の予算制約(2)と $t+1$

期の予算制約(3)のもとで期待効用(1)が最大化されるように、$t$ 期における消費量 $c_t^h(t)$、状態 $i$ が実現した場合の $t+1$ 期における消費量 $c_{ti}^h(t+1)$ ($i=1,2,\cdots\cdots,I$)、$t+1$ 期に状態 $i$ が生じた場合1単位の財を受け取れる権利の需要量(供給量) $d_i^h(t)$ ($i=1,2,\cdots\cdots,I$)、$t$ 期に生産技術に投入する財の数量(投資量) $k^h(t)$、$t$ 期における貨幣の保有量 $m^h(t)$ を選択する。政府は、各期において政府の予算制約(9)を満たすかたちで、$M(t)$、$T_i(t)$($w_t^h(t),w_{t-1,i}^h(t)$)、$G_i(t)$ ($i=1,2,\cdots\cdots,I$ $t\geqq1$) を選択する。貨幣的均衡とは、貨幣需要量が正であり、財、貨幣、各状態が生じた場合の将来財の請求権の需要と供給が一致する状況のことである。これら3つの市場のうち、2つの市場において需要と供給が一致すれば、ワルラス法則により残りの1つの市場においても需要と供給が一致する。ここでは、財市場と将来財の請求権市場の需要と供給が一致する条件を示すことにより、貨幣的均衡が実現するための条件を導く。

### (2) 貨幣的均衡の条件

まず、将来財の請求権市場について考える。将来財の請求権を売買するのは若年世代だけである。将来財の請求権が取引されるならば、同一世代内に売り手と買い手が存在し、

$$\sum_{h=1}^{N(t)} d_i^h(t)=0 \qquad (i=1,2,\cdots\cdots,I \quad t\geqq1) \tag{10}$$

という関係が成り立つ。したがって、将来財の請求権の需要と供給は一致する。

次に財市場について考察する。$t-1$ 期に政府が選択した投資量を $K^g(t-1)$、消費者が選択した投資量の合計が $K^p(t-1)=\sum_{h=1}^{N(t-1)} k^h(t-1)$ であるとしよう。$t$ 期に状態 $i$ が実現すると、これらの投資から $(K^g(t-1)+K^p(t-1))x_i$ という収益が発生する。この収益と $t$ 期における投資による収益以外の社会全体で利用可能な財 $Y(t)$ の合計 $Y(t)+(K^g(t-1)+K^p(t$

第3章 不確実性下における貨幣的均衡に関する考察　61

$-1))x_i$ が、状態 $i$ が生じた場合の $t$ 期における財の供給量となる。

状態 $i$ が生じた場合の $t$ 期における消費者の財に対する需要量は、$t-1$ 世代の消費量の合計 $\sum_{h=1}^{N(t-1)} c_{t-1,i}{}^h(t)$、$t$ 世代の消費量の合計 $\sum_{h=1}^{N(t)} c_t{}^h(t)$、$t$ 世代の投資量の合計 $K^p(t)$ を足し合わせた $\sum_{h=1}^{N(t-1)} c_{t-1,i}{}^h(t) + \sum_{h=1}^{N(t)} c_t{}^h(t) + K^p(t-1)$ となり、政府の財に対する需要量は、財政支出 $G_i(t)$ と投資量 $K^g(t)$ を足し合わせた $G_i(t)+K^g(t)$ となる。したがって、各状態が生じた場合の各期における財の需要と供給が一致するための条件は、

$$Y(t)+(K^g(t-1)+K^p(t-1))x_i = G_i(t)+K^g(t) \\ + \sum_{h=1}^{N(t-1)} c_{t-1,i}{}^h(t) + \sum_{h=1}^{N(t)} c_t{}^h(t) + K^p(t) \qquad (11)$$

となる。(11)は、(2)、(3)、(8)、(9)、(10)を用いると、以下のように整理される。

$$\sum_{h=1}^{N(t-1)} c_{t-1,i}{}^h(t) - \sum_{h=1}^{N(t-1)} w_{t-1,i}{}^h(t) - K^p(t-1)x_i = p_i(t)M(t-1) \\ (i=1,2,\cdots\cdots,I \quad t\geq 1) \qquad (11)'$$

消費者が投資、将来財への請求権の売買、貨幣の保有という3種類の方法のどれかを選択する際に裁定行動をとるならば、3種類の方法から生じる収益率が均等化し、(5)、(6)が成り立つ。もし、そうであるならば消費者の予算制約は(4)′となり、(内点解を仮定すると) 効用最大化を達成する $t$ 期における消費量 $c_t{}^h(t)$、状態 $i$ が実現した場合の $t+1$ 期における消費量 $c_{ti}{}^h(t+1)$ $(i=1,2,\cdots\cdots,I)$ は(4)′の不等号を等号に置き換えた

$$c_t{}^h(t) + \sum_{i=1}^{I} s_i(t) c_{ti}{}^h(t+1) = w_t{}^h(t) + \sum_{i=1}^{I} s_i(t) w_{ti}{}^h(t+1) \qquad (4)''$$

と一階の条件(7)により求めることができる[5]。

貨幣的均衡は、(貨幣需要量が正であり、) 消費者が予算制約のもとで効用最大化行動をとり、政府が予算制約を満たす選択を行い、さらに財、貨幣、各状態が生じた場合の将来財の請求権の需要と供給が一致する状況のことな

ので、貨幣的均衡が実現するための条件は(4)″、(5)、(6)、(7)、(11)′が成り立つことであると考えられる。

## 4 均衡に関する考察

$t$ 期における消費者が若年期と老人期の消費量を決定する際に、$t+1$ 期に状態 $i$ が実現した場合の（税払い、もしくは補助金給付後）所得 $w_{ti}{}^h(t+1)$、物価の逆数（財と貨幣の交換比率）$p_i(t+1)$ $(i=1,2,\ldots,I)$ の予測値に関して合理的に期待を形成し、均衡におけるこれらの実現値が消費者の予測値が一致する状況のことを完全予見という。政府の財政支出と貨幣供給量の組み合わせ $(G_i(t), M(t))$ $(i=1,2,\ldots,I\ t\geqq 1)$ を経済政策と呼ぶことにする。以下では、2種類の状態が実現する可能性がある状況を考察する。まず、財政支出と貨幣供給量が一定に保たれる経済政策のもとで、将来財の請求権価格 $s_i(t)$、物価の逆数（財と貨幣の交換比率）$p_i(t+1)$ $(i=1,2,\ldots,I)$ が一定の値となる完全予見のもとでの貨幣的均衡を示す。このような貨幣的均衡を定常型貨幣的均衡と呼ぶことにする。この均衡はWallace (1981) でも取り上げられているものである。そして、定常型貨幣的均衡のもとでの経済政策と同一の経済政策を政府が行ったとしても、消費者が（定常型貨幣的均衡をもたらすものとは）異なる形で合理的に期待を形成すると、定常型貨幣的均衡とは異なる消費量が選択される完全予見のもとでの貨幣的均衡が実現される可能性があることを示す。完全予見のもとでの貨幣的均衡をもたらす合理的な期待形成が複数存在するならば、政府が経済政策を行うことにより政策目標を達成することが一層困難なものとなるであろう。

### (1) 定常型貨幣的均衡

2種類の状態 $(i=1,2)$ が生じる可能性がある状況を考える。状態1が生じたときの投資の収益率 $x_1$ と状態2が生じたときの投資の収益率 $x_2$ の間には

$x_2<1<x_1$、$f_1x_1+f_2x_2>1$、$\frac{f_1}{x_1}+\frac{f_2}{x_2}>1$ という関係が成り立つものとしよう。各世代の人口は一定（$N(t)=N$）、各期における投資からの収益以外の社会全体で利用可能な財も一定（$Y(t)=Y$）であり、$t$ 世代消費者 $h$ の（2 期間にわたる）期待効用は

$$Eu^h(c_t^h(t), c_{ti}^h(t+1)) = \ln c_t^h(t) + f_1 \ln c_{t1}^h(t+1) \\ + f_2 \ln c_{t2}^h(t+1) \qquad (1)'$$

で示されるものとする。政府は、財政支出を行わず（$G_i(t)=0 (i=1,2\ t\geqq 1)$）、貨幣供給量を一定（$M(t)=M$）に保つものとしよう[6]。さらに、政府による課税額（補助金給付額）はゼロ（$T_i(t)=0 (i=1,2\ t\geqq 1)$）で、$t$ 世代の消費者 $h$ が $t$ 期（若年期）と $t+1$ 期（老人期）に受け取る所得は、$w_t^h(t)=y$、$w_{t1}^h(t+1)=0$、$w_{t2}^h(t+1)=0$ であるとする。ただし $y=\frac{Y}{N}$ である。

 （$G_i(t)=0, M(t)=M\ (i=1,2\ t\geqq 1)$）という経済政策を政府が行った場合、上記のような状況下で来期に状態1が生じた場合に1単位の財を受け取ることができる権利の価格（将来財の請求権価格）$s_1(t)$、来期に状態2が生じた場合に1単位の財を受け取ることができる権利の価格 $s_2(t)$、物価の逆数（財と貨幣の交換比率）$p_i(t+1)(i=1,2\ t\geqq 1)$ が一定の値となる完全予見のもとでの貨幣的均衡が実現されるための条件は、$s_1(t)=s_1$、$s_2(t)=s_2$、$p_i(t+1)=p$ とすると(4)''、(5)、(6)、(7)、(11)'より以下のように示される。

$$c_t^h(t) + s_1 c_{t1}^h(t+1) + s_2 c_{t2}^h(t+1) = y \qquad (12)$$

$$s_1 + s_2 = 1 \qquad (13)$$

$$x_1 s_1 + x_2 s_2 = 1 \qquad (14)$$

$$\frac{f_1}{c_{t1}{}^h(t+1)} = \frac{s_1}{c_t{}^h(t)} \tag{15}$$

$$\frac{f_2}{c_{t2}{}^h(t+1)} = \frac{s_2}{c_t{}^h(t)} \tag{16}$$

$$\sum_{h=1}^{N} c_{t-1,1}{}^h(t) - K^p(t-1)x_1 = pM \tag{17}$$

$$\sum_{h=1}^{N} c_{t-1,2}{}^h(t) - K^p(t-1)x_2 = pM \tag{18}$$

(12)、(15)、(16) より $t$ 世代消費者 $h$ の $t$ 期における消費量 $c_t{}^h(t)$、状態1が生じた場合の $t+1$ 期のおける消費量 $c_{t1}{}^h(t+1)$、状態2が生じた場合の $t+1$ 期における消費量 $c_{t2}{}^h(t+1)$ は、それぞれ

$$c_t{}^h(t) = \frac{y}{2} \tag{19}$$

$$c_{t1}{}^h(t+1) = \frac{yf_1}{2s_1} \tag{20}$$

$$c_{t2}{}^h(t+1) = \frac{yf_2}{2s_2} \tag{21}$$

となり、(13)、(14) より来期に状態1が生じた場合に1単位の財を受け取ることができる権利の価格 $s_1$、来期に状態2が生じた場合に1単位の財を受け取ることができる権利の価格 $s_2$ は、それぞれ以下のようになる。

$$s_1 = \frac{1-x_2}{x_1-x_2} \tag{22}$$

$$s_2 = \frac{x_1-1}{x_1-x_2} \tag{23}$$

さらに (17)、(18) より物価の逆数（財と貨幣の交換比率）$p$ と $t-1$ 世代の消費者による投資量の合計 $K^p(t-1)$ は、それぞれ

$$K^p(t-1) = N\frac{y}{2}\frac{(f_1x_1+f_2x_2-1)}{(x_1-1)(1-x_2)} \tag{24}$$

第3章 不確実性下における貨幣的均衡に関する考察 65

$$p = \frac{N}{M}\frac{y}{2}\frac{(f_2 x_1 + f_1 x_2 - x_1 x_2)}{(x_1 - 1)(1 - x_2)} \tag{25}$$

となる。

政府が $(G_i(t)=0, M(t)=M\ (i=1,2\ t\geq 1))$ という経済政策を行った場合、(19)～(25)より各世代各消費者の投資量 $k^h(t)$、若年期の消費量 $c_t^h(t)$、老人期の消費量 $c_{ti}^h(t+1)(i=1,2)$、各期各状態における物価の逆数 $p_i(t)\ (i=1,2)$、若年期の所得 $w_t^h(t)$、老人期の所得 $w_{ti}^h(t+1)\ (i=1,2)$、各期における政府の財政支出 $G_i(t)$、貨幣供給量 $M(t)$、投資量 $K^g(t)$、将来財請求権の価格 $s_i(t)\ (i=1,2)$ の組み合わせ

$$(c_t^h(t), c_{t1}^h(t+1), c_{t2}^h(t+1), k^h(t), w_t^h(t), w_{t1}^h(t+1), w_{t2}^h(t+1))$$
$$= \left(\frac{y}{2}, \frac{yf_1}{2s_1}, \frac{yf_2}{2s_2}, \frac{y}{2}, \frac{(f_1 x_1 + f_2 x_2 - 1)}{(x_1-1)(1-x_2)}, y, 0, 0\right)\ (t\geq 1, h=1,2,\cdots,N),$$

$$(G_1(t), G_2(t)\ M(t), K^g(t)) = (0, 0, M, 0)\ (t\geq 1)$$

$$(p_1(t), p_2(t), s_1(t), s_2(t)) = \Big(\frac{N}{M}\frac{y}{2}\frac{(f_2 x_1 + f_1 x_2 - x_1 x_2)}{(x_1-1)(1-x_2)},$$
$$\frac{N}{M}\frac{y}{2}\frac{(f_2 x_1 + f_1 x_2 - x_1 x_2)}{(x_1-1)(1-x_2)}, \frac{1-x_2}{x_1-x_2}, \frac{x_1-1}{x_1-x_2}\Big)\ (t\geq 1)$$

は完全予見のもとでの定常型貨幣的均衡となる。

### (2) 状態依存型貨幣的均衡

定常型貨幣的均衡のもでは、(25)より各期のおける物価の逆数 $p_i(t)\ (i=1,2)$ は一定の値をとる。ここでは、状態に応じて物価の逆数が異なる値となる可能性がある完全予見のもとでの貨幣的均衡を考察する。以下では、このような貨幣的均衡を状態依存型貨幣的均衡と呼ぶことにする。定常型貨幣的均衡と状態依存型貨幣的均衡を比較することにより、政府が同一の経済政策 $(G_i(t)=0, M(t)=M(i=1,2\ t\geq 1))$ を行っている場合に、2つの貨幣的均衡のもとで、消費者が異なる消費量を選択する可能性があることが示され

る。

　定常型貨幣的均衡を考察した際には、将来財請求権の価格は将来の状態にのみ依存するということを前提とした。ここでは、将来財の請求権価格は将来の状態にのみ依存するのではなく、現在の状態にも依存すると考える。現在の状態が $i$、将来の状態が $j$ のときの将来財の請求権価格を $s_{ij}(t)$ ($i=1,2$ $j=1,2$ $t\geq 1$) で示す。さらに将来財の請求権価格は、売買が行われる期（時点）$t$ に依存しないものとしよう。

　状態依存型貨幣的均衡が実現するための条件は、(4)″、(5)、(6)、(7)、(11)′ より以下のようになる。

$$c_{t1}{}^h(t) + s_{11}\, c_{t11}{}^h(t+1) + s_{12}\, c_{t12}{}^h(t+1) = y \tag{26}$$

$$c_{t2}{}^h(t) + s_{21}\, c_{t21}{}^h(t+1) + s_{22}\, c_{t22}{}^h(t+1) = y \tag{27}$$

$$s_{11}p_1 + s_{12}p_2 = p_1 \tag{28}$$

$$s_{21}p_1 + s_{22}p_2 = p_2 \tag{29}$$

$$x_1 s_{11} + x_2 s_{12} = 1 \tag{30}$$

$$x_1 s_{21} + x_2 s_{22} = 1 \tag{31}$$

$$\frac{f_1}{c_{t11}{}^h(t+1)} = \frac{s_{11}}{c_{t1}{}^h(t)} \tag{32}$$

$$\frac{f_2}{c_{t12}{}^h(t+1)} = \frac{s_{12}}{c_{t1}{}^h(t)} \tag{33}$$

$$\frac{f_1}{c_{t21}{}^h(t+1)} = \frac{s_{21}}{c_{t2}{}^h(t)} \tag{34}$$

第3章　不確実性下における貨幣的均衡に関する考察　67

$$\frac{f_2}{c_{t22}{}^h(t+1)} = \frac{s_{22}}{c_{t2}{}^h(t)} \tag{35}$$

$$\sum_{h=1}^{N} c_{t-1,11}{}^h(t) - K_1{}^p(t-1)x_1 = p_1 M \tag{36}$$

$$\sum_{h=1}^{N} c_{t-1,12}{}^h(t) - K_1{}^p(t-1)x_2 = p_2 M \tag{37}$$

$$\sum_{h=1}^{N} c_{t-1,21}{}^h(t) - K_2{}^p(t-1)x_1 = p_1 M \tag{38}$$

$$\sum_{h=1}^{N} c_{t-1,22}{}^h(t) - K_2{}^p(t-1)x_2 = p_2 M \tag{39}$$

$c_{ti}{}^h(t)$ $(i=1,2)$ は世代 $t$ の消費者 $h$ が $t$ 期の状態が $i$ であるとき、$t$ 期に選択する消費量、$c_{tij}{}^h(t+1)$ $(i=1,2\ j=1,2)$ は世代 $t$ の消費者 $h$ が $t$ 期の状態が $i$、$t+1$ 期の状態が $j$ であるとき、$t+1$ 期に選択する消費量、$K_i{}^p(t-1)$ $(i=1,2)$ は $t-1$ 期の状態が $i$ であるとき、$t-1$ 世代の消費者が $t-1$ 期に選択する投資量の合計を示す。

(26)、(27)、(32)、(33)、(34)、(35)より $t$ 世代消費者 $h$ の消費量 $c_{t1}{}^h(t)$、$c_{t2}{}^h(t)$、$c_{t11}{}^h(t+1)$、$c_{t12}{}^h(t+1)$、$c_{t2}{}^h(t)$、$c_{t21}{}^h(t)$、$c_{t22}{}^h(t+1)$ は、それぞれ

$$c_{t1}{}^h(t) = c_{t2}{}^h(t) = \frac{y}{2} \tag{40}$$

$$c_{t11}{}^h(t+1) = \frac{yf_1}{2s_{11}} \tag{41}$$

$$c_{t12}{}^h(t+1) = \frac{yf_2}{2s_{12}} \tag{42}$$

$$c_{t21}{}^h(t+1) = \frac{yf_1}{2s_{21}} \tag{43}$$

$$c_{t22}{}^h(t+1) = \frac{yf_2}{2s_{22}} \tag{44}$$

となる。さらに状態1が生じたときの物価の逆数 $p_1$ と状態2が生じたときの物価の逆数 $p_2$ の比率を $q\left(=\dfrac{p_1}{p_2}\right)$ とすると、(28)～(31)より将来財の請求権価格は $s_{11}$、$s_{12}$、$s_{21}$、$s_{22}$ は以下のように示される。

$$s_{11} = \frac{1-qx_2}{x_1-qx_2} \tag{45}$$

$$s_{12} = \frac{qx_1-q}{x_1-qx_2} \tag{46}$$

$$s_{21} = \frac{1-x_2}{x_1-qx_2} \tag{47}$$

$$s_{22} = \frac{x_1-q}{x_1-qx_2} \tag{48}$$

$q < \min\left(x_1, \dfrac{1}{x_2}\right)$ ならば、(45)～(48)より将来財の請求権価格 $s_{11}$、$s_{12}$、$s_{21}$、$s_{22}$ はすべて正の値となる。(40)～(48)より消費者が選択する消費量は物価の逆数の比率 $q$ に依存し、状態ごとの物価の逆数 $p_1$、$p_2$ には依存しない。そこで以下では $p_1$、$p_2$ に関して $p_1 p_2 = p^2$ (ただし、$p$ は(25)を満たす $p = \dfrac{N}{M}\dfrac{y}{2}\dfrac{(f_2 x_1 + f_1 x_2 - x_1 x_2)}{(x_1-1)(1-x_2)}$) という基準化を行い、議論を進める。$t-1$世代消費者の投資量の合計 $K_1^p(t-1)$、$K_2^p(t-1)$ は、(40)～(48)を(36)～(39)へ代入し整理することにより、それぞれ

$$K_1^p(t-1) = N\frac{y}{2}\frac{(f_1 x_1 + qf_2 x_2 - 1)}{(1-qx_2)(x_1-1)} \tag{49}$$

$$K_2^p(t-1) = N\frac{y}{2}\frac{(f_1 x_1 + qf_2 x_2 - q)}{(1-x_2)(x_1-q)} \tag{50}$$

となることがわかる。$\dfrac{1-f_1 x_1}{f_2 x_2} < q < \dfrac{f_1 x_1}{1-f_2 x_2}$ ならば $K_1^p(t-1)$、$K_2^p(t-1)$ は正の値となる。

政府が $(G_i(t)=0, M(t)=M \ (i=1,2 \ t \geq 1))$ という経済政策を行った場

合、(40)〜(50)より各世代各状態における各消費者の投資量 $k_1{}^h(t)$、$k_2{}^h(t)$、若年期の消費量 $c_{t1}{}^h(t)$、$c_{t2}{}^h(t)$、老人期の消費量 $c_{t11}{}^h(t+1)$、$c_{t12}{}^h(t+1)$、$c_{t21}{}^h(t+1)$、$c_{t22}{}^h(t+1)$、各期各状態における物価の逆数 $p_1(t)$、$p_2(t)$、若年期の所得 $w_t{}^h(t)$、老人期の所得 $w_{t1}{}^h(t+1)$、$w_{t2}{}^h(t+1)$、各期における政府の財政支出 $G_1(t)$、$G_2(t)$、貨幣供給量 $M(t)$、投資量 $K^g(t)$、将来財請求権の価格 $s_{11}(t)$、$s_{12}(t)$、$s_{21}(t)$、$s_{22}(t)$ の組み合わせ

$$(c_{t1}{}^h(t), c_{t2}{}^h(t), c_{t11}{}^h(t+1), c_{t12}{}^h(t+1), c_{t21}{}^h(t+1), c_{t22}{}^h(t+1),$$
$$k_1{}^h(t), k_2{}^h(t), w_t{}^h(t), w_{t1}{}^h(t+1), w_{t2}{}^h(t+1))$$
$$=\left(\frac{y}{2},\frac{y}{2},\frac{yf_1}{2s_{11}},\frac{yf_2}{2s_{12}},\frac{yf_1}{2s_{21}},\frac{yf_2}{2s_{22}},\frac{y}{2}\frac{(f_1x_1+qf_2x_2-1)}{(1-qx_2)(x_1-1)},\right.$$
$$\left.\frac{y}{2}\frac{(f_1x_1+qf_2x_2-q)}{(1-x_2)(x_1-q)}, y, 0, 0\right) \quad (t\geq 1, h=1,2,\cdots\cdots,N),$$

$(G_1(t), G_2(t), M(t), K^g(t))=(0,0,M,0) \quad (t\geq 1)$

$(p_1(t), p_2(t), s_{11}(t), s_{12}(t), s_{21}(t), s_{22}(t))$
$$=\left(\frac{N}{M}\frac{y}{2}\frac{(f_2x_1+f_1x_2-x_1x_2)}{(x_1-1)(1-x_2)}q^{\frac{1}{2}},\frac{N}{M}\frac{y}{2}\frac{(f_2x_1+f_1x_2-x_1x_2)}{(x_1-1)(1-x_2)}q^{-\frac{1}{2}},\right.$$
$$\left.\frac{1-qx_2}{x_1-qx_2},\frac{qx_1-q}{x_1-qx_2},\frac{1-x_2}{x_1-qx_2},\frac{x_1-q}{x_1-qx_2}\right) \quad (t\geq 1)$$
$$\max\left(0,\frac{1-f_1x_1}{f_2x_2}\right)<q<\min\left(\frac{f_1x_1}{1-f_2x_2},x_1,\frac{1}{x_2}\right)$$

は完全予見のもとでの状態依存型貨幣的均衡となる。

定常型貨幣的均衡のところで仮定した条件 $x_2<1<x_1$、$f_1x_1+f_2x_2>1$ により、$\frac{1-f_1x_1}{f_2x_2}<1, 1<\frac{f_1x_1}{1-f_2x_2}, 1<x_1, 1<\frac{1}{x_2}$ が成り立つ。したがって $\max\left(0,\frac{1-f_1x_1}{f_2x_2}\right)<q<\min\left(\frac{f_1x_1}{1-f_2x_2},x_1,\frac{1}{x_2}\right)$ を満たす $q$ は存在する。状態依存型貨幣的均衡は $\max\left(0,\frac{1-f_1x_1}{f_2x_2}\right)<q<\min\left(\frac{f_1x_1}{1-f_2x_2},x_1,\frac{1}{x_2}\right)$ を満たす1つの $q$ に対して1つずつ存在する。$\max\left(0,\frac{1-f_1x_1}{f_2x_2}\right)<q<\min\left(\frac{f_1x_1}{1-f_2x_2},x_1,\frac{1}{x_2}\right)$ を満た

す $q$ は連続的に複数存在するので、状態依存型貨幣的均衡も連続的に複数存在する。

### (3) 均衡の比較

$q=1$ の場合の状態依存型貨幣的均衡における消費者の消費量と投資量の選択は定常型貨幣的均衡における消費者の選択と同じものとなる。したがって状態依存型貨幣的均衡は定常型貨幣的均衡を含む均衡の概念となっている。$q \neq 1$ の場合の状態依存型貨幣的均衡における消費量、投資量と定常型貨幣的均衡における消費量、投資量を比較すると、同じ政府の経済政策 ($G_i(t)=0, M(t)=M$ ($i=1,2$ $t\geq 1$)) のもとで、消費者は異なる選択を行う。状態依存型貨幣的均衡は、定常型貨幣的均衡と同様に、消費者が合理的に将来を予測し、その結果予測値と将来の実現値が一致するという完全予見のもとでの均衡である。しかも、状態依存型貨幣的均衡は連続的に無限に存在する。これは、合理的な予測が一通りではなく、無数に存在する可能性があることを意味する。さらに、状態1が生じた場合の投資の収益率 $x_1$ と状態2が生じた場合の投資の収益率 $x_2$ に関する仮定 $x_2<1<x_1$ から、状態1を好景気、状態2を不況と解釈するならば、好景気のときに物価が上昇し不況のときに物価が下落する通常の物価の変動を示す均衡だけでなく、好景気のときに物価が下落し不況のときに物価が上昇する均衡（$q>1$ すなわち $\frac{1}{p_1}<\frac{1}{p_2}$）も状態依存型貨幣的均衡に含まれる。このように多様な合理的予測方法が多数存在する状況において、消費者がどのような予測を行うかを政府が事前に予知することは困難であろう。合理的な予測が多数存在し、合理的な予測のもとで達成される可能性がある貨幣的均衡が多数存在する状況下において、政府が金融政策などの経済政策を用いて当初の政策目標を実現することは、かなりの困難を伴うことが予想される。

## 5　まとめ

本章では、完全予見のもとでの貨幣的均衡である定常型貨幣的均衡と状態依存型貨幣的均衡を比較し、政府がある種の経済政策を行ったときに、同一の経済政策のもとで、2つの貨幣的均衡が異なる消費量、投資量の選択をもたらす可能性があることを示した。状態依存型貨幣的均衡は定常型貨幣的均衡を含むより広い意味での均衡概念となっており、さらに状態依存型貨幣的均衡は複数の均衡を有するものであることがわかった。状態依存型貨幣的均衡は、将来の予測値が均衡として実現する合理的な予測（完全予見をもたらす予測）は唯一のものではなく、多数存在する可能性があることを示唆している。貨幣的均衡において、合理的な予測方法が複数存在する場合、経済がどのような状態になるかは、人々がどのような合理的予測を行うかに依存する。金融政策などの経済政策を行うと、それが人々の合理的な予測の行い方を大きく変化させ、経済の不安定化につながる可能性は否定できない。そういった状況下では、経済政策を立案する際に経済政策の実行が経済の不安定化につながらないよう十分な配慮が必要であると考えられる。

本章では、合理的な予測が行われる状況を念頭において議論が進められたが、実際には貨幣錯覚などのある種の非合理性が、金融政策などの経済政策に影響をもたらす場合も多い。人々が、非合理的な行動をとるならば、（合理的な行動がとられる場合と比較して）一層経済が不安定化する可能性が高い。不況など経済の状況がよくない場合には、様々な経済政策により、状況の改善が求められる。場合によっては、厳しい状況を打破するため、大胆な経済政策が必要となるケースもあるかもしれない。本章の議論が示すように、そのようなケースであっても、経済政策を立案し実行する際には、それが経済の不安定化につながる可能性があることを忘れてはならない。

## 注

1) OLG モデルとは、複数の世代が重複して存在し、経済活動を行っている状況を考察するモデルであり、世代重複モデルとも呼ばれる。
2) ここでは、Sargent (1987) と同様のモデルを用いている。
3) 投資、将来財への請求権、貨幣保有の収益率が均等化せず、若年期の財を老人期に持ち越す手段である3種類の方法のうちどれかが用いられない可能性もあるが、本稿では収益率が均等化し、3種類の方法のすべてが用いられている状況を念頭において議論を進めている。
4) 選択される $t$ 期における消費量 $c_t^h(t)$、状態 $i$ が実現した場合の $t+1$ 期における消費量 $c_{ti}^h(t+1)$ $(i=1,2,\cdots,I)$ がすべて正となる内点解の存在を仮定している。
5) 効用関数は厳密な増加関数なので、予算制約 (4)' のもとで効用最大化をもたらす $t$ 期における消費量 $c_t^h(t)$、状態 $i$ が実現した場合の $t+1$ 期における消費量 $c_{ti}^h(t+1)$ $(i=1,2,\cdots,I)$ は (4)" を満たす。したがって、(4)' で示される予算制約を (4)" におきかえて効用最大化問題を考えることができる。
6) ここでは財政支出がゼロ $(G_1(t)=0(i=1,2\ t\geq 1))$ という状況を考察しているが、適切に課税を行えば各期に一定額の財政支出が行われている状況に関しても、以下の考察と同様の考察を行うことができる。

## 参考文献

Chamley, Christophe., and Herakles Polemarchakis. (1984) *Review of Economic Studies*, 51(1), pp. 129-138.

Koda, Keiichi, (1984) A note on the existence of monetary equilibria in overlapping generations models with storage. *Journal of Economic Theory*, 34, pp. 388-395.

Lucas, Robert E., Jr. (1972) Expectation and the neutrality of money, *Journal of Economic Theory*, 4, pp. 103-124.

Muth, John F. (1961) Rational expectation and the theory of price movement, *Econometrica*, 29, pp. 315-335.

Sargent, Thomas J. (1987) *Dynamic macroeconomic theory*. Harvard University Press.

Wallace, Neil. (1981) A Modigliani-Miller theorem for open-market operations. *The American Economic Review*, 71(3), pp. 267-274.

# 第 2 部

# デフレーションの財政と歴史

第4章

# 財政再建に求められるデフレ脱却と新しい公共経営

中村　匡克

## 1　はじめに

　バブル崩壊からはじまった1990年代の不景気、いわゆる「平成不況」から抜け出すため、時の政府は巨額の財政出動を実施して日本経済を維持してきた。しかし、その効果は限定的なものに留まり、本格的な景気回復につながることはなかった。税収が減少するなかでの歳出拡大はむしろ、厳しい財政状況を生み出すこととなった。取るべき対策が講じられないまま、経済成長をほとんど達成できなかったこの期間は「失われた10年」と呼ばれることもある。

　「聖域なき構造改革」をスローガンに掲げた小泉純一郎内閣（2001年4月～06年9月）は、日本経済が長引く不況に苦しむなかで誕生した。同政権では、歳出の拡大を抑制して財政再建に取り組みつつ、政府規制の緩和や郵政事業・道路公団の民営化といったサプライサイド政策を実施して景気回復を実現させた。また、特区制度のような既得権益を打破するための戦略を取り入れたり、「三位一体の改革[1]」に取り組んで国と地方の財政的つながりを見直そうとしたことも特徴であった。

　その後、安倍晋三（第1次）―麻生太郎―福田康夫と次々に内閣が交代（2006年9月～09年9月）するなかで、アメリカ合衆国のサブプライム・ローン問題にたんを発するリーマン・ショックが発生した。これをきっかけに世界的な金融危機が発生し、日本経済は再び厳しい局面に立たされることに

なった。衆議院議員総選挙において民主党が大勝利をおさめ、はじめて政権の座についたのもこのころであった。

民主党政権（2009年9月～12年12月）のもとでは、事業仕分けのような行政改革への取り組みも話題になったが、子ども手当の拡充といった高福祉政策もとられ、結局のところ歳出は拡大されることになった。その後、2011年3月に東日本大震災が発生し、東北地方の復興と福島第一原発の事故処理のために、さらなる負担を余儀なくされているのは周知のとおりである。

このようにみてくると、日本経済はバブル崩壊以降の不況から脱出し、世界の国々と渡り合える経済の再建に向けて、いまだ道半ばにあるといわざるを得ないだろう[2]。それにも関わらず、今日の政権は非常に厳しいバランスのなかでの舵取りを強いられざるを得ない。長引く不況から脱出し経済を成長路線にのせていくと同時に、先進国のなかでも誉められない財政の再建を並行して進めなければならないからである。しかも、急激な高齢化のなかで社会保障関係費の増加は避けられないうえ、人口減少によって税収を確保することも難しくなっていくと予想される。

折りしも2012年末に改めて安倍内閣（第2次）が発足し、首相本人が「アベノミクス」と呼ぶ経済政策が進行中であるが、経済成長と財政再建の両立がいかに難しいかは誰もが予想できる。「デフレからの脱却と富の拡大」を目標に掲げるアベノミクスでは、①大胆な金融政策、②機動的な財政政策、③民間投資を喚起する成長戦略からなる3本の矢[3]を放つとし、既に放たれた第1・第2の矢によって物価は上昇傾向にあるといわれている。だが2014年4月に、かねてより予定されていた消費増税が実施された影響で、国内総生産（Gross Domestic Product；以下GDP）[4]は2期連続でマイナスとなり、再増税は延期されることになった。

マクロ経済政策である第1・第2の矢に加え、ミクロ経済政策となる第3の矢に期待したいところである。第3の矢としては規制緩和や女性の活用などがしばしば取り上げられるが、経済成長と財政再建の両立という意味からは民営化や民間委託、公民連携（Public-Private Partnership；PPP）につ

いて真剣に検討する価値があるだろう。公的企業を民営化したり政府の事務事業を民間に任せることは、財政負担の軽減に貢献できるばかりか、新たなビジネスの創出につながる可能性を秘めているからである。

このような問題意識から本章では、次のような内容について検証しながら議論を展開していく。

まず、消費者物価指数を用いて日本経済がデフレ下にあった時期について確認した上で、デフレがマクロ経済においてなぜ問題視されるのかについて説明する。長引く不況のなかで財政が非常に厳しい状況に直面していることも確認し、デフレが財政にいかなる影響をもたらすのかについても考える。そのうえで、これまでのような管理・計画ではなく経営という考え方が行財政運営に求められていることを指摘し、いち早く行政改革に取り組んできたイギリスの事例の紹介と新しい公共経営（New Public Management；NPM）の考え方についての整理を提供する。

## 2　デフレがマクロ経済において問題とされる理由

最初に本書の共通テーマとなっている、日本経済におけるデフレの状況について確認することからはじめよう。

デフレは、実体経済が望ましくない状態のときに発生することが多いため、不景気や不況と同義で用いられることも少なくない[5]。しかし、景気と物価の基調が必ずしも同方向であるとはいえず、過去には政府もデフレの定義を見直して「持続的（2年以上）な物価の下落」とした。ここでもこの定義にしたがって、日本経済における物価の基調を確認していくこととする。

日本経済における物価の基調を確認するために、消費者物価指数（Consumer Price Index；以下 CPI）の対前年同月比と実質 GDP の対前年度比との推移をみてみよう[6]（図4-1）。ここで CPI とは、消費者が実際に商品を購入する段階での小売価格の変動を表す指数である。物価の基調をみる場合には、価格の変動が大きい食料品などを除いた消費者物価指数（以下、コ

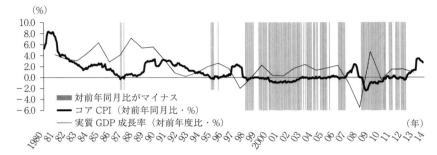

出所）総務省統計局（http://www.sta.go.jp/）
注1：1980年から1993年までのGDPには平成17（2005）年基準（93SNA）簡易遡及を使用、1994年からのGDPには平成17年基準（93SNA）の計数を使用している。
注2：コアCPIには、消費者物価指数のうち「生鮮食品を除く総合」を用いている。

**図4-1　コアCPIと実質GDP成長率の推移**

アCPI）が一般に用いられることから、ここでもその推移を示してある[7]。また実質GDPとは、物価の影響を取り除いたGDPである。実質GDP成長率は、実質GDPの対前年度変化率をとったものであり、実質経済成長率とも呼ばれる。

図4-1からは次のようなことがみてとれる。

1980年代に入ると物価の上昇は鈍りはじめ、後半になるとほとんど変化しなかったか下落した時期もあった。とはいえ、バブル経済に突入すると物価は3％前後の上昇をみせ、90年代はじめのバブル崩壊に伴って再びその傾向に陰りをみせた。90年代半ばに再度、横ばいあるいは下落した時期もあったがその期間は短く、90年代後半には2.5％という高い上昇率をみせた。しかし、98年後半から2005年後半までのおよそ7年間と2009年前半から13年前半までのおよそ5年間、断続的ではあるものの、ほとんどの期間で物価は下落していたことがわかる。特に2008年半ばから09年にかけては、2.5％の上昇から2.5％の下落へと急激に変化したこともみてとれる。このように観察してくると、1998年後半から2000年代を通じて日本経済は継続的な物価の下落に直面していた、すなわちデフレ下にあったといえそう

である。

　ただし物価（ここではコア CPI）はその特性から、経済の動向（ここでは実質 GDP 変化率）よりも遅れて変化していることに注意してほしい。たとえば、1980 年代後半のバブル経済と呼ばれる時期は大幅な経済成長を遂げたが、これに数年遅れて物価も上昇したことがわかる。また既述のように、経済の動向と物価の基調が同じとは限らず、2000 年代前半の小泉純一郎内閣の時期には実質経済成長をしていたが、物価は長期にわたって下落したままであった。

　ところで、マクロ経済においてデフレはなぜ問題視されるのであろうか。本章の目的はデフレ現象そのものの解明ではないので、ここでは一般的に指摘されている点について整理しておこう。

　デフレは主に総需要が総供給を下回ることによって発生するが、通貨供給量の減少によっても発生する。また、海外からの安価な輸入品の増加や技術革新に伴う生産性の向上、流通の合理化、規制緩和による競争の適用など、供給側の構造変化が物価を押し下げることもある[8]。物価の下落は貨幣価値の上昇を意味し、そのことは実質的な金利や賃金の上昇を招いて企業の収益を圧迫する。収益の悪化した企業は投資や雇用を抑制させるため[9]、景気の後退をもたらすことになる。このような物価（デフレあるいはインフレ）と失業率（景気）の関係は A. W. フィリップスによって発見され、フィリップス曲線[10]として知られている。なお、景気の後退によって総需要が落ち込むと企業の収益はさらに圧迫され、それがさらなる景気の後退を招き……というように悪循環が起こり、デフレスパイラルと呼ばれる現象におちいることもある。

　またデフレの影響を個人レベルでみると、資産を保有している人びとはデフレで得をし、負債を抱えている人びとはデフレで損をすることになる。現金や預金のような金融資産ならびに住宅ローンといった負債の金額は変わらないにも関わらず、前者からすれば購入できる財・サービスの量が増えたように感じ、後者からすれば割高な財・サービスのための返済を続けることに

なるからである。そしてこのことは、デフレ下では債務者から債権者への所得移転が起こっているとも捉えることができる。もともと消費や投資の意欲が高い債務者から金銭に余裕のある債権者へ所得移転は、経済にとってマイナスに働く可能性が高い。デフレによる所得移転は、不況をさらに深刻なものにする可能性があるといえよう。

## 3 厳しい財政状況とデフレが財政にもたらす影響

### (1) 厳しい財政状況

　それにしても、今日の財政は非常に厳しい状況に直面している。ここでは、国の歳出総額と租税及び印紙収入（以下、税収等）、公債発行額の推移を確認していこう（図4-2）。その際、先ほど確認したように、日本経済がデフレ下にあったと思われる1998年後半から2005年後半までのおよそ7年間ならびに2009年前半から13年前半までのおよそ5年間にも着目したい。

　図4-2からは次のようなことが観察できる。

　国の歳出総額は、1980年度から2000年度まで一貫して増加し続けきた。2000年度以降はしばらくのあいだ横ばいであったものの、09年度からは大幅に増加したことがわかる。ただし1980年代は、税収等も歳出総額と同等あるいはそれを上回るペースで増加したため、公債発行額も一定の範囲内を横ばいまたは減少させることができていた。しかし、バブル経済の崩壊とともに税収等は減少に転じ、今日までその傾向は続いている。

　税収等が減少を続けるなかで、増加あるいは横ばいを続けた歳出総額との差額は公債発行によって賄われてきた。税収等は先に日本経済がデフレ下にあったと観察された時期に限らず、バブル崩壊以降は不景気のあおりを受け減少し続けてきた一方で、歳出総額は税収等の減少とは無関係に、いやむしろそれ以上に増加し続けてきたことがみてとれる。公債依存度をみると、1980年代後半から90年代はじめは10％未満まで低下していたにも関わらず、それ以降は上昇し続け、近年では歳入の半分程度を公債発行に依存して

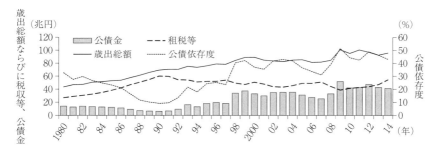

**図 4-2 歳出総額ならびに租税等、公債発行額の推移**

出所)『わが国の財政事情（平成26年度予算政府案）』財務省ウェブサイト（http://www.mof.go.jp/budget/budger_workflow/budget/fy2014/seifuan26/04.pdf）（2014年12月20日取得）。
注：税収等とは、税収及び印紙収入にその他収入を加えたものである。公債依存度は、公債金を歳出総額で除して100%を乗じたものである。

いる。実際2014年度は、歳出総額95.9兆円に対して税収等は54.6兆円しかなく、不足分は公債発行41.3兆円（公債依存度43.1%）に頼っている。また、歳出総額95.9兆円のうち借金の返済である公債費が23.3兆円（24.3%）を占めている。

結果として、国の一般会計における公債残高はうなぎ登りに増加してしまった。その証拠を示すべく、次に国の一般会計における公債残高の推移をみてみよう（図4-3）。

図4-3からは次のようなことがわかる。

公債残高は、1970年代はじめから徐々に増加しはじめ、バブル経済のころにはいったん横ばいとなったものの、1990年代後半からは急激に増加してきた。2014年度末の公債残高は、名目GDPをはるかに上回る780兆円に達することが見込まれている。またこの金額は、2014年度の税収等で換算すると実に14.3年分ということになる。

ここで、公債といっても大きくわけると2種類あることに注意して欲しい。ひとつは、財政法第4条で規定されている建設公債（四条公債）であり、社会資本整備等を進める際に世代間の公平を担保するために発行され

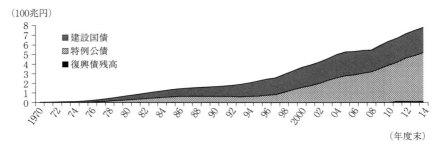

出所)『わが国の財政事情（平成 26 年度予算政府案）』財務省ウェブサイト（http://www.mof.go.jp/budget/budger_workflow/budget/fy2014/seifuan26/04.pdf）（2014 年 12 月 20 日取得）。
注：いずれも 3 月 31 日時点の値。2013 年度末の値は見込み、2014 年度末の値は政府案である。

図 4-3　国債残高の推移

る。もうひとつは、毎年度の特別な立法で認められてきた特例公債（赤字公債）であり、財源不足を賄うためだけに発行されてきた[11]。2000 年代になると建設公債を大幅に上回る特例公債が発行され、積み重ねられてきた。

　なお紙幅の都合から図示していないが、地方財政も非常に厳しい状況にある。2014 年度末における地方債残高は 103 兆円になると予想されている。これに、臨時財政対策債残高 41 兆円と公営企業債残高（普通会計負担分）23 兆円、交付税特別会計借入残高（地方負担分）の 33 兆円を合わせると、地方自治体の借入金残高は 200 兆円になる。よって、前出の国の公債残高と借入金に地方の借入金残高をあわせ、世界共通基準の国民経済計算（System of National Accounts；SNA）にもとづく一般政府（中央政府、地方政府、社会保障基金）の債務残高を算出すると、実に GDP の 2 倍にあたる 1142 兆円に達していることになる。

## （2）　デフレの財政への影響

　それでは、デフレは財政にどのような影響をもたらすのであろうか。以下では、デフレが①税収等および②歳出総額、③公債残高に与える影響についてそれぞれ考えていくこととする[12]。

① デフレの税収等への影響

　2014年度の国の一般会計予算（2014年3月20日成立）によれば、税収及び印紙収入50.0兆円（100.0％）は所得税14.8兆円（29.6％）と法人税10.0兆円（20.0％）、消費税15.3兆円（30.6％）、その他9.9兆円（19.8％）で構成されている。このうち所得税や法人税、割合としてはわずかではあるがその他に含まれている相続税は累進構造をもっている、つまり課税標準（課税対象）が増えるほど高い税率、減るほど低い税率を課す仕組みが組み込まれている。そのためこれらの税目では、インフレーション（以下インフレ）のもとで物価上昇率を上回る税収の増加が期待できる一方、デフレのもとで物価下落率を下回る税収の減少が起こると予想される[13]。したがって本書の関心であるデフレ下では、物価の下落以上に税収の落ち込みが心配されることになり、政府はより厳しい財政運営を迫られることになると考えられる。

② デフレの歳出総額への影響

　物価変動によって税収等が増減する以上、それに則して歳出側もすみやかに見直され、調整される必要があると考えられる。そのためには、物価の上昇あるいは下落による税収等の伸びまたは落ち込みのぶんだけ、歳出総額の基礎となる各支出項目の算定単価が調整される必要がある。

　しかし政治の意思決定や行政の手続き上の問題から、各支出項目の算定単価は物価変動による税収等の増減よりも遅れて調整される傾向がある。また、政治的な要請や各省庁の要望によってインフレを理由に算定単価が上げられることはあっても、デフレであるからといってそれを十分吸収できるほど単価が見直されるとは限らない。要するに、歳出側は物価変動による影響以上に政治の裁量によって大きく変動していると考えられるが、政治は得てして、歳出拡大には積極的でも歳出の維持や縮小には消極的である。

③ デフレの公債残高への影響

　個人レベルでのデフレの影響で確認したように、物価の上下動は貨幣価値の上昇・低下をもたらし、実質債務残高を減少・増加させる一方、利払い費では実はこれと逆の効果をもたらす。そのため、財政負担への影響という意

味ではいずれの効果がより大きいかを検証すべきだが、現実には利払い費よりも実質債務残高への影響の方が大きいと予想される。すなわち、デフレ下では実質債務残高が増え財政負担が増すと考えられるが、逆にいえば政府は、インフレを実現することによって実質公債残高の減少も期待できることになる。

　既に確認したように、国と地方自治体は将来にわたって返済していかなければならない膨大な借金を抱えているわけだが、景気回復による税収の増加と歳出の削減だけでこの責任を果たしていくのは厳しいだろう。デフレからの脱却がアベノミクスの優先課題とされている背景には、マクロ経済へのプラスの効果のみならず、財政再建へ向けた布石としての意味合いもあると推察される。

　とはいえ、膨大な借金の返済に目処をたて財政再建を実現させていくうえでは、デフレ脱却と景気の浮揚を実現すれば十分ということではない。今後も訪れる景気の波あるいは物価の変動に伴う税収の増減に対応できるようにするためにも、従来の行財政システムのあり方そのものを見直して、より効率的な行政、いわゆる小さな政府というものを追求する必要がある。そこで以下では、新しい公共経営（New Public Management；NPM）の考え方を紹介したいと思う。

## 4　新しい公共経営（NPM）の考え方

### (1)　NPM の発展：1980 年以降のイギリスの行政改革

　1980 年代半ば以降、イギリスやニュージーランド、オーストラリアなどでは積極的な行政改革が実施されてきた。均衡財政を重視するとともに公共部門の縮小、いわゆる小さな政府を目指すこの手法は、新しい公共経営（以下 NPM）と呼ばれている。以下では、イギリスにおける行政改革の取り組みを紹介することで、NPM の発展についてみていこう。

　1940 年代のイギリスでは、労働党政権のもとで社会保障制度の充実化や

基幹産業の国有化などが進められてきた。福祉政策では「ゆりかごから墓場まで」というスローガンが掲げられ、医療サービスや老齢年金、失業保険の充実が図られた。産業政策では石炭や電力、ガス、鉄鋼、鉄道などに加え、自動車や航空宇宙といった分野まで国有化・保護された。だがこれらの政策は1960年代以降、社会保障負担の増大や人びとの労働意欲の低下、既得権益化などを招くことになり、イギリス経済を長きにわたって低迷させる原因にもなった[14]。

このような状況のなかで誕生したサッチャー政権（保守党／1979～90年）では、あらゆる国有企業の民営化ならびに大規模な政府規制の緩和、所得減税と付加価値（消費）増税、労働組合活動の制限といった政策が実施された。1973年のオイルショックを機に発生していたスタグフレーション[15]に対応するため、金融の引き締め政策をとってインフレの抑制も図られた。これらの経済政策は当時、「サッチャリズム」と呼ばれたが、そのなかには今日、NPMと呼ばれる行政改革にもつながる手法が含まれていたといえる。

その最たるものは、公的企業や政府の事務事業の民営化である。サッチャー政権のもとでは、石油や電子機器、航空などから電気やガス、水道、通信といった分野まで民営化が実施された。また、地方自治体の供給する財・サービスには強制競争入札（Compulsory Competitive Tendering；以下CCT）制度も導入された[16]。CCT制度とは、地方自治体のあらゆる事務事業に入札を義務づけ、民間企業に破れると当該部局を廃止するという仕組みである[17]。同制度では、道路の建設・維持補修等や道路清掃、ごみ収集、学校給食などだけでなく人事や財務までが入札対象とされたとともに、ヨーロッパ全域の民間企業と自治体に入札への参加資格が広げられた。

このほかにも、改革のための研究に取り組む効率性ユニット（Efficiency Unit）と呼ばれるチームが内閣府に置かれた。効率性ユニットはのちに、政策の執行や財・サービスの供給のみを担うエージェンシー（執行庁）の設立と、予算や人材の使用について大きな権限が賦与されると同時に、成果の達成に責任を負う経営者について提言を出すことになる。これによってエー

ジェンシーの設立が進められ、大臣と経営者とのあいだで達成すべき業績について契約が結ばれていった。この結果、1990年に発足したメージャー政権（保守党／1990～97）のもとでは、政策の企画・立案や調整といった機能などどうしても必要なものを除き、多くの国家公務員がエージェンシーへ移行することとなった。

このようにサッチャー政権の行政改革の根底には、最小のコストでもっとも高い価値を生み出すという考え方、バリュー・フォー・マネー（Value for Money；VFM）の意識が強かったとされる。サッチャー政権に次いで発足したメージャー政権もこの基本方針を引き継ぎつつ、次の段階として公共財・サービスの質の向上を図った。具体的には、市民憲章（Citizen's Charters）のなかにエージェンシーの業績目標を定めることで質について市民と約束し、その達成状況を測定する評価システムの確立をめざした[18]。

### (2) 先行事例から整理できる NPM のポイント

上述のように、イギリスをはじめ各国で取り組まれてきた NPM と呼ばれる行政改革では、どのような点がポイントとなるのだろうか。ここでは、①市場メカニズムの活用と競争の導入、②住民を満足させられる質を維持・向上する仕組み、③執行部門の分離ならびに経営者との業績契約の3つにわけて整理してみたい[19]。

① 市場メカニズムの活用と競争の導入

NPM においてもっとも重要視されているのは、市場メカニズムを活用して効率性を追求する点であるといえるだろう。市場メカニズムを活用する方法には、(a)公的企業あるいは政府の事務事業の民営化、(b)民間企業の供給する財・サービスを政府が購入し、住民に提供する民間委託、(c)特定用途の補助金を賦与し、消費先は住民に選択させるバウチャー制度、(d)公共施設の建設や維持管理・運営などに民間の資金や経営能力を活用する PFI（Public Finance Initiative）がある。もちろん、これらの方法をとれば十分ということではなく、たとえば公的企業の民営化を実施してもそれが競争の

ない市場におかれていれば意味がないことになる。したがって効率性を追求するという意味において、競争市場を活用するか、市場を活用しなくても競争的な環境を用意することが求められる。なお、(e)市場化テスト（Market Testing）は民営化の可能性、いいかえれば市場の活用可能性を探るうえで欠かせない仕組みであるといえるだろう。

② 住民を満足させられる質を維持・向上する仕組み

NPMに限ったことではないが、政府は公共財・サービスの顧客、すなわちそれらの需要者である住民を満足させることを強く意識しなければならない。そのためには、公共財・サービスの現状についてしっかりと検証することが必要になる。NPMでは、公共財・サービスの業績測定を義務付けるとともに、結果を公表して相互に比較可能なものとする。そのことによって、地方自治体間での改善競争や成功事例の学習による改善、時間を通じた分析などが可能になるからである。もちろん、次に説明する企画・立案部門と執行部門を分離させ、経営者と業績契約を結んで目標を達成させる仕組みも、公共財・サービスの質の維持・向上には欠かせないものだと考えられる。

③ 執行部門の分離ならびに経営者との業績契約

従来の行財政システムでは、政策・施策の企画・立案は主に政治が担い、その執行は行政が担当してきた。そして行政は法令や規則など、予め定められた手続きを経ることで統制されている。これに対してNPMでは各省庁から執行部門を分離し、エージェンシーとして独立経営させている。エージェンシーは市場において財・サービスを供給する1プレーヤーとして、他の民間企業と競争することが求められる。またエージェンシーの経営者には、人材や資金といった資源利用について大きな裁量が与えられる一方、業績成果の達成に関して責任を負うことが各大臣とのあいだで交わされる契約によって求められている。すなわちエージェンシーの成果は、契約のなかで設計されたインセンティブ・スキーム[20]によって統制されることになる。

## 5 まとめと今後の展望

本章を振り返ると、次のように議論を展開してきた。

本章の冒頭では、日本経済のあゆみを再確認するとともに今日の財政は非常に厳しい状況にあり、行財政システムの転換が求められるという問題提起をした。そのため、まず本書の共通テーマである物価の基調を観察することからはじめ、デフレがマクロ経済において問題とされる理由について考えた。次に厳しい財政の現状を確認するとともに、デフレが財政にもたらす影響についても検討した。その際、デフレからの脱出は財政再建に不可欠であるがそれだけで十分ではなく、管理や計画を基本とする従来の行財政システムから経営の感覚を取り入れた新しい行財政システムへの移行が重要であると主張した。したがって本章の後半では、1980年代以降のイギリスにおける行財政改革を紹介したうえで、新しい公共経営（NPM）の考え方について整理した。

実際、NPMがわが国に紹介されてから既に一定時間がたっており、近年ではその考え方にもとづく取り組みが国や地方自治体でみられるようになっている。2000年代に小泉純一郎内閣が郵政民営化を断行したのは記憶に新しいが、1980年代には中曽根康弘内閣のもとで国鉄や電信電話公社などの民営化が行われ、今日のJRやNTTなどになっている。公民連携（PPP）といった用語はよく耳にするようになったし、そのひとつであるPFIも実際に動き出している。

それにしても、長きにわたって人びとのなかに培われてきた行財政に対する認識を改めたり、実際の運営方法を変更することはたやすいことではない。NPMの考え方が政府や行政のなかで一般化し、住民のあいだで理解され支持を得るにはさまざまな誤解が解かれる必要がある。たとえば、①競争によって弱者が切り捨てられ、社会に大きな格差を生み出してしまう、②公共性の高い分野には競争を適用すべきではなく、ましてや株式会社には経営

を任せられない、③民主主義は理想的な仕組みであり、政府は社会にとって望ましい政策（たとえば、各種の規制）を実施してくれている、といった見方はその根拠もあいまいなまま、一部のマスコミによる影響もあって国民に広く受け止められてしまっている。

　しかし本来、自由な取引と競争こそが力強い経済を育む基礎であり、イノベーションを生み出すための土台である。世界と渡り合える日本経済の復活と悪化の一途を辿ってきた財政の再建を実現するためには、数えきれない既得権益に立ち向かい、徹底的な構造改革を成し遂げるよりほかにない。拙稿が最後まで目を通してくれた読者の理解を深めることにつながり、そのことの一翼とはいかないまでも、翼を支える羽根のひとつになれれば幸いである。

**注**
1) 　国と地方の財政関係の改革を実施するにあたり、相互に関係の深い、①国庫補助負担金の縮減・廃止や②地方交付税の削減、③税源移譲はセットで検討されるべきだという考え方のことを指す。
2) 　バブル崩壊から今日までをもって「失われた20年」と呼ぶこともある。
3) 　①大胆な金融政策では2％のインフレターゲットや無制限の量的緩和、円高の是正など、②機動的な財政政策では約10兆円規模の経済対策予算（国土強靭化）や日本銀行による国債の買い入れと長期保有など、③民間投資を喚起する成長戦略では規制緩和や女性の活用などといった項目があげられている。
4) 　一定期間に国内で生み出された付加価値（＝売上－費用）を合計したものであり、ある国の経済活動の水準、すなわち景気の状況をあらわす指標の代表である。
5) 　通常、株式や債券、不動産などは含めない。資産価格の低下、すなわち資産デフレを含めて議論される場合もある。
6) 　このほかに、物価の基調をみる他の指標としてGDPデフレーターもある。GDPデフレーターとは、物価変動を考慮していない名目GDPと物価変動を考慮した実質GDPの比率から求められる物価指数である。GDPにまつわるデータであることから国内の物価に影響を受けやすいという性質をもつが、物価変動を確認する指標のひとつとしてしばしば用いられている。
7) 　日本では生鮮食品のみ除くが、国によっては生鮮食品とエネルギーを除いたものが用いられる。
8) 　豊かさという意味では実質GDPが増加していること、すなわち購入できる財・サービスの量が増えていることが重要である。わが国の実質GDPはこれまで増加ある

9) 賃金の下方硬直性のため、企業は賃金カットできず、雇用を減らさざるを得なくなると考えられている。
10) A.W. フィリップスは、縦軸に賃金の変化率（現在は物価の変化率）、横軸に失業率をとって散布図を描いたとき、両者の関係が逓減する右下がりの曲線で表せることを発見した。
11) 2011 年度からは復興債も追加された。
12) 岩本・榎本（2008）や田中（2014）、深尾（2014）、法専ほか（2003）では、デフレと財政に関して詳細な分析と議論が行われているので参照されたい。
13) 物価の変化率に対する税収の変化率、すなわち物価に対する税収の弾力性は 1 より大きいことが知られている。
14) 「英国病」あるいは「イギリス病」と呼ばれることもある。
15) 経済の停滞（Stagnation）と物価の持続的な上昇（Inflation）が共存する状況を指す。
16) CCT 制度はブレア政権（労働党／1997～2007 年）よって廃止され、コストと品質に配慮しながら行政サービスの提供に務めるベストバリュー（Best Value；BV）制度に改められた。
17) 職員は、落札した民間企業への再雇用あるいは退職という選択をすることになる。仮に落札できたとしても、当該部局は自治体本体と切り離され、独立採算のもとで運営していくことが義務付けられた。
18) ブレア政権（労働党／1997～2007 年）ではより高い質の確保をめざして、基本方針を修正したうえで、サービス第一の新憲章プログラム（Service First the New Charter Program；SFNC）をスタートさせた。
19) NPM の考え方は、大住（1999、2002、2003、2005）や大住ほか（2003）、玉村（1998）、山内・上山（2003）などにおいて詳しく整理されている。NPM の適用については黒川（2005）や野田（2001）などが参考になる。また、NPM の効果を検証したものには小川・棚橋（2007）などがある。
20) 生産性向上のための努力を引き出すための仕組み。たとえば、成果と無関係な報酬体系に比べ、成果に応じて増加する（あるいはその逆の）報酬体系の方が人びとの努力を引き出すことができると考えられる。

**参考文献・資料**
岩本康志・榎本英高（2008）「長期低迷・デフレと財政」『日本銀行ワーキングペーパー・シリーズ』08。
大住荘四郎（1999）『ニュー・パブリック・マネジメント』日本評論社。
大住荘四郎（2002）「NPM の革新と正統性」『公共政策研究』第 2 号、96～111 頁。
大住荘四郎（2003）『NPM による行政革命――経営改革モデルの構築と実践』日本評論社。

大住荘四郎・上山信一・玉村雅敏・永田潤子（2003）『日本型 NPM』ぎょうせい。
大住荘四郎（2005）「New Public Management：自治体における戦略マネジメント」『フィナンシャル・レビュー』第 76 号、19〜44 頁。
小川光・棚橋幸治（2007）「新公共経営手法（NPM）の導入効果：包絡線分析」『会計検査研究』第 36 号、77〜91 頁。
黒川和美（2005）「新公共部門経営の時代、新契約国家と会計検査の概念」『会計検査研究』第 32 号、5〜10 頁。
田中一良（2014）「デフレ脱却後の財政健全化に向けた課題——社会保障改革による歳出の見直しが鍵を握る」『調査と展望』第 22 号。
田中信孝（2010）「日本のデフレ経済と財政問題」『自治総研』第 378 号、42〜81 頁。
玉村雅敏（1998）「新公共経営（New Public Management）と公共選択」『公共選択の研究』第 31 号、61〜72 頁。
深尾孝之（2014）「デフレ脱却と財政再建の実現に向けて」『立法と調査』第 350 号、113〜121 頁。
野田勝康（2001）「NPM 理論と PFI モデルによる社会資本整備」『政策科学』第 9 巻第 1 号、95〜109 頁。
法専充男・中澤正彦・橋本択摩（2003）「デフレの財政への影響と対応策」『財務総合政策研究所ディスカッションペーパー・シリーズ』03A-04.
山内弘隆・上山信一（2003）『パブリック・セクターの経済・経営学』NTT 出版。

第 5 章

# 公的年金制度改革をめぐる非難回避政治とその戦略

秋朝　礼恵

## 1　はじめに

2000 年 3 月 30 日。新たな社会保険制度である介護保険の施行を 2 日後に控えたこの日、丹羽雄哉厚生大臣（当時）は参議院国民福祉委員会で次のような答弁をしている。

> 「……私どもといたしましては、いわゆるお年寄りの中で年金に依存している方が全体の六割ぐらいを占めておる、そういう中において現にいただいている年金の額というものは、やはり生活設計のこともこれあり、翌月から下がりますよということではなくて、この問題についてはやはりお年寄りの皆さん方のことを十分に配慮して、景気対策という側面もありますけれども、即すべてがということではなくて、お年寄りの生活ということも十分に考えた上で今申し上げたような措置をとることが政治的な配慮として正しい選択だと、こういうことで提出させていただいているものです」

公的年金の給付水準は、毎年の消費者物価指数の変動に応じた物価スライドにより改訂することとされている。1999 年には全国消費者物価指数が前年比でマイナス 0.3％ となったため、規定に従えば翌 2000 年度の年金水準は 0.3％ 減額されることになる。ところが政府は「現下の社会経済情勢にか

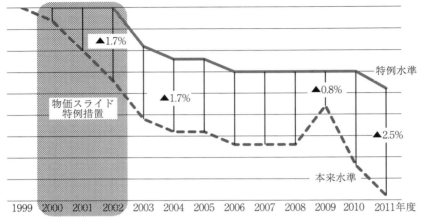

出所）厚生労働省資料「マクロ経済スライドについて」（平成 23 年第 3 回社会保障審議会年金部会配布資料 2）より作成。

**図 5-1　特例水準と本来水準**

んがみ」（平成 12 年 3 月 24 日衆議院厚生委員会、丹羽大臣答弁）、年金額を前年度と同額に据え置くこととし、この特例措置を講じるための特例法を国会に提出したのである。これが、上記大臣発言中の「今申し上げたような措置」の中身である。

　この特例措置は 2000 年度で終わらずその後も継続された。すなわち、2000 年、2001 年と 2 年連続で物価が 0.7% 下落したが、それぞれ次年度の年金額を据え置いた（図 5-1）。その結果、特例水準と、物価スライドを適用した本来水準との差は 2002 年度時点で 1.7% まで拡大する。政府は、後の物価上昇局面で改定幅を圧縮することによりこの「払い過ぎ」分を解消できると期待したが、現実にはその後経済状況は好転せず、2011 年度には 2.5% まで差が拡大することとなった[1]。

　政府はなぜこの特例措置を講じたのか。Weaver の「非難回避の政治」はそれを説明する 1 つの手引きとなる。年金改革は社会保障制度のなかでも最も歳出削減しにくい福祉国家プログラムであると考えられている（Pierson 2001; Pierson and Weaver 1993; アンダーソン 2004）。例えば、1980 年年金

制度改正時、厚生省（当時）が支給開始年齢の引上げを審議会に諮問したところ労使双方から反対され引上げにかかる「検討」規定を法案に盛り込むことで一旦決着するが、この検討規定が国会修正で削除されてしまう。結局、実際の引上げ決定は、1994年と2000年の改正を待つこととなった。すなわち、当初案の提示からおよそ20年を経てようやく決定にこぎつけたのである。このように時間がかかる背景には、政党間、世代間、利益集団間、労使間にみられる利害対立と強い対抗力が作用する。これに反して支給開始年齢引上げや給付水準削減など歳出削減を決定するならば、政治家や政党は、超党派的合意を形成するなどの戦略により、有権者の支持を失うといった政治的非難をできるだけ回避しようとするのである。

また、冒頭の物価スライド凍結の意思決定は、想定外の事態（デフレーション）が発生した場合の政府の対応の観点からも興味深い。事態への対応が有権者や納税者に不利益をもたらす、言い換えれば、彼らにとって不人気な政策を実行しなければならない場合に、政府や議会がどう行動するのかということである。

本章では、非難回避政治の戦略の観点からスウェーデンの年金改革を概観する。なお、これまでのところ、戦前の一時期を除いてスウェーデンは継続した物価下落を経験していない。したがって、本章の内容はプロジェクトのテーマである「デフレーション現象」に十分に応え得るものではない旨予めお断りしておきたい。

## 2  手柄争いの政治と非難回避の政治

### (1) 不人気政策の政治論理

新川（2004）をもとに非難回避政治の論理と戦略について概観しよう。Weaverは人気の高い政策と不人気な政策にはそれぞれ異なる政治論理があるとする。すなわち、人気の高い政策を決定する場合、政治家や政党は競って政策実現に貢献し、自らの手柄を主張しようとする（手柄争いの政治：

politics of credit-claiming)。他方、不人気政策の場合は有権者の支持を失う政治的リスクを伴うため、なるべくそのような政策の決定や実行を避けたい、先送りしたいと考える。しかし、避けられない場合には政治的支持を失うリスクを小さくするため、政治家や政党は自らの責任を見えにくくしようとする。これを Weaver (1986) は非難回避の政治 (politics of blame-avoidance) と呼んだ。

　歳出削減や増税は不人気政策である。少子高齢化、低成長経済の下での年金改革は、給付水準の低下や保険料負担増（＝不人気な政策選択）を意味し、非難の的となろう。消費税導入や税率引上げが政策アジェンダに上ると世論調査の内閣支持率が低下し、内閣総辞職や政権交代が起きるなど、過去の事例からも明らかである。近年では、旧民主党政権による「社会保障と税の一体改革」をベースとした消費税増税がある。この一体改革は、消費増税分を社会保障4経費[2]に充てることで、社会保障財源の安定化・確保と社会保障の機能拡大・強化を図ろうというものである。この改革に対し、日本経済新聞とテレビ東京が2012年2月20日に共同で実施した世論調査によれば、「社会保障制度を維持するために消費税率の引上げ」が「必要だ」が59%、「必要だと思わない」が29%であるのに対し、「消費税率を2014年4月に8%、15年10月に10%に引き上げる政府案」に「賛成だ」が40%、「反対だ」が49%となっている（日本経済新聞 2012）。次世代へのつけ回しをやめて社会保障を維持するための消費増税には理解を示しつつも、実施の具体的時期を示されると反対が賛成を上回る。これは、「有権者は、広く分散されたコストや便益以上に比較的集中されたコストや便益に注目する傾向がある」(Weaver 1986, p. 373) ことの1つの証左であろう。

### (2) 非難回避政治の戦略

　では、非難回避の政治ではどのような戦略が採用されるのだろうか。新川はPiersonとWeaverの議論を参考にその戦略を以下の5つにまとめている（新川 2004、304~305頁）。

i)アジェンダの制限

　アジェンダとは、政策決定者や政策決定に密接にかかわる政府内外の人々が注意を払う論点、課題、因果関係に関する知見、シンボル、代替案・解決策のリスト（Birkland 1997, p. 8; 秋吉・伊藤・北山 2010、46 頁）と定義されている。アジェンダ設定の段階では、政策課題だけが議論されるよりも、課題と対応策がセットになって議題として扱われることが実際には多く見受けられる。ただし、人員、予算、時間等には制約があるため、この段階であらゆる課題が議論のテーブルに上ることは考えにくい。また、有権者の注目度もアジェンダ設定に影響を及ぼすだろう。以上から、優先度が低いと判断された課題は先送りされるが、これ以外にも、非難を生み選挙で不利に作用すると予測される争点を政策アジェンダから排除することがある。これがアジェンダの制限である。

ii)争点の再定式化または代償

　再定式化とは、リフレーミング等により損失を与える政策に積極的な意味づけを与えることをいう。政策課題の対応策を策定する際には、課題の構造を適切に把握していることが対応の成否の１つの鍵となる。課題の要因は多岐にわたるため、それが「どのような課題なのか」、「要因は何か」、「要因間にはどのような関係があるか」など、課題の構造化が重要となる。この課題の構造化の際、アクター間でのフレーム（個人の認識の枠組み）が異なれば、課題認識に差異が生じ、課題の構造化を複雑化させる。そこで、異なる利害を有するアクターを取り込むことのできるフレームを形成（フレームの再形成）することで、課題と対応策への支持を調達しやすくする＝非難を回避するのである。

　また、代償とは損失を与える見返りである。増税と減税をセットで実施することはこの一例であろう。

iii)可視性の低下

　政策決定者の可視性を低下させる場合には、政治家がリスクの高い決定を官僚や諮問委員会などに委ねることがある。土光敏夫が率いた第２次臨時行

政調査会は可視性低下の一例である。土光は「増税なき財政再建」「3 公社民営化」などを掲げて行政改革の先頭に立った。土光個人の人気に支えられ、「土光臨調」と呼ばれた臨調に行政改革のイニシアチヴをとってもらうことで、政府は批判の矛先をかわすことができたと考えられる（新川 2004、310 頁）。

　また、政策効果を低下させることで、政策変化による便益の減少や負担増を見えにくくすることも可視性低下戦略の 1 つである。政策の効果を将来的に先送りしまたは分散させることで、政策変化による損失の認識を遅らせて、政治的抵抗を弱めようとするものである。政権与党が選挙での敗北を意識し、政策効果が明らかになる頃には政治的責任を問われないで済むような改革プログラムを組むことがあるが、これも可視性の低下を狙った手法の 1 つであると考えられる。

iv）スケープゴートの発見

　異なる利害をもつ集団間の対立を煽ることにより非難の矛先をかわそうとする。例えば、政治家による官僚批判が好例であろう。選挙により国民の信託を得た政治家が改革を主導しようにも、強固な官僚機構に阻まれてそれが実現できないという言説は、「政治主導」、「非効率な官僚制度」、「大きな政府」、「行政改革による無駄の排除」などのレトリックを伴い、有権者の非難の矛先を行政に向けさせる。これにより、政党や政治家に対する不満や批判をそらそうとする。

　なお、年金改革はその改革メニューによっては世代間対立を招きやすい。また、生活保護についてみると、受給申請しない潜在的受給資格者が相当存在するとされる一方、不正受給問題がクローズアップされれば、世論は保護費削減を容認するようになるだろう。

v）超党派的合意形成

　日本の 1994 年年金改革は、超党派的合意を得て成立させた不人気政策の好例である。この改革は、厚生年金の定額部分（1 階部分）にかかる支給開始年齢の引上げや、賃金再評価指標を税・社会保険料込みの賃金の上昇率か

ら控除後の賃金上昇率に改めるなど20項目近い改正を決定した。これが可能であった要因の1つとして、1993年の政権交代が挙げられる。共産党を除く野党が結集した細川内閣が、野党となった自民党や連合等の支持を得て与野党一致、労使協調で改革を成立させたのである（新川2004、314～315頁）。

このように、批判を生む決定に関して政治的党派を超えた合意を形成することで、非難を分散させ、不人気政策の採用を野党が与党批判に利用できないようにする。これが、超党派的合意形成による非難回避戦略である。

(3) 日本のケース

本章冒頭で示した特例措置が講じられたのはなぜだろうか。

1999年当時、少子高齢化が急速に進展するとともに、実質経済成長率がマイナスを記録するなど、公的年金制度の持続可能性を脅かす変化がみられた。同年の財政再計算では、前回推計よりも低い1.61（中位）が将来人口推計で採用されている。このようななか、負担と給付のバランスをとりながら、将来世代の負担を過重なものにしないための制度改正が行われることとなった。

改革の内容は、少子高齢化の進展や長引く経済の低迷等を踏まえて負担と給付のバランスなど年金財政全般を見直した結果である。現役世代の過重な保険料負担を避けるため、将来の保険料負担を年収の2割程度に留め、さらに厳しい経済情勢に配慮して当面は保険料を据え置くこととしたが、同時に厚生年金の給付水準5%削減、厚生年金（報酬比例部分）の支給開始年齢の引上げ等の歳出削減策も決定されている。

物価下落により年金水準を引き下げるべきか否か。この問題は2000年改革の審議と同じタイミングで浮上した。ここで年金引下げを選択すれば、現に受給している高齢者を中心に有権者からの批判が高まる可能性がある。加えて、60歳代以上の国政選挙の投票率は他の年齢階層よりも高く、いわゆる「シルバーデモクラシー」の影響は軽視できない。そこで、2000年3月

表 5-1 2000年改革の内容（抜粋）

| 項目 | 内容 | 実施時期 |
|---|---|---|
| 厚生年金（報酬比例部分）の5％適正化 | ・5％の給付額削減<br>・従前の年金額に物価スライドした額を保証する経過措置 | 2000年4月 |
| 裁定後の65歳以降の賃金スライド廃止 | ・65歳以降の給付額は賃金スライド適用せず、物価スライドのみに<br>・物価スライドのみ改定給付額と、賃金スライドも適用した場合の給付額とのかい離が過大となれば賃金スライド実施 | 2000年4月 |
| 厚生年金（報酬比例部分）の支給開始年齢引上げ | ・2013年度から3年に1歳ずつ60歳から65歳へ引上げ（女性は5年遅れ）<br>・2025年度以降（女性は2030年度）65歳支給に　等 | 2013年4月 |
| 厚生年金保険料、国民年金保険料の据置きと国庫負担引上げ | ・保険料（率）は2000年凍結（据置き）<br>・凍結解除は、基礎年金の国庫負担引上げと同時<br>・2004年までに安定した財源を確保し、基礎年金の国庫負担割合を1/3から1/2に引上げ | |
| 総報酬制の導入 | ・ボーナスを一般保険料賦課の対象とする<br>・保険料総額および給付総額が変動しないよう、保険料率・給付乗率を変更 | 2003年4月 |
| 育児休業期間中の厚生年金保険料の事業主負担免除 | ・被保険者負担のみ免除されていたが、育児休業を取得しやすい環境整備の一環で事業主負担も免除 | 2000年4月 |

出所）第一勧銀総合研究所（2001、142～145頁）をもとに作成。

30日の参議院国民福祉委員会での丹羽厚生大臣（当時）の答弁からも伺われるように、法案審議に影響が出ることを懸念して特例法を提出する決定をしたと推測される。民主党今井澄議員が「……やはり大事なことは、世の中何でも筋を通せばいいということではないですけれども、少なくとも政治においては基本線というものをきちっと明らかにする、時にはもちろんそれから外れることがあっても、きちんとすることが大事だと思うんです。……」と政府の基本姿勢を問うたのに対し、丹羽大臣は、「……原理原則からいえばまさに物価が下がったんだから年金も下がるべきだと、これはそうだと思いますが、私はさまざまなこの年金の審議の中で、原理原則の問題と、い

や、そうは言ったって国民の皆さん方にとって大変……そこが私ども政治家がリーダーシップを発揮するべき問題ではないかな、こう思っておるような次第であります。……」と答弁している[3]。

　さて、この経緯は、不人気政策を含む2000年改革と合わせて、おおよそ次のように説明できるだろう。すなわち、2000年改革の代償としての給付額据置きととらえれば、非難回避政治の戦略（以下、戦略）のii)争点の再定式化または代償が該当する。また、2000年改革により保険料引上げを凍結している以上、給付額据置きのための財源調達（保険料635億円、国庫負担137億円）は将来の保険料引上げを意味し、加えて国庫負担分を国債発行で調達する場合も将来世代への負担の繰り延べとなる。これは戦略iii)可視性の低下である。さらに、v)超党派的合意形成戦略も挙げられる。新川（2004、314〜316頁）によれば、2000年改革は94年改革当時ほど超党派的合意があったわけではないが、法案に反対する社会民主党が弱体化し政策決定への影響力を行使できなかったこと、民主党議員の多くは94年改革の推進派であり、支給開始年齢引上げ賛成論が強く、自民党内閣と対決姿勢をとることはなかった。

## 3　スウェーデンの年金改革

　では、スウェーデンにおける年金改革については、どのような非難回避戦略がみられるだろうか。ここでは1998年改革を事例にして検討してみよう。

### (1)　背景
　経済のグローバル化、少子高齢化、経済成長の鈍化等、従来型の福祉国家プログラムはその見直しが迫られていた。スウェーデンでも1980年代後半以降、社民党政権の下で地方分権、規制緩和、民営化が議論され導入されてきた。
　1985年のいわゆる「11月革命」により銀行の貸出にかかる総量規制が撤

廃されるなど金融自由化が進められた。銀行が自由に企業や家計にローンを提供できるようになり、不動産価格や株価が急騰して資産価格が実体経済以上に跳ね上がった。90年にはファイナンス業や不動産業を営むニッケルン社が30億クローナの負債を抱えて倒産した。バブルがはじけた。これが金融危機の始まりだった。経済成長率は1991年から3年続けてマイナスとなった。

　この11月革命は、当時、実態経済にはそれほど大きな影響を与えないだろうと考えられていた。そのためか、政府の対応は後手後手にまわった。危機の最中、1991年選挙で9年ぶりに政権に就いたブルジョア連合は、前社民党政権と同様スウェーデン・クローナの防衛に奔走したが、92年秋の公定歩合500％でも過熱した市場を鎮静化させることができなかった。そこで、与野党が共同して危機対策パッケージを発表したほか、92年12月には政府が経済対策委員会を任命して中期的な経済政策の指針の検討・提案を命じている[4]。

　続いて財政状況も悪化した。中央政府の累積債務残高は対GDP比で92年の56.6％から94年には72％に急上昇した。当時、「1991年から雇用は45万人分減少し、失業率は13％[5]に上昇した。財政赤字はGDPの約11％に相当する。1990年にはOECD加盟国中2番目によい財政状況だったこの国が、94年には2番目に悪い国」（Proposition 1994/95: 25, p. 6）となっていた。債務残高対GDP比は96年には78％[6]に達し、戦後最悪を記録した。朝刊の産業新聞ダーゲンス・インダストリ紙が連日、「おはようございます、財務大臣。本日の債務残高は○○クローナです」で始まる論説記事を掲載し始めた[7]。94年選挙で政権に復帰した社民党は、GDPのおよそ8％に相当する歳出削減を実施し、98年には財政収支を黒字に転換させた。

　このような状況下で、財政再建と並行して年金改革も進められた。それは「OECD諸国のなかで最も大規模」な改革で「既存のシステムを根本的に再編成するもの」（アンダーソン2004、26頁）であった。年金プログラムはもっとも縮減しにくいとされるが、1990年代における年金改革の政治を分析

したアンダーソンによれば、「幅広い政党間連合によって年金改革は支えられた」（アンダーソン 2004、52 頁）。

では、この 1994 年から 98 年の年金改革はどのようなものだったのか。1999 年設立の Pensionsforum による調査研究報告やアンダーソンの研究（2004）をもとに、以下、まとめよう。

### （2） 改革前の公的年金制度

図 5-2 は、1998 年改革前後の公的年金制度を簡単に示したものである。

改革前の制度は、定額部分の国民年金（Allmän folkpension）と所得比例部分の国民付加年金（Allmän tilläggspension）からなり、現行の日本の公的年金制度と同様、2 階建て構造であった。なお、このほか部分年金（delpension）があり、これは 65 歳以前の時点における労働時間短縮に伴う所得喪失分を補うものである。

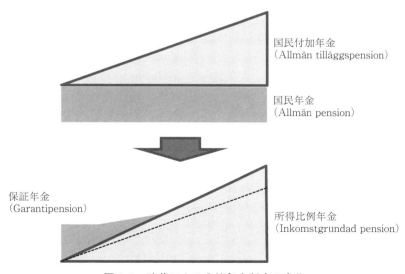

図 5-2　改革による公的年金制度の変化

① 国民年金

　国民年金は、国内に居住する人すべてを対象に基礎的な経済的安心を保障することを目的とする制度である。給付額は物価変動に応じて改定され、これにより年金の実質的価値が維持される。所得の多寡や就労状況によらず定額が給付される。原則として、手当額は基礎額（basbelopp）の96％相当で、夫婦の場合は一方の給付額が基礎額の78.5％に減額される。財源は国庫負担のほか、1999年までは使用者負担の社会保険料があり、これが給付総額のおよそ50〜60％を占めていた。新年金制度が成立した後の1999年以降、付加年金受給権者に対する国民年金はAP基金から、付加年金のない国民年金受給権者は国庫負担で賄われた（以上 SOU 1990: 76, SOU 2001: 57）。

② 国民付加年金

　所得比例型給付である。したがって、給付額は現役時の労働所得水準によって異なる。16歳から64歳までの期間に年金計算の基礎となる所得が3年以上ある者が対象となる。年金額は、就労期間中最も所得の高い15年間の平均所得をベースに算定され（上限あり）、保険料納付年数に応じて調整される。なお、1990年の政府調査委員会報告書（SOU 1990:76）によれば、国民年金と付加年金とを合わせた給付額は現役時所得の約65％（所得代替率）に相当した。なお、所得が低ければ所得代替率は高くなる。

　財源は、1960年の導入時から1994年までは使用者負担の保険料（ATP-avgift）とAP基金の運用益により賄われた。この使用者負担の保険料は賃金に一定割合を乗じたものである。1995年以降は給与所得者自身も保険料（egenavgift）を納めることとなり、98年には使用者と雇用者との間で負担する保険料率が逆転している。すなわち、使用者については13％から6.4％に低下する一方、雇用者は1％から6.95％に上昇した。

　1990年代を通して、付加年金給付総額は社会保険料収入を上回った。これは主として付加年金受給権者の増加と、受給権者の平均給付額が上昇したことによる（SOU 2001:57, p. 38）もので、給付額と保険料収入の差額はAP基金からの運用益が充てられている。

表 5-2　国民付加年金の財源

(1991/92～1999年、単位%)

| 年 | 収入（支出に対する割合） | | 国家債務庁へ | 国家予算へ |
|---|---|---|---|---|
| | 使用者負担の保険料 | 給与所得者負担の保険料 | （保険料に対する割合） | （保険料に対する割合） |
| 1991/92 | 91.1 | — | | |
| 1992/93 | 83.2 | — | | |
| 1993/94 | 77.2 | — | | |
| 1994/95 | 77.5 | 2.8 | 11.0 | 7.0 |
| 1995/96 | 79.4 | 6.5 | 11.0 | 7.0 |
| 1997 | 80.3 | 6.4 | 11.0 | 7.0 |
| 1998 | 44.5 | 41.7 | 22.4 | 7.0 |
| 1999 | 40.0 | 44.1 | 32.3 | 5.4 |

出所）SOU 2001: 57, p.38 より作成。

③　国民付加年金制度の課題

　国民付加年金は社会保険料を財源とし、賦課方式により財政運営された。したがって、給与水準の低下、失業の増加、少子高齢化による現役・扶養人口比率の低下は年金財政を悪化させる要因となる。1990年代初頭の金融危機は、さらに保険料と給付額のギャップを拡大させた。その結果、AP基金で給付を賄える年数は、1982年の7.4年から92年には5.1年に低下した（Proposition 1993/94: 250, アンダーソン 2004、p.29）。

　加えて、給付額が就労期間中最も所得の高い15年間の平均所得をベースに算定されるため、生涯年収が同額すなわち拠出総額が同じでも、ピークの15年間の所得水準が異なれば給付される年金額が異なることになる。このように、付加年金制度には給付と負担との関係がうまくリンケージしていないという問題があった。これは、年金制度の正統性や信頼性を減じ、受給者間に不公平感を生む原因となる。加えて、一定程度の年金が受け取れる所得と就労年数があればそれ以上働いても保険料負担損となるため、早期退職の選択を促す要因の1つにもなっていた。

### (3) 改革後の公的年金制度

新年金制度は1999年に施行され、同制度による年金給付は2002年に開始された。

新制度は所得比例年金を基本とし、これが一定水準に達しない場合は税金を財源とする保証年金で給付額を下支えする構造となっている。さらに、所得比例年金は積立方式部分と賦課方式部分とで構成されている。図5-2中の点線で分けられた上の部分が積立方式、下が賦課方式である。

① 所得比例年金

まず、給付については、「就労期間中最も所得の高い15年間の平均所得をベース」とする算定方式から、生涯所得に基づくみなし拠出建てスキームに変更した。これは、旧制度が負担と給付の関係が不明瞭であった点を修正するもので、受給権者の過去のすべての拠出を評価し、これが給付額に反映されるようになった。この新方式では、年齢集団間や個人間の再分配が行われず、各年齢集団が所得年金から受け取る給付総額は、自分が属する年齢集団の拠出と利子に等しい額となる。個人はその年齢集団の拠出全体に占める自分の拠出割合に応じて給付を受け取る（アンダーソン2004、43頁）。なお、給与の16％（労使折半、制定当時）に相当する保険料が所得比例年金の財源である。

また、この所得比例年金部分には「プレミア年金」と呼ばれる部分がある。拠出の一定割合が個人投資基金に配分され、基金により管理・運用される。被保険者自ら運用元の基金を選択できる。この部分は積立方式で運用される。

② 保証年金

生涯所得が低かった者、すなわち、年金審査により所得比例年金やプレミア年金の給付額が一定基準を下回ると認定された者に対して最低限の所得保障をする仕組みである。また、高齢者には住宅補助が付加される。財源は国庫負担である。給付額は物価変動に連動して改定される。

③ その他

　少子高齢化、経済成長の程度などは年金財政の安定性に影響を及ぼす要素である。年金制度の持続可能性を高めるには、これらの要素からの影響を最小限に留める制度設計が求められる。また、年金制度の正統性や信頼性を確保するため、その時々の政治的配慮による運用のゆがみは極力排除されるべきだろう。

　このような観点から、改革後の年金制度は次のような利点を有している。

　まず、各年齢集団における給付予定総額は、その集団の拠出総額と運用益に応じて自動的に調整・決定される。少子高齢化が進展し、平均寿命が伸びあるいは経済状況が悪化しても毎月負担する保険料率は変動しない。また、給付額よりも拠出額が少なく財源が不足している場合は、自動的安定化メカニズムにより、毎年給付を減額することになっている（アンダーソン2004、45頁）。

### (4) 改革過程

　制度改革により、総じて、人口構造の変化や経済状況の変化への抵抗力は高まったと考えられる。では、大規模改革に対する政治的抵抗と、政党や政府の非難回避戦略とはどのようなものであったのだろうか。

　既に述べたように、改革前の付加年金部分は、就労期間の最良の15年間の所得をベースに年金額が算定されていた。結果として、ブルーカラーからホワイトカラーへ、低所得者から高所得者への「逆」再分配が発生していると指摘されていた。この点を踏まえると、年金改革は制度の公平性を改善したと評価できる（Lindbom 2001; Lundberg 2001; アンダーソン2004）。また、生涯所得すなわち拠出総額と、給付額とがリンクしていないため、給付に反映されない拠出の負担を避けるために早期退職を選択させる要因の１つにもなっていた。

　ブルジョア連合政権は、1991年に各議会政党の代表者で構成される年金改革調査ワーキンググループを任命した。グループの任務は拠出と給付のリ

ンクを強化し、経済状況に合致した改革案を提示することである。参加した5党は長期的に安定したシステムを構築することで合意し、そのために小さな相違点は棚上げして妥協することを確認した。なお、ここでいう5党とは当時の連合政権の穏健統一党、国民党、中央党、キリスト教民主党のほか、下野した社民党である。左共産党は他党の主張との隔たりが大きく、新民主党と同様ワーキンググループから脱退した。新民主党は当時の議会でキャスティングボードを握っていた[8]が、その右翼的主張に対して既存政党は距離を置いていた。5党は新民主党の影響力を廃して超党派的な合意を形成することを選択したのである。

ワーキンググループは1992年に報告書（Ds 1992: 89）を発表し、「最良の15年」方式を廃して生涯所得と給付をリンクさせるなどの改革素案を提示した。この時点で既に、スウェーデン大卒労組SACOのチーフエコノミストBröms、91年スウェーデン経済年次報告書、経済学者Lindbeckなどが同様の改革案を主張していた（アンダーソン2004、35頁）。

92年報告書発表後も、その後の意見聴取や調査と妥協を重ねて成案に至った最終報告書（94年）も利益集団等からの批判にさらされた。合意形成は難航した。例えば、上記ワーキンググループに参加できなかったLO（労働組合全国組織）、TCO（ホワイトカラー中央組織）をはじめとする労働組合のほか、2つの年金生活者組織（PRO、SPF）などから批判が出された。生涯所得を給付に反映させる点についてはおおむね賛同が得られたが、育児、介護、高等教育、兵役の期間の拠出をどう扱うのか、短時間労働者に不利ではないかなど、細部にわたる公平性を担保せよとの主張があった。

スウェーデンの行政組織は外務省を除き小規模である。そこで、法案作成の前段階である政策案の調査研究は調査委員会（kommitte）が担っている。この調査委員会の委員には学識経験者、政党代表者、利益集団の代表者などが任命され、多角的かつ専門的な見地から、課題にかかる現状分析と政策案の策定がなされるほか、委員会が合意形成の機会を提供することも期待されている。1998年年金改革の場合、92年ワーキンググループは議会代表

者に委員を限定し、利益集団等からの意見聴取の時間を制限して成案とりまとめと支持調達を急いだ。1994年春までに議会で可決成立させることを目標にした背景には、同年秋に控えた統一選挙があった。アンダーソンは、「合意に参加した諸政党は、速やかに年金改革を実現し、それを選挙争点から外すことに躍起となっていた。議会での公式承認に向けてすべての拒否点を潰してきた後に、選挙民の審判という新たな拒否点が出現することは何としても避けたいところだった」（アンダーソン 2004、41 頁）と分析している。春の時点で、5 党合意で年金改革という不人気政策を決定すれば、秋の選挙で特定の党だけが支持を失うという非難を受けるリスクは回避できると考えたのである。なお、社民党と、ブルジョア連合を率いる穏健統一党の1994 年選挙マニフェストをみると、両党ともに年金改革については特段触れられていない。社民党はむしろ財政再建に焦点を当て、広く負担を求めることを説明している。「危機（kris）」とそれとほぼ同回数の「未来（framtid）」を唱え、「未来を信じて、皆で連帯し厳しい状況を打開しよう——」と有権者に訴えている[9]。

　さて、最終報告書提出後、政権交代、社民党党首交代を経て、改革の完全実施はさらに遅れた。社民党内では、意思決定過程が閉鎖的などと、党員やLO ほか支援団体からの批判を浴び、党内調整に時間を費やした。また、党員への情報提供が不十分で、新制度により多くのLO 組合員の給付が有利になるがそれを周知されていなかった（アンダーソン 2004、42 頁）。

　以上は改革プロセスの一部であるが、ここからは非難回避戦略として、ⅲ）可視性の低下とⅴ）超党派的合意形成が挙げられよう。そもそも年金制度は非常に複雑であり、市民にとっては理解しにくい制度である。例えば2014年にイギリスは、2 層型の年金制度を1 層型に改める改革を決定したが、その背景には、制度の複雑さがあった。そのため、多くのイギリス人が将来の年金受給額がいくらになるのか明確に把握できず、退職後の生活設計（貯蓄）がなされていないとの指摘がある（Department for Work & Pensions 2013, p. 7）。制度が複雑で高度に技術的であることは日本も同様であ

る。年金水準の見通しの是非を問うには財政検証の理解が不可欠であるが、多くの有権者、年金受給権者あるいは被保険者にとっておそらく困難である。このように、政策効果が見えにくいために有権者の批判を免れることも可能であろう。また、v)超党派的合意形成の戦略が採用されていることは、これまでの説明から明らかであろう。

## 4　おわりに

日本の国および地方の長期債務残高は、2014年度末見込みで1010兆円、対GDP比で202%になる。OECD加盟国中最大規模の借金を抱えているが、2015年10月に予定されていた消費増税は1年半ほど先送りにするとも言われている。日本は他の先進諸国に類を見ない速さで高齢化が進展しており、社会保障給付費は115兆2000億円（2014年度予算ベース）と前年比で5兆円増加する。増税と歳出削減は不可避である。

年金制度改革では世代間で利害が対立する。賦課方式で運営される年金制度は、少子高齢化の進展等により現役世代の負担増、給付水準の抑制、世代間での給付と負担の格差が発生する。また、その他の社会保障プログラムの歳出削減では世帯間の利害対立のほか、所得階層間、労使間、地域間、男女間、異なる国籍間でも利害衝突が発生しうる。

神野（2010、122頁）はその著『「分かち合い」の経済学』のなかで、「「分かち合い」とは人間が生きていくうえで遭遇する困難を、社会という「共同体」として解決していくこと」であるとする。そして、分かち合いの原理を構成する要素として①存在の必要性の相互確認、②共同責任の原則および③平等の原則（神野2010、99～101頁）を挙げる。年金改革や財政再建は「痛み」を求める政策である。この政策をどう設計するかにより、内在する利害対立を先鋭化し、「分かち合い」を困難にする可能性がある。神野の挙げた分かち合いの原理を構成する3要素を侵食し、ひいては「共同体」を縮小させてしまう危険性すら含んでいる。このように考えると、非難回避政

治の戦略として最適なのは、既述の5つのうち「超党派的合意形成」とはいえないだろうか。

**注**
1) なお、2013年10月にマイナス1.0％、14年4月にマイナス0.7％の減額改訂がなされている。最終的には15年4月の改訂を経て、2.5％のギャップ（12年度）を解消することが予定されている。
2) 年金、医療、介護、少子化政策をいう。
3) 民主党も特例法に反対せず、翌3月31日同委員会の採決で、特例法は全会一致で可決成立した。
4) 同委員会が3か月後に発表した報告書『経済と政治の新しい前提条件（Nya villkor för ekonomi och politik, SOU 1993: 16)』は、本編と専門家委員による別冊2本を合わせて1,100頁余に及ぶ分厚いものだった。なお、別冊報告書2本は、学識経験者の27本のレポートで構成される。
5) 労働市場対策としての職業訓練等を受けている者を失業者に含む。
6) OECD. StatExtracts より。
7) SOU 1999: 150, p. 42-43, Dagens Industri（1994-08-23, Debatt）.
8) 国会議員349議席中、穏健統一党（80）、中央党（31）、国民党（33）、キリスト教民主党（26）（以上、ブルジョア連合政権）、社民党（138）、左共産党（16）で、新民主党は25議席を占めていた。（　）内が議席数。
9) 2013年1月28日の所信表明演説で安倍首相は、「危機的な状況」や「危機管理」を含め、「危機」を14回用いている。演説では、経済、東日本大震災、外交・安全保障および教育の4つの危機を挙げている（日本経済新聞2013年1月29日朝刊6面）。なお、政権維持を目指す与党第一党の穏健統一党は"förnyelse"（刷新）を掲げ、旧い社民党政治に逆戻りせず未来を拓こうと主張した。91年政権時の政策をさらに進めるとともにEU加盟を見据え、ヨーロッパ諸国との連携強化を掲げている。

**主要参考文献**
（公的文書）
Regeringens proposition（Proposition）1993/94: 250 Reformering av det allmänna pensionssystemet.
Regeringens proposition（Proposition）1994/95: 25 Vissa ekonomisk-politiska åtgärder, m. m.
Regeringens proposition（Proposition）1994/95: 100 Förslag till statsbudget för budgetåret 1995/96.
Regeringens proposition（Proposition）1994/9: 150 Förslag till slutlig reglering av statsbudgeten för budgetåret 1995/96, m. m.（kompletteringsproposition）

Statens Offentliga Utredningar (SOU) 1990: 76 Allmän pension.
Statens Offentliga Utredningar (SOU) 1993: 16 Nya villkor för ekonomi och politik.
Statens Offentliga Utredningar (SOU) 1999: 150 Vad hände med Sveriges ekonomi efter 1970.
Statens Offentliga Utredningar (SOU) 2001: 57 Välfärdens financiering.
Departementsserien (Ds) 1992: 89 Ett reformerat pensionssystem-Bakgrund, principer och skiss, En promemoria av Pensionsarbetsgruppen.
Department for Work & Pensions (2013) *The single-tier pension: a simple foundation for saving*.

Anderson, Karen (2001) The Politics of Retrenchment in a Social Democratic Welfare State: Reform of Swedish Pensions and Unemployment Insurance. *Comparative Political Studies*, Vol. 34 No. 9, pp. 1063-1091, Sage Publications.
Birkland, Tomas A. (1997) *After Disaster: Agenda Setting, Public Policy, and Focusing Events*, Georget,wn University Press.
Ingves, Stefan and Göran Lind (2008) Stockholm Solutions. IMF, *Finance & Development*, December 2008. pp. 21-23.
Lindbom, Anders (2001) De borgerliga partierna och pensionsreformen. Palme, Joakim (red.) *Hur blev den stora kompromissen möjligt?: Politiken bakom den svenska pensionsreformen*. Pensionsforum.
Lundberg, Urban (2001) Socialdemokratin och 1990-talets pensionsreformen. Palme, Joakim (red.) *Hur blev den stora kompromissen möjligt?: Politiken bakom den svenska pensionsreformen*. Pensionsforum.
Petersson, Olof (2007) *Den offentliga makten*. SNS Förlag.
Pierson, Paul (1996) The New Politics of the Welfare State. *World Politics* 48.2 pp. 143-179.
Pierson, Paul (2001) *The New politics of the Welfare State*. Oxford University Press.
Pierson, Paul and R. Kent Weaver (1993) Imposing losses in pension policy. R. Kent Weaver and Bert A. Rockman (eds) *Do Institutions Matter? Governent Capabilities in the US and Abroad*, the Brookings Institution, pp. 110-150.
Rothstein, Bo (1998) Den svenska modellens uppgång och fall: en essä. *Statsvetenskaplig Tidskrift*, årg. 101 nr.1 ss.41-49.
Weaver, R. Kent (1986) The Politics of Blame Avoidance. *Journal of Public Policy*. Vol.6 (Issue04). pp. 371-398.
アンダーソン、カレン・M (2004)「スウェーデンの年金改革――成熟した年金システムにおける抜本的改革」新川敏光／ジュリアーノ・ボノーリ編著、新川敏光監訳『年金の比較政治学――路依存性と非難回避』ミネルヴァ書房、25～55頁。

秋吉貴雄、伊藤修一郎、北山俊哉 (2010)『公共政策学の基礎』有斐閣。
岡沢憲芙 (2009)『スウェーデンの政治: 実験国家の合意形成型政治』東京大学出版会。
神野直彦 (2010)『「分かち合い」の経済学』岩波書店。
新川敏光 (2004)「日本の年金改革政治——非難回避の成功と限界」新川敏光／ジュリアーノ・ボノーリ編著、新川敏光監訳『年金の比較政治学——経路依存性と非難回避』ミネルヴァ書房、299〜333頁。
第一勧銀総合研究所 (2001)『図解年金のしくみ』東洋経済新報社。
スウェーデン国会　www.riksdagen.se
スウェーデン中央統計局　www.scb.se
OECDホームページ　www.oecd.org

# 第6章

# 戦間期イギリスの金本位制復帰問題とデフレーション

伊藤　宣広

## 1　はじめに

　本章では、戦間期イギリスの金本位制復帰をめぐる金融史的背景および当時の政策論争を概観し、これらの問題について経済思想史的観点から考察する。対象とする期間は、第1次世界大戦終了前後から1925年の金本位制復帰を経て再び離脱を余儀なくされる1931年までとする。

　政策をめぐる議論には、イングランド銀行や大蔵省の関係者だけでなく、J. M. ケインズ、A. C. ピグー、R. G. ホートレーといったイギリスを代表する経済学者も深く関与している。1920年代のイギリスではデフレーションが景気の足枷となっていたが、このデフレは自然発生したものではなく、金本位制に復帰するため、政策によって人為的につくりだされたものであった[1]。国内の景気対策と、世界の金融センターとしてのロンドンの地位、いずれかを選ばなければならない状況に置かれていた中、後者を選択した結果、金本位制への復帰が進められたのである。

　ケインズの政策提言では、不況期の公共投資を説くいわゆる「ケインズ政策」が有名であるが、ケインズがこうした主張をするようになったのは1920年代中頃からである。そして政策提言というレベルでいうならば、当時これは決して目新しい主張ではない。それに対して、1717年以来200年以上にわたって維持されてきた金1オンス＝3ポンド17シリング10ペンス半という神聖不可侵な数字へのケインズの挑戦は、極めて大胆かつ前例のな

いものであった。

## 2 大戦末期からジェノア会議まで

### (1) 大戦末期の状況と戦後好況

1918年1月、イングランド銀行総裁カンリフ卿を委員長として「戦後の通貨および外国為替に関する委員会」(The Committee on Currency and Foreign Exchange after the War)、通称カンリフ委員会が設置され、旧平価への復帰が満場一致で目標と定められた。復帰が可能か否か、可能だとすればいつ実施するかという問題は残されたが、イングランド銀行が1億5000万ポンドの金準備を維持できるようになったときが金本位制復帰のタイミングであると考えられていた。デフレ政策を志向するこの勧告はその後の歴代内閣によって受け入れられ、戦後のイギリスの経済政策に大きな影響を及ぼすことになる。1918年8月に第1次中間報告書が、1919年12月に最終報告書が議会に提出された。同報告書はケンブリッジ大学教授A. C. ピグーも署名し、LSE教授 E. キャナンもこれを支持した。

イギリスでは1919年3月29日に戦時大権にもとづく枢密院命令によって、金貨および金塊の輸出禁止が決定された。これを受けて、ポンドは4.57ドルにまで下落した。翌20年には金輸出禁止に関する法律が成立し、この措置は約5年間継続することになる（Sayers 1976, 邦訳（上）161〜162頁）。

戦争終結直後、大蔵省は金利の引上げには難色を示していた。戦争による政府の財政赤字が巨額にのぼっており、金利の上昇による債務負担の増大を警戒したからである。しかし戦争により消耗した在庫を補充するために急激なブームが起こり、それは激しいインフレを伴った。物価と賃金は急騰し、ポンドは1919年8月には4.11ドルにまで下落した。

これを受けて1919年10月、大蔵省は利上げに転じた。大蔵省証券の利率は3.5%から4.5%に引上げられたが、公定歩合は5%にとどまっていた。

11月6日には大蔵省証券の利率は5.5％に引上げられ、イングランド銀行も11月に公定歩合を5％から6％に引上げた（Hawtrey 1938, p. 132）。ポンドは軟化を続け、1920年2月には3.20ドルまで売られた。景気は過熱状態となった。イングランド銀行前総裁コケインの後、新総裁に就任したばかりのモンタギュー・ノーマンは1920年4月15日に公定歩合を7％に引上げた。これは戦時の1914年を除き、1873年以来最高水準であった。この7％の公定歩合は翌年4月まで続いたが、これほど高率の公定歩合が12か月も維持されたことは前例がなかったという（Hawtrey 1938, p. 133）。1920年代にはイングランド銀行とニューヨーク連銀は緊密な連携をとっており、翌月にはニューヨークでも利上げが実施された。

　これをピークとして、戦後ブームは1920年の夏には終焉を迎える。市場では在庫が過剰となり、物価は急落した。インフレーションはうまく抑制されたが、今度は急激なデフレーションという真逆の問題が生じた。失業者は1920年12月から1921年6月までのあいだに100万人から200万人へと倍増した。石炭産業は1921年4～6月のストライキで大打撃を受けた。綿織物では日本やインドが植民地市場に参入してきた。イギリスの石炭と綿製品の輸出はほぼゼロにまで低下した（Taylor 1965, 邦訳131頁）。賃金はかつてない規模で引下げられ、1921年12月のイギリスの失業率は17.7％を記録した（Hawtrey 1938, pp. 133-134; Clay 1957, p. 134）。

　1920年末の3.40ドルからポンド相場は堅調に転じ、公定歩合の引下げも視野に入ってきた。1921年になると、大蔵省は、利払い費の節約および失業対策として、3月に大蔵省証券の利率を引下げ、イングランド銀行は4月に1年ぶりに公定歩合を6.5％に引下げた。その後、ロンドンの公定歩合は数度にわたって段階的に引下げられ、1922年4月13日には4％、6月15日には3.5％、7月13日には3％にまで低下した。これは1920年代を通じて最低水準であった。為替は1922年には堅調に推移し、4.20ドルから4.40ドル、さらには旧平価に近い4.70ドルにまで上昇してきた。

### (2) ジェノア会議

1922年、国際連盟は金の問題を議論するため、ジェノアに金融の専門家を招いた。アメリカはこのジェノア会議への出席を拒否したが、他の主要金本位制国は参加し、イギリスのリーダーシップのもとで、ヨーロッパにおける金本位制の復活が主要テーマとなった。ここでは金為替本位制が議論され、大きな注目を浴びた。J. M. ケインズと、イギリス大蔵省金融調査部長のR. G. ホートレーは、この会議において重要な役割を担った。ケインズは当時既に大蔵省を辞任しており、『マンチェスター・ガーディアン』紙の記者としてこの会議に参加した（Dostaler 2007, 邦訳 463 頁）。ホートレーは会議の前にノーマンとも長時間議論したという（Clay 1957, p. 137）。

金本位制への復帰に際して、障害となるのは金不足という事態であった。戦前に比べて物価は高騰しており、旧平価で復帰すれば当然、金は不足することになる。そこで、ホートレーは金を貨幣目的に使用するのを節約するため金為替本位制を提唱した（Hawtrey 1922, pp. 293-294）。ここで金の代用物として想定されているのはポンド残高であり、各国がポンド残高を保有することはイギリスの国益にもかなうものであった。

この会議は、各国通貨当局が準備として金の代わりに外国為替を保有する政策を採用するよう勧告した[2]。多くの中央銀行は既にロンドンに対する債権の形で準備を保有していたが、その勧告はこの慣行を制度化しようとするものであった（Kindleberger 1973, 邦訳 41 頁）。

## 3 イギリスの金本位制復帰とケインズ

### (1) 金本位制復帰にむけての動きとケインズ

1923年5～10月にはポンド相場は 4.55～4.63 ドル程度で安定的に推移した。ノーマン総裁は1923年5月の時点で、同年中にポンド相場が 4.50 ドルかそれ以上の水準で堅調に推移するならば、1925年の金本位制復帰を目指して 1924 年中にその準備を行うことも現実味があると考えていた（Sayers

1976, 邦訳（上）189 頁）[3]。

　戦間期の金融政策をめぐる論点は、国内の物価安定と外国為替の安定とのあいだにトレードオフの関係があるという点である。金本位制が機能していた時代にはこのような問題は存在せず、これは大戦によりほとんどの国で金本位制が機能不全に陥っていたこの時代にはじめて浮上してきた問題であるといえる。どちらが優先されるべきかをめぐっては、指導的な経済学者のあいだでも意見が分かれた。ケンブリッジ大学経済学教授 A. C. ピグーはイギリスのような金融大国にとっては為替安定のほうが重要な問題であると考えたが、ケインズは外国為替よりも国内物価の方を重く見た。

　1923 年 7 月 5 日、不況のさなかイングランド銀行は公定歩合を 3% から 4% へと引上げた。当時、物価が下落し、失業率も高いなか、デフレを加速化させるような金融引締めが行われた理由は、金本位制への復帰のためであった[4]。

　1922 年頃まで賠償問題に没頭していたケインズは次第に国内の金融問題へと関心を移し、この利上げを受けて 1923 年 7 月 14 日、『ネーション・アンド・アシニーアム』誌にデフレ政策を批判する論陣を張った。

　イングランド銀行の政策は『カンリフ委員会報告書』の影響下にあるが、「この文書は休戦の数か月前に書かれたものであって、必然的に戦後の異常な事態の知識をまったく欠いており、物価と雇用の安定については一言の言及も含んでいない」という（JMK, vol. 19, p. 101）。ドル建ての物価が下落しつつある状況を鑑みれば、イギリスの物価安定のためには対ドル為替相場は下がるべきであった。

　ケインズは、為替相場の変動の一因として、ロンドンとニューヨーク間の金利差を指摘する。為替相場が狭いレンジ内で固定されているときは、金利差は短期的な資金移動を左右するうえで大きな重要性をもつ。戦前の公定歩合理論はこの事実に立脚していた。しかし、為替相場が下がれば下がるほど、その影響力は小さくなる。

　公定歩合の引上げが為替相場に及ぼす効果は 2 つある。1 つは、イングラ

ンド銀行が対ドル相場の引上げをコミットすることによって、ポンド売りの短期投資家を手仕舞いするよう導く一時的な効果、いま1つは信用の引締めとポンド建物価の下落という永続的効果である。

> 現在の状況の下では、——現状は通貨が不換であるという点で戦前の状況と決定的に違うのであるが——われわれが信用の引締めをもたらし、ポンド建価格の上昇傾向を押しとどめ、またはその下落傾向を引き起こすことを積極的に望むのでないかぎり、公定歩合を引上げることが正しいはずがない。そういうことが望まれていたわけではない。公定歩合が引上げられる前日に、首相と蔵相は正しくもその反対の公約をしていた。イングランド銀行は視野狭隘で時代遅れの学説の影響の下で、大きな間違いを犯した（JMK, vol. 19, p. 103）。

このケインズの主張は大きな論争を引き起こし、数多くの批判も寄せられた。その1つが、対米負債の負担を可能な限り軽減するため、ポンドの対ドル為替相場はできるだけ高くあるべきだという批判であった。また『マンチェスター・ガーディアン』紙は、もし低金利が経済の助けになるというのであれば、何故ケインズはさらに進んで1％の公定歩合を主張しないのか、と批判している。

『ネーション・アンド・アシニーアム』誌1923年7月21日号でケインズはインフレ主義者との批判に反論している。物価上昇は経済に不健全な刺激を与え、物価下落は経済を不当に抑制する。1923年初頭のように物価が急激に上昇し続ける状況であれば、公定歩合の引上げは完全に正しかったであろう。「物価安定政策は、恒久的低金利政策の正反対である。前回のブーム時には、筆者は、イングランド銀行が行動する何か月も前から、非常な高金利を強く主張していた。しかし、失業がはなはだしく、企業が意欲をなくし、物価が低落傾向にあるときには、それは公定歩合を引上げるべきときではない」（JMK, vol. 19, p. 104）。この引用文は、それ単独でみるならば至極

当たり前のことを言っているにすぎないように見えるが、ケインズの主張は、あくまでもシティの事情よりも国内経済の景気を最優先する姿勢を示しており、当時こうした主張は決して主流ではなかったことに留意する必要がある。「失業が一般的な政治的重要性をもつ問題であるとすれば、これまでのように、公定歩合をシティの法王と枢機卿たちの秘密の私有財産であるとみなすことは不可能である」(JMK, vol. 19, p. 105)。

### (2) 『貨幣改革論』

1923年12月に刊行された『貨幣改革論』は、ケインズの貨幣3部作とされる理論的著作の第1作にあたるが、金本位制をめぐる政策的問題の議論にも大きなウエイトが置かれている。これは保守党政権のデフレ政策に対する批判の書でもあった。

「事実上、金本位制は既に未開社会の遺物と化している。われわれは皆、イングランド銀行総裁をはじめとして、事業と物価と雇用の安定の維持に主たる関心をもつのであって、選択を強いられた場合、これらを犠牲にしてまで、かつての1オンスにつき3ポンド17シリング10ペンス半でなければならないという古くさいドグマに従いそうもない」(JMK, vol. 4, p. 138)。「私は、物価、信用および雇用の安定を最も重要なものと考え、旧式の金本位は昔のような安定性を少しも与えるものではないと信ずるから、戦前のような形での金本位復帰政策に対して反対するのである」(JMK, vol. 4, p. 140)。

同書には後世の学説史家に好んで引用される章句が数多く登場するが、インフレとデフレの功罪についての議論もその1つである。ケインズの師、マーシャルは早い時期から賃金遅れの現象を指摘していた。インフレの時には財やサービスの価格が上昇するほどには名目賃金は上昇せず、いずれ上昇するにしてもタイムラグを伴う。逆に、デフレの時には財やサービスの価格が下落するほどには名目賃金は下落せず、いずれ下落するにしてもタイムラグを伴う。その結果、デフレ時には労働者の実質賃金は上昇する傾向にある。ただし、ケインズはデフレ期には損失回避のため企業の生産制限が行われ、

労働者の雇用にとっても企業にとってもマイナスとなる面を指摘している。

> かくて、インフレーションは不当であり、デフレーションは不得策である。ドイツのような極端なインフレーションを除けば、2つのうちでは、おそらくデフレーションのほうが悪い。なぜなら、貧困化した社会では、金利生活者を失望させるよりも、失業を生ずるほうが悪いからである。しかし、両方の悪を比較する必要はない。両方とも悪であり、忌避されるべきだとするほうが意見の同調を得やすいのである（JMK, vol. 4, p. 36）。

　ホートレーは金本位復帰論者ではあったが、自然の通貨への復帰をよしとするのではなく、「管理」金本位制を主張している。彼はアメリカへの金輸出により、アメリカ経済を刺激することで、イギリスもデフレなしに旧平価への復帰が可能となるというシナリオを思い描いていたが、この願望はアメリカの金不胎化政策によって打ち砕かれることになった（Davis 1981, 邦訳 236～239 頁）。

　ケインズは、ホートレーのような形で、アメリカ合衆国と共同の「管理」金本位を採用することが賢明な策であるかどうかを疑っていた。なぜなら、それはイギリスの金融政策が FRB（連邦準備局）の政策と意向にあまりにも依存することになるからである（JMK, vol. 4, pp. 139-140）。実際、アメリカは既に金不胎化政策を実行に移しており、FRB は金準備率を無視して金を受容しているし、金準備の増加が物価を騰貴させることを許容していなかった。「その日以来、ただ口先だけで金本位制を維持していた最後の国で金の非貨幣化が行なわれたのであり、黄金の仔牛に代わってドル本位制が祭壇の上に安置されたのである。過去2年間、アメリカ合衆国は金本位制を維持する̇ふ̇う̇を装ってきた。だが、実̇際̇に̇は̇、ドル本位制をとってきたのである」（JMK, vol. 4, p. 155）。ロバートソンはこれを「合衆国が意識的に金を、主人としてではなく、召使として取扱おうとしていた」と述べている

(Robertson 1948, 邦訳 81 頁)。

そしてケインズは金本位制に固執することなく、管理通貨制度に移行するよう提案している[5]。

### (3) 1924年

1924年1月、ラムゼイ・マクドナルドが首相に就任し、労働党政府が成立した。労働党政府は資本課税を公約していたため資本が流出し、1924年1月21日にはポンドは4.30ドルまで下落した。2月18日にマクドナルドがカンリフ委員会報告書の諸原則を尊重する旨を表明すると、ポンド下落は停止した（Sayers 1976, 邦訳（上）190頁）。カンリフ委員会の勧告は、1914年以前の平価での金本位制への最終的な復帰を含んでいた。

当時、公定歩合は4%に引上げられていたが、ニューヨーク市場でのポンド相場は弱含みで、イギリスの失業者は100万人を超え、景気は停滞していた。このような状況ではポンド相場を引上げるために公定歩合を上げることは政治的に困難であった。ニューヨーク連銀のストロング総裁は、イギリスの金本位制再開を支援するため、1924年4月30日に公定歩合を4.5%から4%へと引下げた。また6月11日にはニューヨークの公定歩合は3.5%に、8月7日には3%にまで引下げられた（Sayers 1976, 邦訳（上）192～193頁）。それにより、資金がニューヨークからロンドンへ移動した。ポンド相場は1924年7月末の4.40ドルから上昇し、10月にボールドウィンの保守党政権が成立すると、年末には4.72ドルにまで上昇した。このポンド高は、イギリスの金輸出禁止が1925年末までの時限立法であり、やがて旧平価で兌換が再開されることをマーケットが織り込んだ結果であると考えられる。すなわち、これはファンダメンタルズの裏付けのない、投機的なポンド買いであった。ポンドの過大評価はイギリス製品の競争力を削ぎ、需要を沈滞させ失業を悪化させた（Eichengreen 1996, 邦訳80頁）。

またこの1924年の4月、王立経済学会の年次総会で貨幣改革についてのディスカッションが行われた。そこでケインズは、金が将来においても過去

に与えてくれたのと同じ程度の安定性を与えてくれるとあてにできるだろうか、と問うている。その際、金価値を維持する費用を誰が負担するのか、将来の経費の分担をどうすべきかといった非常に難しい問題が浮上してくる。これに対しては、多数の中央銀行間での非常に広範囲に及ぶ協定が想定されるが、それが成功裏に推移するか否かについて、ケインズは非常に懐疑的な見方をしている（JMK, vol. 19, pp. 207-212）。これは第１次世界大戦後の講和条件をめぐり、各国の剥き出しのエゴイズムを嫌というほど肌で体験してきたケインズの偽らざる感想であったであろう。

### (4) 復帰前夜

為替相場は1925年2月から3月にかけて、4.75～4.80ドル程度で堅調に推移していた。同年2月、イングランド銀行は金本位制復帰のために公定歩合を引上げた。この措置は議会でも問題視されなかった。総裁のノーマンは2月2日に、「金復帰の問題に関しては、商人や製造業者や労働者などのことも考慮すべきではあるが、戦艦の配置の問題と同様、彼らの意見を聞く必要はない」と述べている（Moggridge 1972, p. 271）。

イングランド銀行理事のチャールズ・アディスは、当初は熱烈に金本位制を支持していたが、ケインズに感化されて考えを変え、早期復帰をめざす政府の政策に批判的となった。彼は1925年1月8日の日記で「私はあまりに速く進むことには賛成できない。私は、一時は金本位制復帰論者の先頭に立ったこともあるが、今やその最後尾にいる」と書いている（Sayers 1976, 邦訳（上）188頁注3）。

ケインズは『ネーション・アンド・アシニーアム』誌1925年2月21日号に「金への復帰」という論文を寄稿した。

ここでもケインズはイギリスの金融政策がアメリカの状況に過度に依存する体質になることに警鐘を鳴らしている。過去6か月、ウォール街の投資ブームに加え、ドーズ賠償案による欧州経済の回復期待、金本位復帰を見越した投機的なポンド買い等不安定要因が増加している。いずれFRBは景気の

過熱を警戒すると、引締めに転じるであろう。その際、イギリスは平価以下のドル建て為替に対して相対的にポンド物価を安定させるか、それとも為替の平価を維持するために過酷なデフレーションをとるか、という選択に直面するが、金の自由輸出解禁の公表を早めれば、我々は後者の選択をとることになるという。そして、これは狂信徒の望むところであり、我が国の失業者数の現況からみて、賢明な策ではないと改めて拒否している（JMK, vol. 9, pp. 194-196）。

「景気と雇用の変動は現代社会の経済的病弊の最大のものであると同時にもっとも救済可能な性質のもの」であり、「それらはもっぱらわれわれの信用・銀行制度の病弊」であり、「通貨の管理権」がわれわれの掌中に握られているならば、救済策をもっと容易に適用できる」というのがケインズの信念であった（JMK, vol. 9, p. 198）。

金本位制はシティとウォール街を堅く結合させ、事実上、物価水準と金利をアメリカと同じ水準にすることを意味する。ケインズはこの危険性を指摘する。

アメリカは現在、非常に大きく絶え間ない上昇気流の中にいる。実際、1925年にはフロリダの不動産バブルはピークを迎えつつあった。ドル物価が頂点にあるときに、ポンド物価をドル物価にリンクさせると、アメリカの好況が破綻をきたした場合、イギリスは不況の影響を全面的に被ることになる。アメリカは今後何年かのうちに産業・金融上の大きな嵐に出会うかもしれないが、イギリスがその嵐に巻き込まれるとほとんど溺死しかねないという（JMK, vol. 9, pp. 198-200）。

1925年3月初めに公定歩合は5%へと引上げられたが、失業率が11%という状況でこのような高金利を課したことは、以前の慣行からの驚くべき乖離であったとホートレーは述べている（Hawtrey 1938, p. 134）。

### (5) 旧平価での金本位制復帰

大蔵大臣のチャーチルは金本位復帰の問題を議論するため3月17日に晩

餐会を催し、様々な専門家を招いた。ニーマイアーやブラッドベリーは復帰に賛成であり、マッケナやケインズは反対であった。首相ボールドウィンの支持を受け、3月20日に旧平価、すなわち金1オンス3ポンド17シリング10ペンス半での金本位制復帰が最終的に決定され、4月28日に大蔵大臣声明が出された。イングランド銀行の金準備は1億5300万ポンドであった。

とはいえ、この金本位復帰は厳密には旧来の金貨本位制と同じではなく、金地金本位制であった。すなわち、銀行券をイングランド銀行に持ち込んでも金貨と交換してもらえるわけではなく、交換は400トロイオンス（約12.4kg）の金の延べ棒の単位で行われた。金1オンスにつき3ポンド17シリング10ペンス半という価格のもとでは、約1700ポンドということになる。金400オンスは現在の日本円にして約6000万円に相当する。金を節約し、中央銀行に金を集中させるのが狙いであった。実際、1928年段階で世界の金の貨幣用ストックのほぼ90％――この割合は1913年には約60％であった――が各国の中央銀行および大蔵省に集中しており、残りが普通銀行と国民の手にあるという状況であった（Robertson 1948, 邦訳142頁）[6]。金の流通を金貨ではなく延べ棒に限定するというアイデアは、ナポレオン戦争後にイギリスが金本位制に復帰するためにリカードが提案したものであった。

ケインズは1925年7月に『チャーチル氏の経済的帰結』と題するパンフレットを発表し、旧平価ではポンドがその実力に照らして10％程度過大評価されていると述べた（JMK, vol. 9, p. 208）。また1925年7月9日に商工業に関する委員会で「金本位復帰を決めた政府の決定は、そのこと自体がすべての人の賃金を1ポンドにつき2シリング下げるという決定です」と証言している（JMK, vol. 19, p. 390）。

その批判の論拠は、ポンドの国際価値の「引上げが国内価値と国際価値との間に存在していた不均衡を軽減するどころか大幅に拡大させ、そしてわれわれをデフレに陥らせることによって、国内産業への労働の移転を容易にしたかもしれない国内向け投資の拡大という積極策を、必然的に遅らせたとい

う事実」であった（JMK, vol. 9, pp. 210-211）。これは金本位制そのものに対する反対論ではなく、旧平価での金本位制復帰に対する批判である[7]。

なお、この論文の中でケインズは「ゲームのルール」という、その後、頻繁に用いられるようになった表現を初めて使用している。

> イングランド銀行は、金本位制というゲームのあらゆるルールのために、信用の引締めを強いられている。イングランド銀行はそれに従って、良心的に「健全に」行動している。しかしこのことは、信用引締めの続行……がイギリスの現状では必然的に失業の増加を伴うという事実を変更するものではない（JMK, vol. 9, p. 220）。

そしてイギリスに必要なものは、信用引締めによって企業家を失望させることではなく、信用緩和策で企業の投資マインドを刺激することであった。

チャーチルの個人秘書のグリッグによると、晩年になってチャーチルは、金本位制への復帰を決定したことは生涯で最大の失敗だったと考えるようになったという（Boyle 1967, p. 190）。

金本位復帰により、世界の金融の中心としての地位を回復するという目標は、ある程度達成された。これまでもイングランド銀行は他国の中央銀行に対し、外貨準備の一部をポンドで保有するよう勧めてきたが、ポンドの安定後、この動きが加速した。ドイツの準備のうちポンドで保有される部分はますます増大したし、オランダは対外残高をニューヨークからロンドンに戻した。中央銀行の準備のうち外国為替の占める割合は、年々増加していった（Kindleberger 1973, 邦訳23〜24頁；Sayers 1976, 邦訳（上）287〜288、306頁）。

セイヤーズによると、1925年の決定には2つの意識された賭けという要素があった。1つはアメリカの物価上昇に対する期待、いま1つはイギリスの賃金がもう少し下がり得るだろう、という期待であった。いずれか片方でもうまくいけば、再導入した1ドル＝4.86ポンドという旧平価の持続可能性

に希望がもてたという（Sayers 1976, 邦訳（上）294～295 頁）。

　ところが実際には、イギリスの卸売物価は、金本位制に復帰した 1925 年 4 月から 1929 年 1 月までに 15% 下がったが、同じ期間に賃金は 1.5% しか下がらなかった（Coggan 2011, 邦訳 117 頁）。

　またドイツから賠償金を受け取った戦勝国は、アメリカに戦時の債務を返済し、これによりアメリカへ金や外貨が移動した。もし正貨の自動流出入メカニズムが機能するのであれば、理論的にはアメリカの物価は相対的に上昇するはずであるが、実際にはそうはならなかった。ケインズによると 1925 年 7 月時点でアメリカの物価上昇は起こっていないし、イングランド銀行の政策は、さもなければアメリカの物価を騰貴させる傾向をもっていたであろう低金利と金増加の圧力からニューヨークを救ってきたことになるという（JMK, vol. 9, p. 226）。

　ケインズは 1925 年 3 月 21 日付『ネイション・アンド・アシニーアム』誌で次のように述べている。「金本位問題というものは、それが自動的本位または自動制御本位対管理本位の問題であるかのように論じられる。しかし、これは正統派と改革派の真の違いではない。真の違いは方法ではなく目標の違いである。現在の状況における金本位制の本質は、内在的価値をもつ商品と見なされる金自体とはほとんど関係がない。その主たる目標は、世界の大部分についての通貨の同一の基準を定め、それは各国の政策からは独立したものであるようにすることである」（JMK, vol. 19, pp. 337-338）。

　開放マクロ経済におけるトリ・レンマに即して言えば、金本位制とは、自由な資本移動と為替レートの安定を採る代わりに金融政策の独立性を犠牲にする制度である。かつてイングランド銀行発行部は、金 1 オンスあたり 3 ポンド 17 シリング 9 ペンスの価格で金を買い取ることを義務付けられていた。逆に、銀行券の兌換請求があれば、3 ポンド 17 シリング 10 ペンス半でソブリン金貨を引き渡す義務を負っていた。したがって、金本位制のもとでは、各通貨は一定量の金の別名にすぎず、必然的に固定相場制になる。そして金融政策は中央当局の金準備によって制約される。なお、上述の 1920 年代初

頭におけるアメリカの金不胎化政策はこの金本位制のルールを反故にするものであり、当局が物価をコントロールしようというものであった。

　金本位制とは機械的なルールに基づいて自動調節が行われるシステムなどでは決してない。危ういバランスのもと、中央銀行の非常に繊細な裁量のもとで、はじめて維持可能になるものであった。経済学ではD.ヒューム以来、正貨の自動流出入メカニズムがよく知られているが、実際には理論上の自動調節メカニズムなど機能しないということを、金本位制復帰論者はその後、身をもって体験することになる。ケインズは早くからそのことを見通していたといえる。

　やがてノーマンも、1927～28年頃にはイングランド銀行の責務が他国と協調しながら国際金本位制を適切に管理していくことにあると考えるようになった（Sayers 1976, 邦訳（上）434～435頁）。ケインズはイングランド銀行を「国際的オーケストラの指揮者」にたとえている（JMK, vol. 6, p. 274）。

## 4　復帰後のイギリス経済と各国の状況

### (1)　復帰後のイギリス経済

　1925年以降は世界的に景気が回復し、ブームとなるが、イギリスはこの好況の恩恵をほとんど受けず、1920年代を通じて経済的低迷が続いた[8]。ポンド安定後に物価と賃金を一段と圧縮しようとしたことに伴って石炭スト、26年のゼネストが生じた。石炭、鉄鋼、造船、繊維、住宅建設は不況で、失業はウェールズとマンチェスターと北東部に集中していた。他方、新興産業やロンドン、南東部ではうまくいっており、自動車、化学、電気機器では雇用が増大していた（Kindleberger 1973, 邦訳37頁）。

　ケインズは1926年6月26日の『ネーション・アンド・アシニーアム』誌で金本位制復帰から1年あまりの経験を振り返っている。この間、イギリスの卸売物価は13％下がり、生計費は4％、賃金は1％下がった。同じ時期

にアメリカの卸売物価は6%低下している (JMK, vol. 19, p. 553)。イギリスは100万人を超える失業者を抱え、輸出産業である炭鉱業は、そのコストの大部分が労賃であり、実質賃金の上昇によって苦境に陥っていた。国際資金を保有するセンターとしてのロンドンの地位は金本位制復帰により向上したが、当初から懸念されていたとおり、国内経済は深刻な代償を支払うこととなった。

### (2) フランスによる金の吸収

第1次世界大戦後、フランスはたびたび国際的な投機筋のフラン売りにあい、資本流出に悩まされていた。フランは1926年に至るまで下落を続けた。第1次大戦終結後、1ドル5.4フランであった為替レートは、1926年7月には1ドル49フランとなり、対ドルでフランの価値は90%も減価していた (Bernstein 2000, 邦訳 375～376頁)。対ポンドでは、第1次大戦後の1ポンド25.22フランからブリアン政権下の1926年春には1ポンド145～170フランに、さらに7月のエリオ政権下では1ポンド243フランにまで下落した (Kindleberger 1973, 邦訳 29頁)。フランスの世論はこれらをドイツの仕業と見なしていたが、実際には対仏報復といった政治的意図ではなく、単にフランの減価を予想する投機筋の経済的理由による行動であった (Einzig 1931, p. 28)。またこうした投機にはフランス人自身が活発に参加していたという (Einzig 1931, p. 29)。デフレの進行により、国内外において通貨が流通の場から引き揚げられ、過剰なほどの金貨がイングランド銀行やフランス銀行に蓄積されていた。

当時、フランス人はイングランド銀行のノーマン総裁に不信感を抱いていた。ノーマンはドイツ贔屓でフランスを敵視しているように思われた。ノーマンはフランス語を流暢に話せたが、フランス銀行から人が来た場合、フランス語を話したがらなかったし、フランス大蔵省の人間とはそもそも話をしようとさえしなかったという (Sayers 1976, 邦訳 (上) 260頁)。ノーマンの掲げる金為替システムは、フランス側からは、ポンドを世界の基本通貨体

制の中心として強化するためのイギリスのたくらみと映り、反発を浴びた（Sayers 1976, 邦訳（上）259 頁）。フランス銀行総裁モローはノーマンを帝国主義者とみなしていたし、ノーマンはモローを技術的な経済金融問題に政治問題を持ち込んだと非難していた（Kindleberger 1973, 邦訳 32 頁）。

1926 年 7 月、ポアンカレが首相に復帰し、大蔵大臣を兼任した。その直後からフランは強くなった。ポアンカレはフランを切り下げ、1926 年秋には 1 ポンド 124 フランで固定された。

1926 年後半以降、フランスは金融的に立ち直り、国際金融上のバランス・オブ・パワーが変化した。1927 年までは 2 つのアングロ・サクソン国家が国際金融機能を実質的に独占していたが、ここにフランスが割って入ることとなった（Einzig 1931, p. 31）。

英仏の金融上の緊張は高まり、その最初の衝突が 1927 年 5 月に起こった。この月、フランスはロンドンに保有していた大量の金をイギリスから引き揚げたのである。フランスが金本位制に復帰するのは 1928 年 6 月のことであり、当時フランスはまだ金本位制に復帰していない。そうした状況におけるフランスの金引き揚げは、ロンドン市場の自由を利用するアンフェアな行為であるとみなされた。イギリスのメディアや当局の強い抗議を受けて、この行為はまもなく停止された（Einzig 1931, p. 35）。

しかしフランスへの金の流入はその後も続き、これにより各国中央銀行は金準備を防衛するため、利上げを強いられることになった。ホートレーはフランスによる金の吸収が、諸国の金融引締めを誘発し、不況の原因になったと考えた。「イングランド銀行とフランス銀行ともに金が不足している場合、いずれかが金を引き寄せようとしてとるいかなる手段も、他方による対抗策を誘発してしまう」（Hawtrey 1938, p. 45）[9]。フランスの金準備は 1926 年から 31 年のあいだに 4 倍に増えている（Coggan 2011, 邦訳 119 頁）。

### （3） アメリカのバブル

1927 年 7 月、景気後退と世界的な商品価格の下落を受けて、ニューヨー

ク連銀は利下げを行った。これが 1928 年のアメリカ株式市場の高騰の原因としてどれほど重視されるべきかは各種論争があるが、ダウ・ジョーンズ工業平均株価は 1924 年末から 1928 年初頭にかけて 2 倍に上昇した。結局、株式市場の投機を抑制するために、ニューヨーク連銀は、1928 年 2 月の 3.5% から 5% へ公定歩合を引上げた。商務長官のハーバート・フーヴァーはアメリカの株式市場の投機に警告を発していた（Kindleberger 1973, 邦訳 48 頁）。しかしクーリッジ大統領は 1929 年 3 月に至っても、アメリカの繁栄は全く健全であり、現在の株価は安いと明言していた（Kindleberger 1973, 邦訳 88 頁）。

カンリフ報告に明示されていた通り、イングランド銀行の金準備は 1 億 5000 万ポンド以上を維持することが基準となっていたが、1929 年 2 月はじめ、同行の金保有高はその水準を割り込んだ[10]。これを受け、イングランド銀行は 1929 年 2 月 7 日に金準備防衛のため公定歩合を 4.5% から 5.5% へ引上げた。マクミラン委員会でイングランド銀行副総裁サー・アーネスト・ハーベイは「2 月 7 日に、われわれがほとんど 2 年間も維持してきた 4.5% の公定歩合を引上げざるを得なくなりました」（マクミラン委員会証言録、1930 年 7 月 2 日、Question 7597）と述べている。

この時期、ニューヨーク連銀総裁ハリソンは割引率の引上げを勧告したが、FRB はこれを拒否している。1929 年 8 月 5 日、ノーマンは米仏の態度が変わらなければ、イギリスを含むヨーロッパ諸国が金本位離脱を余儀なくされる可能性に言及している（Clay 1957, p. 252）。その 4 日後の 8 月 9 日、ニューヨーク連銀は割引率を 5% から 6% へと引上げ、ノーマンを驚かせた（Clay 1957, pp. 252-253）。株式市場はこの利上げを無視した。

9 月 26 日にはイギリスの公定歩合は 5.5% から 6.5% へと引上げられた（Hawtrey 1938, p. 139; Sayers 1976, 邦訳（上）312～316 頁）。ハーベイによると、

> ニューヨークの株式投機は、もちろん、われわれ〔イングランド銀行〕

が 1928 年の全部と 1929 年の一部において対処しなければならなかった重要な要因でした。……イングランド銀行が、その時にとった行動、すなわち、わが国の市場を守るためには、公定歩合をどんなに高い水準まででも引上げる用意があるということを、だれの目にも見えるようにしたということは、われわればかりでなく、他のすべてのヨーロッパ諸国にもあれほどの損害を与えていた、投機的ブームを挫折させるうえでの 1 つの寄与的要因であったと思います（マクミラン委員会証言録、1930 年 7 月 2 日、Question 7597）。

その後、10 月にウォール街の株価が暴落すると、ニューヨーク連銀は 1929 年 11 月 1 日に公定歩合を 6% から 5% へ、11 月 15 日に 4.5% へと引下げた。11 月、フーヴァー大統領は減税を行ない、企業に対して賃金を下げずに投資を維持するよう求めた（Kindleberger 1973, 邦訳 112 頁）。

ロンドンでは公定歩合は 10 月 31 日に 6.5% から 6% へ、11 月 25 日に 5.5% へ、12 月 15 日に 5% へと引下げられた。さらにイギリスの公定歩合は 1930 年 3 月 6 日には 4% へ、3 月 20 日には 3.5% へ、そして 5 月 1 日には 3% へと引下げられた。この時期を通じてイングランド銀行の金準備は増加し、1930 年 5 月 1 日時点では 1 億 6300 万ポンドを保有していた（Sayers 1976, 邦訳（上）317、320〜322 頁）。

1929 年 11 月、イギリス大蔵大臣スノードンによって「金融および産業に関する委員会」、通称マクミラン委員会が設置された。ケインズもこの委員に任命されている。本章では紙幅の関係でこれについて詳述する余裕はないが、1929 年 6 月から 15 か月以内に卸売物価はアメリカで 13%、イギリスで 15%、フランスで 14%、ドイツで 9% 下落していたことを受け、デフレを問題視し、国際協力による物価引上げ策が模索された。

(4) 『貨幣論』

ケインズは 1930 年 9 月に刊行された『貨幣論』では、妥当な程度の国内

的自主性の確保のための、ある程度の保護政策と妥協とを前提とすれば、「金をわれわれの国際的標準として持ち続けることには大きなかつ明白な利益がある」ことを認めている。ただし、それは「われわれが、この金属を、各中央銀行から構成され、統治権をもつことになる1つの内閣の意思に完全にしたがうような、立憲的君主として維持しうることを前提として」であった。そして「金の価値それ自体を、ある種の超国家的制度の媒介によって管理する方法」を模索している（JMK, vol. 6, p. 348）。

　　国際金本位制は、各中央銀行が、モンタギュー・ノーマン氏の指導の下においてイングランド銀行が示したような（いくつかの事柄では、どれほどそれが誤りを犯してきたにもせよ）、公共の精神に基づく方策を発展させ、そして、それを実行するのでなければ、長期にわたって持続することは決してできない（JMK, vol. 6, pp. 348-349）。

『貨幣論』第37章では1930年の景気沈滞の問題が論じられている。そして処方箋として、イングランド銀行とFRBが協調して短期利子率を非常に低い水準に維持し、中央銀行貨幣の膨張によるか、あるいは短期証券の売却によって、長期証券を買い上げることを提唱している（JMK, vol. 6, pp. 346-347）。ただし、こうした低金利政策も、特定の国だけが単独で実施しても、より金利の高い国に資金が流出する結果に終わってしまい、あまり大きな効果は見込めない。十分な効果をあげるためには、中央銀行間の連携が不可避であった。

### (5) 終焉

　1931年5月11日、オーストリア政府によりクレジット・アンシュタルトの危機が表明されると、これが恐慌の引き金となった。同行はオーストリア最大の商業銀行で、オーストリアの預金総額の半分以上を保有していた。ベルギー、オランダ、スウェーデン、スイスといった小国の商業銀行は、在独

資産を凍結されて流動性を失い、金準備を増やすためにポンドを売った（Kindleberger 1973, 邦訳 134〜135 頁）。イギリスは金の急激な流出とポンド残高の引き揚げにあい、最終的に、1931 年 7 月 19 日、イギリスは金兌換停止に追い込まれた。ポンドは暴落し、1 ポンド 4.86 ドルの旧平価に対して、1931 年 12 月には 1 ポンド 3.25 ドルまで下落していた。また、イギリスが金兌換を停止すると、他の多くの国がこれに追随した（Bernstein 2000, 邦訳 397 頁）。1931 年 9 月中旬の時点で、フランスの金準備は 5 億ポンド近くあったのに対し、イギリスのそれは 1 億 3000 万ポンドにすぎなかった（Einzig 1931, p. 122）。ポンド危機の時点で、イギリスの物価は 1925 年に比べて 38％ も下落していた（Bernstein 2000, 邦訳 392 頁）。

これによりイギリスの金本位制は終焉を迎えるが、ポンドの下落により、イギリスの景気は回復に向かい始める。また、金準備防衛のための引締め政策という足枷から逃れられたことで、デフレ政策をとらなくてもよくなったことはプラス材料であった。

1931 年 9 月 27 日の『サンデー・エクスプレス』にケインズは「世界の将来」と題する論説を発表した。そして「自分たちをしばっていた黄金の枷がはずされて喜ばないようなイギリス人は、ほとんどいない。われわれは、ついに分別のあることを行ないうる自由裁量を手にするようになったと感じている」（JMK, vol. 9, p. 245）と述べている。金本位制停止は「世界の金融史に新たな一章を開くもの」（JMK, vol. 9, p. 249）と考えられた。

金本位制をとる国は 1931 年には 47 か国存在していたが、次々と数を減らし、1933 年にはアメリカが金の海外輸出を禁止し、1936 年、金本位制は歴史的使命を終えた[11]。

注
1) なお、本章でいうデフレ政策とは、主に金本位制復帰に向けた一連の動きを指すが、復帰後の動向については、イングランド銀行副総裁アーネスト・ハーベイは次のように弁明している。「イングランド銀行のいわゆるデフレ政策について、たくさんのことが、時々いわれます。私は、こういう政策のことは知りません。そして、イン

グランド銀行がどういう政策をとるにせよ、インフレ政策にせよデフレ政策にせよ、いまやわれわれは金本位のもとにあるのですから、イングランド銀行はその政策を強行しうる力を、全く限定された範囲内でしかもっていないということが、時として忘れられていると思います」(マクミラン委員会証言録、1930 年 7 月 2 日、Question 7597)。

2) ケインズは戦前に刊行された処女作『インドの通貨と金融』(1913 年) において既に金本位制の問題を詳細に検討し、「完全にして自動的な金本位制が欧州においていかに稀なものであるか」を示し (JMK, vol. 1, p. 17)、イギリスの制度は独特のものでありインドのような他の環境には適しないこと (JMK, vol. 1, p. 11)、金本位制は国際金融におけるロンドンの特殊な地位と密接に関連しており、インドのような国では金為替本位制が適していることを論じていた。

3) 1923 年 10 月に行われた労働大臣バーロウの演説は、市場の動揺とポンドの軟化を招き、ポンドはノーマンの条件を割り込むほど急落した (Sayers 1976, 邦訳 (上) 181 頁)。

4) 1923 年 7 月のイギリス産業連盟の覚え書では、金本位制への復帰よりも物価の安定 (下落阻止) の方がより緊急な課題であると強調されたという (Sayers 1976, 邦訳 (上) 182 頁)。

5) 実際にはケインズの見解は時期により変化している。大戦終了直後にはカンリフ委員会の主張を是認し、旧平価でのイギリスの金本位復帰を否定していないが、戦後恐慌を受けて、金本位復帰には平価切下げが必要と考えるようになった。さらにその後、アメリカが金不胎化政策をとると、金本位復帰それ自体に批判的となった。この顛末については浅野 (2005) も参照。

6) なお、各国中央銀行および大蔵省保有の金準備の推移については JMK, vol. 6, p. 265 を参照。

7) 金本位制復帰をめぐる評価については様々な議論がある。セイヤーズは、仮にケインズの主張に沿って 1925 年に 1 ポンド＝4.40 ドルへと平価切下げを行っていたとしても、どれほどの効果があったか懐疑的な見方を示している (Sayers 1970, 邦訳 60 頁)。

8) クラークは、「金本位制を、1920 年代後半におけるイギリスの経済的困難全般の根本原因として咎めだてる必要はない。しかし、イギリスの経済的回復が相変わらず捉えがたいままであるのに、例えばアメリカ合衆国は好況を享受していたのだから、金本位制は回復に何の役にも立たなかったのである」と述べている (Clarke 1996, 邦訳 126 頁)。

9) 公定歩合の引上げが外国為替ポジションを回復する過程を、ホートレーは 3 つの段階で考えている。第 1 に、外国資金が高い短期金利を求めて一時的にロンドンに引き寄せられる。第 2 に、イギリスの産業活動が減退して、その結果生じる購買力の低下が財やサービスの輸入の減少を招く。第 3 に、デフレ過程が広く海外にみられるとき、イギリスと他国との金利差が金を引き寄せる。イングランド銀行の公定歩合引上げの目的が達成されるのはこの最後の段階のみであるが、これは他の反作用を招き、不安定なものである (Hawtrey 1938, p. 45)。

10) 1929年1月時点での各国中央銀行の金準備残高は、連邦準備銀行が5億4100万ポンド、イングランド銀行が1億5400万ポンド、フランス銀行が2億6300万ポンド、ライヒスバンクが1億4300万ポンドであった（JMK, vol. 19, p. 779）。
11) 本稿においては紙幅の都合により素描的な議論にとどめざるを得なかったが、金本位制と経済思想史との関連については、いずれ別の機会に詳しく論じたいと考えている。

**参考文献**

Bernstein, P.L. (2000) *The Power of Gold: The History of an Obsession*, Wiley. （鈴木主悦訳『ゴールド——金と人間の文明史』日本経済新聞社、2001年）。

Boyle, A. (1967) *Montagu Norman: A Biography*, Cassell.

Clarke, P. (1996) *Hope and Glory: Britain 1900-1990*, Penguin. （西沢保他訳『イギリス現代史1900-2000』名古屋大学出版会、2004年）。

Clay, H. (1957) *Lord Norman*, Macmillan.

Coggan, P. (2011) *Paper Promises: Money, Debt and the New World Order*, Penguin. （松本剛史訳『紙の約束——マネー、債務、新世界秩序』日本経済新聞出版社、2012年）。

*Committee on Finance & Industry Report: Presented to Parliament by the Financial Secretary to the Treasury by Command of His Majesty, June, 1931*, HMSO. （加藤三郎・西村閑也訳『マクミラン委員会報告書』日本経済評論社、1985年）。

Davis, E.G. (1981) "R.G. Hawtrey, 1879-1975," in D.P. O'Brien and J.R. Presley (eds.) *Pioneers of Modern Economics in Britain*, Macmillan. （井上琢智他訳『近代経済学の開拓者』昭和堂、1986年）。

Dostaler, G. (2007) *Keynes and his Battles*, Edward Elgar. （鍋島直樹・小峯敦監訳『ケインズの闘い——哲学・政治・経済学・芸術』藤原書店、2008年）。

Eichengreen, B. (1996) *Globalizing Capital*, Princeton University Press. （高屋定美訳『グローバル資本と国際通貨システム』ミネルヴァ書房、1999年）。

Einzig, P. (1931) *Behind the Scenes of International Finance*, Macmillan.

—— (1932) *Montagu Norman: A Study in Financial Statesmanship*, Kegan Paul, Trench, Trubner and Co.

Hawtrey, R.G. (1919) The Gold Standard, *The Economic Journal*, Vol. 29, No. 116 (Dec.), pp. 428-442.

—— (1922) The Genoa Resolutions on Currency, *The Economic Journal*, Vol. 32, No. 127. (Sep.), pp. 290-304.

—— (1932) *The Art of Central Banking*, Longmans, Green and Co.

—— (1938) *A Century of Bank Rate,* Longmans, Green and Co. （英国金融史研究会訳『金利政策の百年』東洋経済新報社、1977年）。

Keynes, J.M. *The Collected Writings of John Maynard Keynes*, Macmillan.
　Vol. 1: *Indian Currency and Finance*. （則武保夫・片山貞雄訳『インドの通貨と金融』東洋経済新報社、1977年）。

- *Vol. 4: A Tract on Monetary Reform.*（中内恒夫訳『貨幣改革論』東洋経済新報社、1978年）。
- *Vol. 5: A Treatise on Money: The Pure Theory of Money.*（小泉明・長澤惟恭訳『貨幣論 I 貨幣の純粋理論』東洋経済新報社、1979年）。
- *Vol. 6 A Treatise on Money: The Applied Theory of Money.*（長澤惟恭訳『貨幣論 II 貨幣の応用理論』東洋経済新報社、1980年）。
- *Vol. 9: Essays in Persuasion.*（宮崎義一訳『説得論集』東洋経済新報社、1981年）。
- *Vol. 19: Activities 1922-1929 The Return to Gold and Industrial Policy (Part I, II).*（西村閑也訳『金本位制復帰と産業政策——1922〜29年の諸活動』東洋経済新報社、1998年）。

Kindleberger, C.P. (1973) *The World in Depression 1929-1939*, University of California Press.（石崎昭彦・木村一朗訳『大不況下の世界 1929-1939』東京大学出版会、1982年）。

*Minutes of Evidence taken before the Committee on Finance and Industry, 1931*, HMSO.（西村閑也訳『マクミラン委員会証言録 抜粋』日本経済評論社、1985年）。

Moggridge, D.E. (1972) *British Monetary Policy 1924-1931: The Norman Conquest of $ 4.86*, Cambridge University Press.

Morgan, E.V. (1952) *Studies in British Financial Policy, 1914-25*, Macmillan.

Robertson, D.H. (1948) *Money*, 4th ed., Nisbet and Cambridge University Press.（安井琢磨・熊谷尚夫訳『貨幣』岩波書店、1956年）。

Sayers, R.S. (1970) "The Return to Gold, 1925," in Pollard, S. (ed.) *The Gold Standard and Employment Policies between the Wars*,（田中生夫訳「1925年の金本位制復帰」『昭和前期通貨史断章』所収、有斐閣、1989年）。

——(1976) *The Bank of England 1891-1944*, Vol. 1-2, Cambridge University Press.（西川元彦監訳、日本銀行金融史研究会訳『イングランド銀行 1891〜1944年』（上・下）、東洋経済新報社、1979年）。

Taylor, A.J.P. (1965) *The Oxford History of England, Vol. 15, English History 1914-1945*, Clarendon Press.（都築忠七訳『イギリス現代史 1914〜1945』みすず書房、1987年）。

浅野栄一（2005）『ケインズの経済思考革命——思想・理論・政策のパラダイム転換』勁草書房。

伊藤宣広（2007）『ケンブリッジ学派のマクロ経済分析——マーシャル・ピグー・ロバートソン』ミネルヴァ書房。

本山美彦編著（1994）『貨幣論の再発見』三嶺書房。

第7章

# 近代成長期における群馬県のデフレーション

今野　昌信

## 1　はじめに

　本章の目的は、明治以降に始まる日本の近代的な産業形成と物価の変動を振り返り、それと対比しながら群馬県の産業形成と物価の変動をみることにある。時代区分としては、1880年以降、特に大正期から昭和初期にあたる1910年代から30年代に焦点を当てる。群馬県と高崎市を中心に、資料の許す限り県内の産業形成の歴史を確かめながら、物価の動き、特に20年代から30年代のデフレーションを意識して観察することにある。

　明治期に始まった日本の近代化は工業化を実質的な内容としている。近代日本の経済成長に関しては南（1984）、中村（1993）などの経済成長理論に依拠した先行研究がある。消費・投資の拡大や輸出振興政策が国内生産の増大をもたらし、あわせて近代的な通貨・金融制度を準備しつつ通貨供給を行ったが、それらの政策とともに物価がどのような動きをみせたのかが検討されている。近代以降の日本の経済成長、とりわけ1950年代からの高度経済成長期は「インフレ的成長」と呼ばれるように、経済成長にインフレーションが付随する動きが多く観察されている。デフレーションがみられたのは、戦前では1920年代から30年代であり、45年以降では1990年代以降の平成不況期において2000年代前半に観察されたデフレーションが知られているが、インフレーションに比較して観察された回数はそれほど多くはないといわれる。そのためかインフレーションに関する研究は多くの蓄積があるが、

デフレーションに関するそれは前者に比較して少ないといわれている。地域経済研究においてもそのようである。地域経済においてデフレーションはどうであったのか、それを検討するのが本章の狙いである。

　第2節では生産活動と通貨残高の動きを観察し、一般的な経済状況を確認しながら近代日本の経済成長を概観しよう。続く第3節では、この時期の産業社会の形成と経済成長、そして物価の変動に関し、幾つかの先行研究を検討して10年代半ば以降のデフレーションの特徴を考えてみることにしよう。第4節では群馬県内の産業形成を資料で振り返りながら、消費者物価を中心に群馬県と高崎市のデフレーションを取り上げることにしよう。おわりに、以上の分析をまとめて結論を導くことにする。

## 2　GNPと通貨

　表7-1は1885年から1940年までの日本の名目国民総生産、実質国民総生産、そして通貨[1]残高を100万円単位で5年ごとに示している。名目値では85年に8億円であったGNPが95年では15.5億円、1905年には30.8億円へ増加している。1895年から1905年に2.92倍、1915年から25年には3.26倍、1885年から1940年までの55年間で45.7倍へと増大している。一方実質値は10年ごとに1.24倍から1.51倍、平均では1.35倍とほぼコンスタントに増加しているので、名目値の動きは通貨残高の影響が予想される。そこで次に図7-1を見てみよう。図7-1は名目国民総生産ほか2変数の成長率を示している。時代によって多少の違いはあるものの、名目国民総生産と通貨残高がほぼ密接して変化している様子がうかがえる。1886年から1940年までの名目GNP成長率と通貨増加率との相関係数は0.79と高く、実質GNP成長率と通貨増加率との相関係数0.43を超えている。この相関性は、1914年に始まる第1次世界大戦から20年代の初めにかけては特にそうであった。この間の通貨残高は1915年の6億3000万円から20年には19億3649万円へ3倍の増加をみている。こうした変動の大きさは近代社会の確立期という

表 7-1　GNP と通貨

(百万円)

| 年 | 名目 GNP | 実質 GNP | 通貨残高 | 年 | 名目 GNP | 実質 GNP | 通貨残高 |
|---|---|---|---|---|---|---|---|
| 1885 | 806 | 3,852 | 177.82 | 1915 | 4,991 | 8,527 | 630.09 |
| 1890 | 1,056 | 4,583 | 206.41 | 1920 | 15,896 | 11,422 | 1,936.49 |
| 1895 | 1,552 | 5,798 | 282.00 | 1925 | 16,265 | 12,332 | 2,097.86 |
| 1900 | 2,414 | 6,232 | 321.61 | 1930 | 14,671 | 13,882 | 1,889.21 |
| 1905 | 3,084 | 6,769 | 437.47 | 1935 | 18,298 | 18,366 | 2,317.00 |
| 1910 | 3,925 | 7,834 | 593.70 | 1940 | 36,851 | 22,848 | 6,000.21 |

出所）大川ほか（1987）200 頁、安藤（1993）2〜5 頁、をもとに筆者作成。

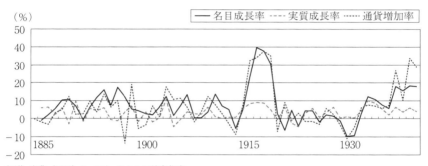

出所）安藤（1993）2〜5 頁、をもとに筆者作成。

図 7-1　GNP 成長率と通貨増加率

日本の置かれた時代状況とも無関係ではないであろう。表 7-2 は 1906 年から 35 年までの日本の政治・経済・外交のおもな動きを一覧表にまとめたものである。

　1914 年 7 月に欧州で第 1 次世界大戦が勃発すると、翌 15 年から日本では戦争景気が始まり、18 年 7 月には米価騰貴を原因とする米騒動が富山県から全国各地へ広がった。図 7-1 にみるように、通貨残高の増大に伴い、名目 GNP 成長率が 40％ にも達したのがこの時期である。19 年 6 月にヴェルサイユ条約が締結され、終戦をむかえたあと、20 年ころから米価・株価・綿糸価格が暴落する戦後恐慌が始まっている。この年 5 月には茂木合名が、22 年 2 月には材木商石井定七商店が経営破綻するなどの事件が起こった。23

表 7-2　1906年から1935年の政治・経済・外交

| 年 | 政治 | 経済 | 外交 |
|---|---|---|---|
| 1906 | 2.24 日本社会党第1回大会 | 11.26 南満州鉄道株式会社設立 | 米日本人移民排斥運動 |
| 1907 |  | 1907年恐慌、日本製鋼所設立 | 7.24 第3次日韓協約 |
| 1908 | 10.13 戊申詔書発布 | 12.1 東京米穀商品取引所発足 | 12.28 東洋拓殖会社設立 |
| 1909 | 10.26 伊藤博文暗殺 | 生糸輸出世界一、三井合名設立 |  |
| 1910 | 5.25 大逆事件 |  | 8.22 韓国併合条約調印 |
| 1911 |  | 3.29 工場法・蚕糸業法公布 | 2.21 日米新通商航海条約 |
| 1912 | 8. 友愛会 12. 第1次護憲運動 |  | 中華民国成立 |
| 1913 | 2. 大正政変 |  |  |
| 1914 | 1. ジーメンス事件 |  | 7.28 第1次世界大戦始まる |
| 1915 |  | 大戦景気始まる | 1.18 21ヵ条要求 |
| 1916 | 10.10 憲政会結成 |  | 7.3 第4次日露協約 |
| 1917 |  | 1.20 西原借款 9.12 金輸出禁止 | 11.2 石井・ランシング協定 11.7 ロシア革命 |
| 1918 |  | 7-9 米騒動 | 1.18 ウィルソン14ヵ条講和 8.2 シベリア出兵 |
| 1919 | 小選挙区制 | 立憲政友会積極政策 | 6.28 ベルサイユ条約・五四運動 |
| 1920 | 5.2 第1回メーデー 12.9 日本社会主義同盟結成 | 5. 茂木合名破綻 6. 米価・株式・綿糸暴落 | 1.10 国際連盟発足 |
| 1921 |  | 小作争議頻発 | 12.13 ワシントン会議4カ国条約 |
| 1922 | 4.9 日本農民組合 7.15 日本共産党創立 | 2.28 材木商石井定七商店破綻 | 2.6　9ヵ国条約 |
| 1923 | 9.1 関東大震災 12.27 虎の門事件 | 9.7 暴利取締令施行 |  |
| 1924 |  | 7.22 小作調停法公布 |  |
| 1925 | 4.22 治安維持法 5.5 普通選挙法公布 | 3.30 輸出組合法公布 | 1.20 日ソ基本条約調印 5.30 事件 |
| 1926 | 6.24 府県制・市町村制改正公布 | 3.29 輸出生糸検査法公布 |  |
| 1927 | 6.-7. 対支政策綱領 | 4.5 鈴木商店破綻、金融恐慌 | 5.4 ジュネーヴ国際経済会議 5.28 山東出兵 6.20 海軍軍縮会議 |
| 1928 | 3.15 事件 | 4.10 日本商工会議所設立 | 5. 済南事件 6.4 張作霖爆殺 8.27 不戦条約 |
| 1929 | 4.16 事件 | 夏、綿製品価格下落 | 10. ニューヨーク株価暴落 |
| 1930 | 昭和恐慌 | 1.11 金輸出解禁 3. 生糸相場 10. 米価下落 | 4.22 ロンドン条約 |
| 1931 | 4.1 重要産業統制法 | 農業恐慌 12.13 金輸出再禁止 | 9.18 柳条湖事件 |
| 1932 | 5.15 事件 | 1.18 全国製糸業組合連合会設立 | 1.28 上海事件 9.15 日満議定書 |
| 1933 |  | 3.29 米穀統制法公布 4.6 日本製鉄株式会社法公布 | 2.22 熱河作戦開始 3.27 国際連盟脱退 |
| 1934 | 9.21 室戸台風 11月事件 | 3.27 不正競争防止法公布 | 12.29 ワシントン条約破棄対米通告 |
| 1935 | 8.3 国体明徴声明 | 3.2 日蘭会商決裂 |  |

出所）日本銀行金融研究所（H5）ほか、をもとに筆者作成。

年9月の関東大震災に続き、27年には金融恐慌が発生するなか鈴木商店が経営破綻した。2年後の29年夏には綿製品の価格下落が始まり、翌年3月に生糸相場が、10月には米相場が暴落し、経済は恐慌の様相を深めていった。昭和恐慌である。31年には農業分野へ恐慌が広がっていった。図7-1と重ね合わせてみれば、1926、27年ころに一時的な通貨の増大が見られるものの、25年以降は通貨の増加も名目GNPの成長も大きくマイナスに落ち込んでいるのがわかる。その一方で実質GNP成長率は僅かながらプラスで推移し、名目GNP成長率との乖離が拡大している。通貨と名目GNPの成長率がプラスに転じるのは31年ころからであるが、その後は逆に実質GNP成長率が鈍化し始めている。

　名目GNPを実質GNPで割ってGNPデフレータを求め、1886年から1940年までのその変化率と通貨増加率との動きを示しているのが図7-2である。両者の相関係数は0.69であった。名目GNP成長率と通貨増加率とのそれに比べて相関性が低いのは、物価が通貨増加率の動きに影響を受けつつも、それ以外の要因によっても影響される可能性を示唆している。必ずしも貨幣数量説で全てが理解されるというわけでもないようである。

　近代化の過程では国内で生産される製品の生産額が増大しただけではなく、その種類や取引規模も拡大し、貿易を通じて海外の経済動向からも影響を受けている。表7-2が示すように、この当時の日本は金本位制度の整備を進めていた時期でもあり、実質的な銀本位制度から1897年10月に金本位制度を確立したが、20年後の1917年9月には金輸出が禁止となり、30年1月に金解禁となるまでのおよそ13年間は変則的な外国為替制度であった。昭和恐慌が深刻化する中で再び金輸出禁止措置がとられた31年12月以降は、次第に統制経済へと進んでいった。したがって、20年代、30年代の物価の動きは、自由貿易市場を通じた国内外の価格調整メカニズムが作動しにくい状況がもたらした影響をも考慮しなければならないであろう。

　そうした時代に、1885年以降では90年、1900年、07年に、20年以降では20年、27年、30年とほぼ10年周期で経済恐慌が発生している。金本位

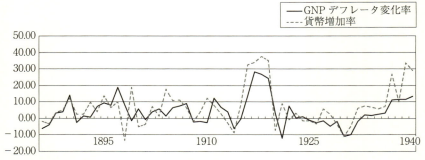

出所）大川ほか（1987）200頁、安藤（1993）2〜5頁、をもとに筆者作成。

**図 7-2　GNP デフレータ変化率と通貨増加率**

制度が機能した20年間に入るのは1900年と07年の2つの恐慌であり、20年、27年の恐慌は金輸出禁止の時期に発生している。経済成長の過程にみられる景気や物価の変動は、通貨と市場インフラの要因以外に、はたしてどのような要因によって起こるのであろうか。第3節では、先行研究をサーベイして近代的な産業社会の形成過程を概観し、併せて物価の変動をみておこう。

## 3　産業社会の形成と物価の変動

大川ほか（1987）や梅村ほか（1987）などの長期経済統計を援用して記述された日本経済史のなかに西川・阿部（1990）などの研究成果がある。そのシリーズでは1885年から1914年までを西川・阿部（1990）と西川・山本（1990）が、1914年から37年までを中村・尾高（1989）がそれぞれ扱っている。1885年を始点とするのは松方デフレの影響が和らぎ、実質GNPが3％の成長をみせ、日本の産業化がスタートしたとの判断による[2]。また1914年を時期区分の根拠とするのは、同年を境にその前は工業成長が産業間で不揃いであるが、その後は歩調が揃うようになった点をあげている[3]。

近代化の過程を産業形成の視点から見て、在来産業とその機械化および海外からの技術導入による国家的なプロジェクト事業の時代と二重構造が形成される時代とに二分している。

1914年以前では食料品工業が製造業生産額のほぼ半分を占めており、清酒、みそ・醤油などの醸造業や製茶業、製糸・綿織物工業、藍製造業などがその中心であった。これら在来産業の19世紀後半からの発展とともに当時の人々の消費も増大している。しかし消費品目は開国以前とそれほど変わらなかったが、舶来品の輸入からその代替をめざす産業化にともなって消費財の種類は次第に増加していった。したがってこの時代の物価は人民常食の米・麦などとともに上記の生産物価格がウェイトをもつ。その一方で、例えば製糸業では1872年に富岡製糸場、77年には新町紡績所が開業するなど、殖産興業政策による大型の繊維工業が導入されている。機械製糸の技術が在来の座繰製糸に入り交じり普及することで生糸の生産が増大し、糸価も変動したと思われる。製糸業のみならず蠟・和紙などの在来産業に加え、洋紙や肥料など近代的な化学工業も興隆し、産業の多様化も進んだのが14年以前である。

第1次世界大戦が始まった14年以降、日本は繊維製品を中心に、化学製品や輸送機械などを輸出する典型的な輸出先行型成長[4]を果たし、企業勃興期を迎えた。それにより都市化が進み、同時に第1次産業従事者数の減少がみえ始めた。欧州・東南アジア向けの輸出増加による黒字の累積が中国など海外への資本輸出を可能とし、また、鉄道・造船業に続き電力事業が勃興して、動力革命に歩調を合わせ電気機械工業、電気化学工業、電気精錬工業などが産業の近代化を担ったのが20年代であった。京浜、阪神、中京、北九州の4大工業地帯が形成され、そこに官庁街、商店街、企業本社や工場が集積し、都市労働者が都市部郊外に延びる私鉄沿線に住宅地を持つ都市型のライフスタイルが造られていった。都市型の生活形態が普及するのに合わせ、生活様式の洋風化や食材の多様化が進み、食品や生活用品など消費財の種類が増え、消費者物価は宅地価格や賃貸料、各種サービス価格などを反映する

ようになっていった。

29年7月に成立した浜口雄幸内閣の井上準之助蔵相が、翌30年1月に旧平価での金解禁を発表するや株価と物価が下落を始め、発表後に横浜正金銀行の売り為替取扱高は2億3400万円に達した。31年12月に金の輸出を再び禁止するまで正貨が流出しただけでなく、実質的な円切り上げと29年10月に始まった世界恐慌のため海外の需要は大きく低減し、30年代は昭和恐慌で始まった。31年12月に犬養毅内閣の高橋是清蔵相が金輸出再禁止と低金利、財政支出拡大政策を打ち出していった。その政策に弾みを受けて日産など新興財閥が勃興し、日本の重化学工業化が促進されたが、企業カルテルによる経営効率化をねらった31年4月の重要産業統制法公布を皮切りに、また同年9月の柳条湖事件後の軍部の台頭もあり、次第に統制経済へと移行していく。

以上は近代産業社会の確立についての概略である。1885年は、松方正義大蔵卿が5月に政府紙幣の銀貨兌換を翌86年1月から実施することを建議した年であった。幕末から続いた貨幣制度の混乱が収束に向かうとの希望がみえ始めた年でもあった。1914年は、大戦景気により明治末からの不況と財政危機が解消し、輸出増大によって貿易収支の改善が見込まれるようになった年である。近代産業社会への転換を準備し、その30年後さらに産業構造を転換していく画期となった。この間、消費財と投資財は生産額・種類ともに増大していくが、物価も変動している。次いで物価の変動を整理してみよう。

松方が1881年10月に大蔵卿に就任すると、翌82年8月に緊縮財政による正貨蓄積を建議、83年5月に当時の国立銀行に不換紙幣消却を命じるなどの政策を実施したため通貨が収縮し、デフレーションを引き起こした。84年7月に歳入余剰金による政府紙幣消却を廃止し、86年1月に日銀が政府紙幣の銀貨兌換を開始して、ようやく通貨価値が安定し始めた。西川・阿部(1990)は寺西推計を援用し、GNPデフレータは83年に3.3％、84年に7％、85年には4％の低下を示したので、85年で松方デフレが完全に終わっ

たとは言い切れないという[5]。85年以降でも松方デフレの影響は残ったと思われる。図7-2を見れば、1885年から95年ころまでGNPデフレータの変化率はプラスでしかも増大している。1905年ころからそれはプラスからマイナスに低下し、14年ころマイナスからプラスに大幅に上昇している。これは世界大戦がもたらしたインフレーションであり、その原因としては図が示すように国内通貨量の増大があげられる。金本位制下で、欧州・東南アジア方面への輸出増加に応じて正貨が増大し、それに対応して通貨残高が増えたためであった。20年ころGNPデフレータの変化率はプラスからマイナスへ変化し、戦後恐慌が現れた。この時期のデフレーションの原因として中村・尾高（1990）は、戦時中に立てられた設備投資計画の中断による国内需要の減少と米国のデフレーションにともなう米国向け輸出の減少という2つの需要要因を指摘している[6]。そして20年以降繊維工業の実質賃金は金属・機械などに対して相対的に低下をみせたという。また、このころから国産米は供給超過になりはじめ、米価の下落圧力を強めていった。関東大震災が発生した23年辺りから30年代前半までGNPデフレータの変化率はマイナスでしかもその低下幅は大きくなっている。その後は金解禁と世界恐慌の煽りで昭和恐慌が深刻化し、輸出割合が大きい生糸・綿糸や金属製品で価格が崩落したにも拘わらず、国内での生糸・綿糸の生産は落ち込まなかった。30年代のデフレーションは供給超過に原因があるといわれる。

　南（1984）は、明治以降における物価の絶対的な低下が松方デフレと第1次大戦後の戦後恐慌に2度みられたことを指摘している。農業など1次産業の生産物価格は鉱工業のそれに対して物価の下降局面で相対的に低下するという。農産物供給が需要の変化に敏感に反応しえないことに原因を求めている[7]。また中村（1993）は、貨幣数量説の妥当性は問わずとも45年以前においては通貨供給が物価水準に対して決定的な影響力をもっていたという[8]。内田（2003）は、1937年以前には戦争の勃発をきっかけにインフレーションが生じ、戦争が終わるとデフレーションになるという物価変動が4度[9]起こったという。戦争勃発で需要が増大し、また戦費調達手段として国

債を発行したため過剰流動性からインフレーションが生じた。戦争が終結すると財政支出の抑制と輸入増加に伴う経常収支赤字から金融引き締め政策がとられた。そのくり返しが物価変動を引き起こしたという。デフレーションの原因として重視する要因はそれぞれ異なっているが、それが複合的な原因をもつ現象であることは確かなようである。

さて、群馬県では1885年以降どのように産業が形成され、どのような商品が人々の消費生活を支えたのだろうか。そして物価はどう推移したのであろうか。節を改めて取り上げてみよう。

## 4  群馬県の産業形成と物価の変動

『明治十六年群馬県統計書』の「勧業の部・農業」では県内各郡におけるうるち米ほか22種類[10]の農産物の生産量と段別を記載している。他には製茶と牧畜のデータがある。明治22（1889）年の統計書も同じスタイルでどちらも生産額の記載はない。明治38（1905）年のそれでは、地域別データの記載がなくなり、農家、米・麦、家畜、屠畜、林野伐採・植栽、養蚕、蚕糸、織物、酒・醤油、輸出入、貯金の14項目に分かれ、それぞれ説明文が付されている。穀類では例えば、うるち米、陸稲、もち米の3種類を米にまとめ、稗・粟などの雑穀は記載項目から除かれている。明治41（1908）年統計書では、上記14項目に会社と重要物産の2項目が加わった。各項目にはそれぞれ解説があり、米・麦などは1町歩当たりの収穫高も記されている。重要物産とは米・麦のほか15品目であり、生産総額が付され一覧表になっている。このスタイルが以後踏襲されている。明治41年統計書では陶磁器などを工産品にまとめ、鉱産物が含まれている。さらに大正7（1918）年統計書では蚕種、木炭のほかに機械製麦粉、絹紡績糸、用材など工業生産物が加えられている。統計書とそのスタイルを確立する過程からも群馬県における産業形成の様子がうかがえる。

1900年代では農林、牧畜、養蚕、織物、醸造業が主要産業であり、30年

後にはそれらに製糸業、食品工業などが加わり、在来の産業が機(器)械化することで工業化が進んでいる。大正7年の統計書から生産価額の大きい順番に重要物産が並んでいるが、織物5300万円、生糸・熨斗糸など蚕糸類4100万円、繭3500万円、米2500万円と続いている。20年後の昭和13(1938)年でもその順番はほとんど変わらず、織物6700万円、蚕糸類4000万円、米3200万円となっている。このあと麦、繭、製粉、紡績と続き、明治以来の在来産業である農業、養蚕業、織物工業を中心に、紡績機など機械製糸の技術を導入しながら生産額を増大させてきたといえよう。富岡製糸場や新町紡績所の開業など、殖産興業政策の導入が奏効したようである。

表7-3は1915年から38年まで群馬県の農産ほか5つの産業[11]における生

表7-3 群馬県の生産額

(単位:100万円)

| 年 | 農産 | 畜産 | 林産 | 鉱産 | 水産 | 工産 | 合計 |
| --- | --- | --- | --- | --- | --- | --- | --- |
| 1915 | 28.3 | 0.8 | 2.1 | 0.3 | 0.1 | 40.3 | 71.9 |
| 1916 | 40.0 | 0.9 | 2.5 | 0.3 | 0.1 | 55.7 | 99.5 |
| 1917 | 59.8 | 1.1 | 3.7 | 0.4 | 0.2 | 84.8 | 149.9 |
| 1918 | 88.3 | 1.5 | 5.7 | 0.5 | 0.2 | 119.0 | 215.3 |
| 1919 | 120.4 | 2.4 | 8.2 | 0.8 | 0.3 | 189.6 | 321.7 |
| 1920 | 78.3 | 2.6 | 6.5 | 0.6 | 0.3 | 127.1 | 215.5 |
| 1921 | 78.1 | 3.2 | 8.6 | 0.8 | 0.4 | 192.7 | 283.8 |
| 1925 | 109.1 | 3.8 | 8.3 | 0.9 | 0.2 | 175.5 | 297.9 |
| 1926 | 92.3 | 3.7 | 5.8 | 1.1 | 0.4 | 137.9 | 241.2 |
| 1927 | 81.7 | 3.5 | 5.8 | 1.3 | 0.4 | 132.1 | 224.8 |
| 1928 | 79.5 | 3.7 | 5.9 | 1.6 | 0.5 | 151.9 | 243.2 |
| 1929 | 79.5 | 3.9 | 4.7 | 1.1 | 0.4 | 166.1 | 255.7 |
| 1930 | 50.4 | 3.4 | 3.5 | 1.2 | 0.4 | 138.6 | 197.4 |
| 1931 | 44.1 | 3.3 | 3.3 | 1.0 | 0.5 | 123.5 | 175.6 |
| 1932 | 46.4 | 3.8 | 3.3 | 0.9 | 0.4 | 124.8 | 179.6 |
| 1933 | 71.1 | 3.3 | 4.2 | 1.4 | 0.4 | 135.7 | 216.1 |
| 1934 | 47.5 | 3.4 | 5.4 | 2.0 | 0.4 | 132.8 | 191.4 |
| 1935 | 59.5 | 3.3 | 6.0 | 2.1 | 0.4 | 148.8 | 220.1 |
| 1936 | 82.1 | 3.9 | 6.8 | 2.3 | 0.5 | 152.9 | 248.5 |
| 1937 | 95.1 | 4.4 | 9.0 | 0.5 | 0.6 | 180.1 | 289.8 |
| 1938 | 91.2 | 5.0 | 11.9 | 0.7 | 0.6 | 171.2 | 280.6 |

出所)『明治四十四年群馬県統計書』ほか、をもとに筆者作成。

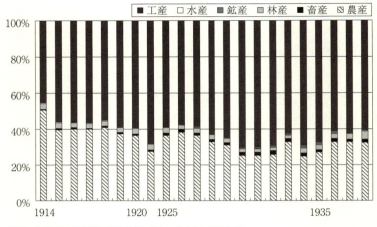

出所)『明治四十四年群馬県統計書』ほか、をもとに筆者作成。

**図 7-3　群馬県の生産額に占める各産物の割合**

産額を 100 万円単位で示している。県内総生産額と表 7-1 にある日本の名目 GNP に対する比率とをあげれば、1915 年は 7200 万円・1.44%、20 年は 2 億 1600 万円・1.36%、25 年は 2 億 9800 万円・1.83% であるが、30 年は生産額が低下し 1 億 9700 万円・1.35%、35 年に生産額は回復したものの 1.2% とその比率が一層低下している。この間、県内総生産額は 19 年から 20 年、25 年から 27 年、29 年から 32 年にかけて 3 度大きく落ち込みをみせている。第 1 次大戦後の戦後恐慌、関東大震災と 27 年の金融恐慌、30 年の昭和恐慌と 31 年農業恐慌に重なっている。図 7-3 は 14 年から 38 年まで、各年の総生産額を 100% としてそれに対する農産ほかの生産額の割合を示している。林産は 2～4%、畜産 1～2%、水産 0.3% 前後で推移しているが、農産物の割合は 50.5% から 32.5% へ低下する間、県内総生産総額が低下する時期とほぼ平行して低下しているようである。その一方で工産物の生産割合は相対的に増加している。農産物の生産価額の低下は、天候不順などを原因とする生産数量の落ち込みなのか、それとも価格の低下なのか、あるいはその 2 つなのかが次に問われなければならない。

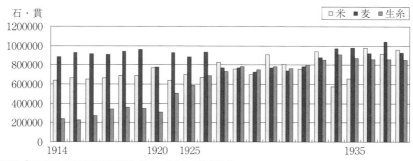

図 7-4 米・麦・生糸の生産量

　38年の農産物生産額は9121万円であったが、その構成比は米が35％、麦20％、繭28％であった。工産物生産額1億7120万円に対し生糸は3915万円で23％を占めている。

　図7-4は1914年から38年までの米・麦・生糸の生産量の推移を表している。19年に米は68.8万石、麦96万石、生糸34.9万貫の生産量が、20年に米は77.2万石に増加したが、麦77.7万石、生糸は31万貫に減少した。25年から27年にかけて米は70.3、67.3、82.8万石と変化し、生糸は58.9、69.2、73.4万貫に増加した。昭和恐慌が始まる30年から米は90.9、80.9、75.8万石に減少するが、麦は77、74.2、78.6万石、生糸は78.2、76.3、80万貫と大きな変化は見られない。それぞれ年ごとに生産量の変動はあるが、生糸の増産傾向は図から明らかであろう。次にこの3品目を含む主要産物の生産額を見てみよう。

　図7-5は米ほか4産品の生産額の動きを表している。蚕糸類は生糸を含む。1914年から20年まで各産品ともに生産額が増加しているが、20年ころ低下し、再び上昇に転じたが、25年から35年までの間に繭・生糸の生産額は大きく低下し、米も低下している。麦と織物はほぼ横ばいである。35年以降はどれも増加の動きを見せている。図7-4では繭の生産量を含めることができなかったが、生糸の増産とは逆に生産額の低下がみられるのは、供給

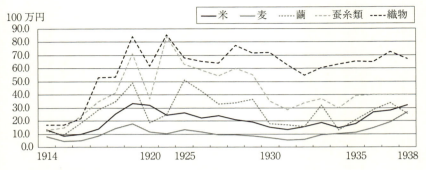

出所)『明治四十四年群馬県統計書』ほか、をもとに筆者作成。

図 7-5　米ほか 4 産品の生産額

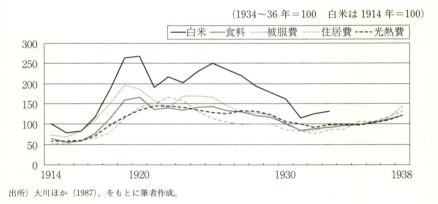

出所)　大川ほか (1987)、をもとに筆者作成。

図 7-6　都市部の消費者物価指数の推移

超過による糸価の低落が原因と思われる。在来産業の機(器)械化が生産能力を高めたが、18 年に帝国人絹が創立され、代替品となる人造絹糸が 20 年代に登場した。また輸出指向の強い産業でもあったため、折からの恐慌で海外の需要動向にも左右されたであろう。それでは物価はどのように推移したのか。

まず、図 7-6 で都市部(東京)の消費者物価指数の動きを見てみよう。第 1 次世界大戦開始後白米ほか 4 品目ともに上昇し、20 年をピークに低下する

第 7 章　近代成長期における群馬県のデフレーション　153

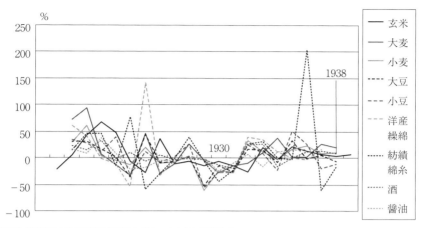

出所）『明治四十四年群馬県統計書』ほか、をもとに筆者作成。

図 7-7　米・麦・生糸の生産量

が、23 年ころ再び上昇に転じ、25 年から 30 年を過ぎる頃まで低下を続けている。第 1 次大戦終了後の戦後恐慌では物価が下落し、23 年の震災後、特に白米の価格上昇が目立った。群馬県では 25 年以降は米の生産量に大きな変動はなく、むしろ 27 年には 83 万石に増加している。供給超過により米価の下落が引き起こされたと思われる。それを図 7-7 で確かめてみよう。図 7-7 は高崎市における玄米ほか 8 日用品価格の変化率を示している。玄米ほか穀類と酒・醤油は 1 石当りの、洋産繰綿と紡績綿糸は 100 斤当りの価格をもとに算出した。例えば玄米は 14 年 15.7 円が 19 年には 46.9 円に跳ね上がり、その後低下して価格は安定した。しかし 28 年あたりから 30 年を過ぎるまで下落が続いている。この動きは都市部の白米のそれとほぼ平行しているといえよう。

　都市部の消費者物価指数と高崎市の物価そして群馬県総生産額はほぼ並行し、14 年以降には長期的な物価の下落すなわちデフレーションが 3 度観察された。関東地方での流通市場が機能して物価の変動は同調しているようで

ある。この物価の動きとは逆に、生糸は増産傾向が確かめられ、米についても国産米に輸入外米が加わり、供給超過があったと予想される。明治以来の在来産業は機（器）械化により成長したが、それが製品価格、ひいては一般物価の下落をもたらす要因の1つとなったようである。日本の名目GNPに対する群馬県の寄与率低下は、県内在来産業の成熟だけでなく、第1次大戦に伴う企業勃興ブームと重化学工業化という日本の産業構造の転換期に群馬県が乗り遅れたことも示唆している。中島飛行機の生産活動が本格化するのは30年を過ぎてからであった。

## 5 おわりに

以上の記述をデータで補っておこう。1914年から38年までの期間において、群馬県総生産額成長率と通貨増加率との相関係数は0.72であった。同じ期間、名目GNP成長率と通貨増加率とのそれは0.89であり、1886年から1940年の0.79よりも大きい。14年以降の企業勃興期にあって、潤沢な通貨供給が経済成長を後押ししたと解釈できるであろう。また、群馬県総生産額成長率と名目GNP成長率とでは相関係数は0.58であった。県の経済成長が全国の成長から乖離しはじめたのかもしれない。重化学工業化が進む産業構造の転換期において、器械製糸業の後に内陸型の高付加価値産業を必要としていたといえよう。

在来型産業の代表であった農業の主力商品の米について、14年から38年までの期間でその生産額を生産量と米価に回帰してみた。標本数が少ないという問題はあるものの、米価は1%の有意水準で標準偏回帰係数0.82、自由度修正済み決定係数は0.7であった。生産量は有意ではない。米価の下落を説明するためには、外米の輸入と戦前の米市場の価格形成機能を検討してみるべきかもしれない。生糸については、生産量は1%有意水準で標準偏回帰係数0.75、自由度修正済み決定係数は0.6であった。糸価は有意ではない。生糸は米とは逆に生産量が生産価額に反映しており、また生産量と糸価との

間に相関係数 −0.13 と逆相関が見られた。産出量の増加が糸価の低下をもたらしたようである。

米・生糸のみならず、その他の産品に関しても県外地域や外国との取引を考慮に入れて物価を論ずべきではあるが、紙幅の都合で果たせなかった。また、拙論では不動産価格や株価、金融には言及しなかった。これらは次の課題としたい。

**注**
1) 通貨は政府紙幣・銀行券・補助貨合計の各年末計数。安藤（1993）5頁脚注（14）。
2) 西川・阿部（1990）64頁。
3) 西川・阿部（1990）14頁。
4) 中村・尾高（1989）21頁。
5) 西川・阿部（1990）63〜4頁。
6) 中村・尾高（1989）29頁。
7) 南（1984）306〜8頁。
8) 中村（1993）28頁。
9) 西南戦争（1887年）、日清戦争（1894〜95年）、日露戦争（1904〜05年）、第1次大戦（1914〜18年）。内田（2003）53頁図表2-2。
10) 陸稲、糯米、粟、黍、稗、蕎麦、蜀黍、大豆、藍、菜種、煙草、甘藷、馬鈴薯、綿、大麻、繭、出殻繭、生糸、熨斗糸、生皮糸、真綿、蚕卵紙の22種類。
11) 『大正七年群馬県統計書』では、農産物とは米、麦、葱・牛蒡など食用農産物、果実、繭、蚕種、茶、葉煙草、桑苗、果樹苗、緑肥である。工産物とは蚕糸類、真綿、絹紡績糸、織物、染物、酒、醤油のほか陶磁器や煉瓦などを含む。畜産物、林産物、鉱産物、水産物についても同様の細分がある。図表の作成においては生産額の大きい産物を拾った。

**参考文献**
群馬県『明治十六年群馬県統計書』以下、明治35、38、41、42、44年、大正7〜10年、昭和4〜10年、12、13年の各号。
日本銀行統計局『明治以降本邦主要経済統計』昭和41年。
南亮進『日本の経済発展』東洋経済新報社1984年。
大川一司ほか編『長期経済統計8 物価』東洋経済新報社1987年。
梅村又次ほか編『長期経済統計13 地域経済統計』東洋経済新報社1987年。
中村隆英・尾高煌之助編『日本経済史6 二重構造』岩波書店1989年。
西川俊作・阿部武司編『日本経済史4 産業化の時代 上』岩波書店1990年。
西川俊作・山本有造編『日本経済史5 産業化の時代 下』岩波書店1990年。

安藤良雄編『近代日本経済史要覧』東大出版会1993年。
中村隆英『日本経済　その成長と構造』1993年。
日本銀行金融研究所『日本金融年表』平成5年。
内田真人『デフレとインフレ』日本経済新聞社2003年。

# 第3部

# デフレーションへの適応と経営戦略

第8章

# 天候不順によるリスクのヘッジ
―― 天候デリバティブの活用について ――

阿部　圭司

## 1　はじめに

　2014（平成26）年8月の天候は西日本を中心に記録的な多雨・日照不足となった。8月の降水量は西日本の太平洋側で平年と比べ301％と1946年の統計開始以来の水準を記録した。これに呼応して日照時間は、平年と比べ54％とこちらも統計開始以来の記録、日本海側でも同じく42％と2番目に短い夏となった。また、北日本、東日本の日本海側でも降雨が多く、日照時間も少なく、農作物への影響が懸念された。

　このような天候不順は企業活動にも影響を与える。例えば日本経済新聞2014年12月1日の記事では、日本茶飲料を主力とする伊藤園が2015年4月期の連結純利益が減益になるとの見通しを発表している。消費税の増税や夏の天候不順を背景にミネラルウォーターや機能性飲料の販売が落ち込み、天候不順で約41億円分の売上高が下振れしたという。また、日本経済新聞2014年12月9日記事では、カジュアル衣料大手のしまむらが2014年3月～11月期の連結営業利益を前年度比で1割減少させたとしている。天候不順で夏物が苦戦、積み上がった在庫を処分するため値引き販売が増え、採算が悪化したという。

　大手企業ばかりではない。小売業や製造業、建設業、運輸業、レジャー産業や米や野菜、果物を生産する農家に至るまで、天候不順は売上などに影響をもたらすことが知られている。景気低迷の要因として天候不順が指摘され

ることもある。これら天候不順による業績への影響を天候リスクと呼ぶ。

　事業活動では、原材料の価格変動リスク、資金を借り入れる場合、貸し付ける場合の金利変動リスク、信用リスク、海外との取引を行うのであれば為替リスク、営業・マーケティングにおける企業コンプライアンスに関わるリスクなど、様々なリスクが存在する。企業はこれらリスクへの対応を行う必要があり、そのための方策や指針を積み重ねてきた。天候リスクも企業を取り巻くリスクの1つであり、これを認識し対応策を検討、実施することを天候リスクマネジメントと呼んでいる[1]。具体的には、製造業であれば、生産工程の見直しやリードタイムの短縮、マーケティングによる受注や生産ピークの調整といった事業計画の見直しが挙げられる。また、小売業では季節と天候による商品の売れ行きを分析し、これを商品の品ぞろえに生かしている。例えばコンビニエンスストアでは店舗の立地特性（駅前、住宅地、街道沿いなど）と天候により商品の売上構成が変化するため、天候を見込んだ発注を行うことがある。

　これらの活動は、天候リスクの除去や軽減を意図した対策、リスクコントロールと呼ばれる活動である。リスクの把握としては、気象情報、特に長期予報やその精度を高め、影響を算定し、対応を進めることが求められる。

　一方、生じた天候リスクによる経営への影響に対応するために、リスクファイナンスの視点が必要となる。これには内部留保、準備金、引当金などを用意し、発生したリスクに対して自身が負担するリスク保有と、コストを支払い、リスクを外部に移転するリスク移転がある。このリスク移転の手法として取り入れられているのが天候デリバティブである。本章では、天候デリバティブのヘッジ機能の有効性と現状、将来の展望について検討する。

## 2　天候デリバティブについて

### (1)　天候デリバティブとは何か

　天候デリバティブとは、事前に保険料となるプレミアムを支払うことで、

気象状況があらかじめ決められた一定の基準を満たした場合に、基準を超えた部分に対してあらかじめ決められた金額の支払を受けることができる、という金融派生商品である[2]。変動する売上や損益を原資産とするのではなく、これらの水準を左右する天候の変化を原資産とみなす点に特徴がある。

保険の場合、実際の損失を求め、天候との因果関係を示さないと補償が受けられないというデメリットがある。天候デリバティブではその必要がなく、イベント発生後の手続きが簡単である、というメリットが期待される。その一方で、保険の場合は損失額に見合う額が補償されるが、天候デリバティブの場合は実被害がなくても補償額を受け取れる可能性と、逆に損失額に満たない補償額しか得られない場合が起こりうる。

このように、天候デリバティブは従来の保険と異なる設計がなされている点で、代替的リスク移転（ART：Alternative Risk Transfer）手法の1つと言われている[3]。

天候デリバティブが適用可能となる天候リスクを有する業種は多岐に渡っている。表8-1は天候リスクにより影響を受ける事業の例である。農業は、売上や利益に最も影響するリスクが、天候リスクだと言える業種である。毎年わが国では大雨、台風、その他の天候不順などにより各地で農作物の被害が生じ、農作物の価格が大きく変動するといった報道がなされることからも、農業にとって天候リスクを念頭に置いたマネジメントは大きな課題であろう。

その他、製造業、小売業、サービス業など多くの業種で天候リスクの存在は認められるが、変わったところでは、降雪地域にある自治体の除雪費用リスクをあげることができる。毎年各自治体では除雪費用を予算計上して冬季に対応しているが、大雪の年などは予算を年度途中で使い果たし、補正予算を組む必要に迫られることがある。歳出の変動は自治体経営にとってもリスクとなる[4]。このように多くの業種で天候に関わるリスクは存在し、それぞれに対策は取っているものの、生じてしまった天候リスクへの対策、すなわちリスクファイナンスの分野はあまり顧みられていないのが現状ではないだ

**表 8-1 天候リスクにより影響を受ける事業の例**

| 業種 | 天候 | リスク |
| --- | --- | --- |
| 農業 | 気温・降雨 | 作物の不作 |
| 飲料メーカー | 気温 | 販売数の減少 |
| 建設 | 気温・降雨／降雪 | 建設スケジュールの遅れ |
| 電力・ガス | 気温 | 電力・ガス消費量 |
| 陸運 | 風・降雨／降雪 | 運休、通行止め |
| 空運 | 風・降雪 | 欠航 |
| アミューズメントパーク | 気温・降雨 | 来場者減 |
| スキー場 | 降雪 | 来場者減 |
| 自治体（降雪地域） | 降雪 | 除雪費用 |

出所）Alexandridis and Zapranis（2013）を参考に作成。

ろうか。

### (2) 天候デリバティブのスキーム

代表的な天候デリバティブの 1 つとして、Degree Day を指標とした気温オプションがある。これを用いて天候デリバティブの仕組みを概観する。Degree Day は日々の平均気温が基準温度（華氏 65 度［摂氏 18.3 度］）から乖離した数量の累積で表される。冬季、華氏 65 度を下回る程度を計測したものが HDD（heating degree days）、夏季、華氏 65 度を上回る程度を計測したものが CDD（cooling degree days）と呼ばれており、それぞれ、

$$日次 HDD = Max\,(0.65°F - 日中の平均気温)$$
$$日次 CDD = Max\,(0, 日中の平均気温 - 65°F)$$

と求められる。これを契約期間中計測し、日々累積したものがインデックスとして用いられる。

例えば、表 8-2 のような HDD コールオプションを考えてみる。レストランなどの飲食店では厳冬による客足の低下で売上高、利益が減少する傾向があるため、これをヘッジする目的で HDD コールオプションの契約を結ぶと

表 8-2　HDD コールオプションの例

| オプションの買い手 | ファミリーレストラン |
|---|---|
| ストライク値 | 300HDDs |
| 1HDD 当たりの支払額 | 5 万円 |
| 支払上限額 | 150 万円（600HDDs） |
| プレミアム | 50 万円 |

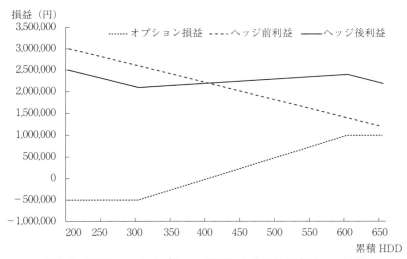

図 8-1　HDD コールオプション利用による利益額変動ヘッジ例

仮定する。50 万円のプレミアムを保険料として支払い、契約期間中、日々計測される HDD を累積し、その累計が 300 を越えると、その後 1HDD 当たり 5 万円の支払いを受ける（上限は 150 万円）、という内容である。

　この HDD コールオプションのペイオフ、レストランの収益を含めたヘッジの効果を確認するために図 8-1 を参照する。天候デリバティブを契約しない場合、このレストランの収益は図 8-1 のヘッジ前利益の点線で示されるように、累積 HDD が高まるほど、すなわち、気温の低い日が続くほど減少す

る傾向があると仮定されている。HDDコールオプションはストライク値である300HDDsまでは収益をもたらさず、プレミアム分の50万円が損失として計上されるが、これを越えると1HDD当たり5万円を受け取り、オプション損益で示される点線は上昇し始める。この例では600HDDsが上限に設定されており、これ以上、気温の低い日が続いても、支払額は増加しない契約になっている。オプションの売り手である保険会社は自身のリスクを一定範囲に抑えるために、このようなキャップをかけることが多い。ヘッジ前利益とオプション損益の合計がヘッジ後の利益を示す実線となる。この図の実線から、(1)オプション購入により、HDDsが低い状況ではオプションのプレミアムの分だけ利益は減少するが、(2)HDDsが高まる状況ではオプションからの利益により補填され、(3)気温の変化に対して利益の変動が少ない状況をつくり出すことに成功していることを確認することができる。

(3) 天候デリバティブの歴史・展開

世界で初めて天候デリバティブが取引された事例は、1996年にAquila Energy社が電力販売時にニューヨーク市の夏の天候水準に基づき、通常の料金からのディスカウント幅が変化する、という契約を結んだもので、天候に関するオプションが契約に付随したケースとして知られている。初期の取引として最も著名なものは、翌年の1997年に交わされたENRON社とKoch Energy社の間でミルウォーキー(ウィスコンシン州)におけるHDDスワップである。ENRON社のその後の発展と破綻のエピソードからも、こちらが一般的にはよく知られている。天候デリバティブがエネルギー産業を中心に発達した背景には、1980年代から90年代にかけて天然ガスと電力の自由化が進み、各社が天候リスクの管理必要性を認識したことによるところが大きいと言われている。

取引の多くはOTC(Over-The-Counter)による相対取引であるが、1999年、CME(シカゴ・マーカンタイル取引所)がHDDを指標とした天候デリバティブを上場し、取引所取引を通じて天候リスクのさらなる分散

と、リスクの引き受け手の拡大を図ることが可能となった。CME では 2014 年現在、HDD に加えて CCD、Weekly Average Temperature、Cumulative Average Temperature（CAT）などを指標として、北米 11、欧州 4、豪州 4、アジア太平洋 2 の先物、オプションが上場している。

　市場の規模については、天候リスクマネジメント協会[5]によれば、想定元本は 2000 年の 25 億ドルから 2003 年に 46 億ドル、2006 年には 452 億ドルと急成長したが、サブプライムローン問題に端を発した世界金融危機に伴い、2007 年は 192 億ドル、2011 年は 118 億ドルと 100〜200 億ドルほどの水準で推移している。BIS（Bank for International Settlements：国際決済銀行）調べの OTC デリバティブ市場の 2013 年末名目元本額が、710 兆 6330 億ドルであることと比較すると、天候デリバティブの市場はごく小さいことが伺える[6]。

　わが国では 1998 年 12 月の保険業法の改正に伴い損害保険会社に天候デリバティブの商品化が認められ、1999 年にスポーツ用品を扱うヒマラヤが三井海上火災保険と契約したものが最初とされている[7]。積雪量指数（Snow Depth Index：SDI）を原資産としたコールオプションの形態であり、1000 万円のプレミアム料を支払う代わりに、1999 年 12 月 1 日から 31 日までの 31 日間で長野県、岐阜県の観測地点 3 か所の積雪量が 10cm 以下の日数の合計が 75 日を超えた場合、1 日ごとに定められた金額の支払いを受ける、という契約であった。支払額は小雪日が 83 日前後の場合は約 1000 万円、91 日前後に達すると約 8000 万円、12 月すべての日で 3 か所とも 10cm 以下であった場合、最大で 1 億円強の支払いを受ける計算であり、この額は当時の同社の 1 か月分の利益に相当するという。

　製造業の例では、気温をインデックスとして契約する例が多くあるが、沖縄県久米島でサトウキビから分密糖の製造を行う久米島製糖が 2002 年に台風による強風をインデックスとした天候デリバティブを契約している[8]。プレミアムは 50 万円、期間は 7 月半ばから 10 月末まで、最大平均風速が 15 メートル以上の日が 2 日を上回った場合、1 日当たり一定額を受け取るとい

うものである。同社では台風による強風で原料であるサトウキビが折れたり、海水の吹き上げによる塩害で収穫量が減少するリスクに対する対策として導入したという。

　また、鹿児島港から南西諸島を経て沖縄までの航路を有するマリックスライン（鹿児島市）は2005年より台風の接近数をインデックスとした天候デリバティブを契約した[9]。2009年の契約内容は、プレミアム500万円を支払う代わりに、鹿児島市の気象台から半径100キロメートル以内を台風の中心が通過した場合1、半径300キロメートル以内の場合は0.5と数え、インデックスが2以上になった場合、1単位当たり400万円程度の補償金の支払いを受ける、というものである。2009年は台風が接近せず、欠航は生じなかったことから、補償金の支払いはなく、支払ったプレミアム500万円は無駄になったが、鹿児島市付近に4個の台風が接近した2004年では、機会損失が2000万円に達したことから、長期的に収益を安定させる効果が期待できるという。

　この他、取引相手を保険会社ではなく、天候リスクに対して異なるキャッシュフローを有する企業を相手としたスワップ契約を結ぶケースもある。冷夏の場合、給湯需要が増加するため、ガスの消費量が増え、ガス会社は増収となるが、エアコンの使用量が抑えられるため、電力消費量は減少、電力会社は減収となる傾向にある。そこで、電力会社とガス会社は夏季の気温に応じてどちらかが他方に補償金を支払うという契約（スワップ契約）を締結することにより、互いに夏の気温リスクを抑えることが可能となる。国内では東京電力と東京ガス（2001年）、関西電力と大阪ガス（2002年）、九州電力と西部ガス（2003年）、中国電力と広島ガス（2003年）、東北電力と仙台市ガス局（2006年）など全国各地の電力会社とガス会社の間で契約事例が見られる。

　このように、各地で天候リスクに対するニーズの掘り起こしが試みられているが、近年は異常気象による保険金支払いが損保各社の経営を圧迫した[10]こと、金融商品取引法の施行（2006年）による販売規制の強化などにより、

当初の予想に比べると大きなマーケットに育つまでには至っていないのが現状である[11]。しかしながら、2012年7月に再生可能エネルギーの固定価格買い取り制度[12]が導入されたことで、日照時間をインデックスとした天候デリバティブの問い合わせ、契約が増加している[13]、など新しい動きも見られている。

天候デリバティブの商品化を試みているのは、損害保険会社を中心として、大手銀行などがあげられる。当初は企業に合わせてオーダーメイド型の商品提供が中心だったが、大手損保各社は定型化、小型化された商品を提供できるようになってきている。一方、地方銀行や信用金庫などは、多くの新聞記事、広瀬他（2003）でも述べられているように、保険会社への仲介を業務内容とする形での参入がほとんどと言われている[14]。

### （4） 天候デリバティブへの認識

天候デリバティブに関する書籍、新聞報道は関連マーケットがあまり育っていないことと相関してさほど多くはない。特に近年は新聞報道で取り上げられる機会が激減し、商品への認知度が低くなっている可能性すら存在するのではないだろうか[15]。

そこで、現状を知る一助として、天候リスクを受ける業種の代表例としてスキー場を取り上げ、群馬県内のスキー場に対しアンケート調査を行った結果から、天候リスクを抱える業者の天候デリバティブに対する認識を探ることとする。

群馬県には2014年現在で26のスキー場があるが、今回は群馬県スキー場経営者協会に依頼し、加盟20のスキー場に対しアンケートを実施した。実施は2014年12月15日から同25日の期間である。うち13のスキー場から回答があり、回収率は65％となった。

アンケートでは初めに標準的な保険と天候デリバティブの違い（条件をクリアすれば、段階的に支払いを受ける仕組み、被害額を査定する必要の有無など）を説明した後、天候不順と売上の関連やその対策について、天候デリ

表 8-3　天候不順による売上変動の有無とその対策について

|  |  | 天候不順の場合の対策の有無 | | | 合計 |
|---|---|---|---|---|---|
|  |  | 有り | 無し | 無回答 |  |
| 天候不順による売上変動の有無 | ある | 4 | 7 | 1 | 12 |
|  | ない | 0 | 1 | 0 | 1 |
| 合計 | | 4 | 8 | 1 | 13 |

バティブを知っていたか、金融機関から提案されたことはあるか、利用したことはあるか、などの質問を行った。

　表 8-3 は天候不順により、年間の売上高に影響があった年の有無を問う設問と、天候不順の場合に対策を講じていたかを問う設問のクロス集計結果である。総数 13 件のうち、天候不順により売上高に影響が出る年があったとする回答が 12 件となり、スキー場は天候に左右される典型的な業種であることが改めて確認できた。また、天候不順の場合に対策を講じているかを問う設問では、「無し」との回答が 7 件と「有り」との回答 4 件を大きく上回っている。回答理由についての追加設問を行っていないため、予想に過ぎないが、天候による結果についてはあきらめている、あるいは受け入れている面があるのではないだろうか。

　対策を講じているとした回答については、具体的な対策を自由記述してもらい、料金の割引やサービスの提供、営業時間や降雪機運行時間などの変更といった回答を得た。料金の割引やサービスの提供などの値下げは変動費の変更による、降雪機運行時間の変更は固定費の追加による対策になるが、共に利用者増加を狙う対策といえよう。一方、営業時間の変更はリフト運転時間、人件費の削減など、固定費の削減による損益分岐点の下方修正を狙った対策であり、利用者増とコスト削減の両面での対策が講じられていることが分かる。しかし、これらは一般的な対策であり、生じた天候リスクをファイナンス面からコントロールしようとする対策を講じている回答は得られなかった。

第8章 天候不順によるリスクのヘッジ 169

表 8-4 天候デリバティブの認知と提案経験について

| | | 天候デリバティブの提案経験 | | 合計 |
|---|---|---|---|---|
| | | 有り | 無し | |
| 天候デリバティブの認知 | 知っている | 4 | 1 | 5 |
| | 知らなかった | 0 | 8 | 8 |
| 合計 | | 4 | 9 | 13 |

表 8-5 天候デリバティブの利用経験と検討の可否について

| | | 天候デリバティブを今後検討するか | | 合計 |
|---|---|---|---|---|
| | | 検討したい | 必要はない | |
| 天候デリバティブの利用経験 | あり | 0 | 1 | 1 |
| | なし | 11 | 1 | 12 |
| 合計 | | 11 | 2 | 13 |

　次の表8-4は天候デリバティブという商品を知っていたか、という設問と取引先の金融機関から天候デリバティブの利用について提案を受けたことがあるかを問う設問のクロス集計結果である。

　知っているとの回答が5件であるのに対し、知らなかったとの回答は8件であった。また、知っているとの回答のうち、金融機関から提案されたと回答したものが4件であった。約4割弱は天候デリバティブという商品の存在を知っていたことになるが、これらの回答からは、自主的に天候リスクをヘッジする方策を調査、検討するというよりも、金融機関などの外部からの情報が中心となっている傾向が伺える。

　最後に、表8-5は天候デリバティブの利用経験の有無を問う設問と今後、天候デリバティブを検討してみたいかを問う設問のクロス集計結果である。

　天候デリバティブを利用したことがあるスキー場は1件あったが、今後検討することはない、という回答であった。天候デリバティブの効果は数年で得られるものではないため、契約の更新に繋がらなかったのではないかと思

われる。

　一方、今後検討してみたい、という回答は 11 件と大半を占めた。この結果は、商品を提案する金融機関が天候デリバティブを利用することによるメリットとコストを十分説明することで、利用者を増やすことができる可能性を示していると解釈することができるのではないだろうか。

## 3　プレミアムの求め方

### (1)　プレミアム算出の流れ

　天候デリバティブは株式や債券などの金融商品を原資産としたデリバティブと異なり、原資産が天候という取引されていない事象を対象としている。市場価格が存在しないため、複製ポートフォリオによる無裁定条件からデリバティブの価格であるプレミアムを求めることができない。そこで、様々な算出方法が提案されている。プレミアム算出の流れは山田他（2006）によれば、天候デリバティブの種類（先物、オプション、スワップなど）、条件（満期、掛け値、支払額の上限など）を前提条件として所与とし、

1. 対象とする天候についての統計モデルを構築し、前提条件に従った期待支払額を計算する。
2. 求めた期待支払額にリスクプレミアムを加えたものを天候デリバティブの価格とする。

というステップを踏んで導出する。アプローチの違いにより、保険数理的アプローチ、Historical Burn Analysis（バーニング・コスト法）、そして、Index Modeling や Daily Modeling など、気象変動を確率過程や時系列モデルで記述し、期待ペイオフの現在価値から価格を求めるアプローチ、気象変動モデルからの収支に対して効用関数を導入し、均衡価格を求めるアプローチなどが提案されている。

## （2） 群馬県内を事例とした算出例

　天候デリバティブのプレミアムを算出する1つの方法として、バーニング・コスト法による算出を土方（2003）に基づき試算する。ヒマラヤの事例にならい、群馬県内のスキー場が小雪で売上高が落ち込む天候リスクをヘッジする目的で、天候デリバティブを契約すると想定する。観測地点として、県内でもスキー場の多い、みなかみ（水上）と草津の2地点を取り上げる。

　積雪量が一定以上であれば、人工降雪機を使ってゲレンデを整備することができるため、営業は可能だろう。観測地点とスキー場は距離が離れているため、最低限の積雪量を5cmとし、これを下回る日を小雪日数としてカウントする。この小雪日数をインデックスとして採用する。積雪データは気象庁ホームページの「過去の気象データ・ダウンロード」を利用し、1989年から2013年までの25年間分を得た。

　2014年現在、群馬県内のスキー場の多くは12月中旬から下旬にかけて営業を開始していることから、この天候デリバティブの契約は12月15日から31日までの17日間とし、ストライク値を10日とした。

　ストライク値を超えた場合の支払額については1日当りの平均売上高と仮定する。平均500名来場し、平均客単価を5000円として250万円とした。したがって、小雪日数が10日を越えた場合、1日ごとに250万円の支払いが行われることとする。これにより最大支払額は7日間分、1750万円となる。表8-6はこのオプションのスキームをまとめたものである。

　このインデックスを時系列にプロットしたものが次の図8-2である。図8-2はみなかみの積雪データから作成している。図8-2からも分かるように、みなかみでは過去25年間、12月後半で小雪日10日を下回る年が17回を数えるが、10日を超える年が8回も存在した。みなかみ周辺のスキー場ではほぼ3年に1度は、小雪に悩む年があったことが伺える[16]。

　図中にはこのデータに当てはめた回帰直線も描かれているが、これを用いてトレンド除去を行う。

　トレンド除去の後に得られた調整後小雪日数に基づき各年の支払額を決定

表 8-6　群馬県内における小雪日数（SDI）コールオプションの例

| オプションの買い手 | スキー場 |
| --- | --- |
| 期間 | 2014/12/15～12/31（17 日間） |
| ストライク値 | 10SDIs |
| 1SDI 当たりの支払額 | 250 万円 |
| 支払上限額 | 1,750 万円（17SDIs） |

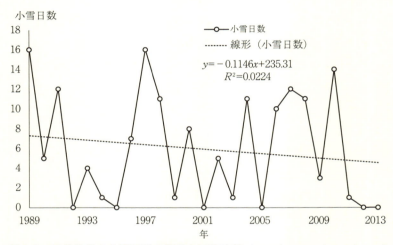

図 8-2　12月後半の小雪日数の推移と回帰直線（1989 年～2013 年：みなかみ）

し、この結果から算出に利用した 25 年間の支払額の期待値と標準偏差を求める。プレミアムはこの期待値にリスク上乗せ分として、Jewson and Brix (2010) では標準偏差の 20％、土方 (2003) では標準偏差の 30％ ～50％ を乗せるとされている。今回は標準偏差の 20％ と 30％、さらに 40％ を採用した場合のプレミアムを求めた。

今回の試算では、雪が多いというイメージの強い草津の方がみなかみよりもプレミアムが高くなった。これは、小雪日が 10 日を越える年の回数こそ少ないものの、少ない年の小雪時の日数が多く、支払額の期待値、標準偏差が共に大きくなったためである。標高が高く、比較的小雪の心配のない地域

第8章 天候不順によるリスクのヘッジ 173

表 8-7 SDIコールオプションのプレミアム試算例

|  | みなかみ | 草津 |
|---|---|---|
| 期待値 | 1,223,769 円 | 1,431,231 円 |
| 標準偏差 | 2,989,776 円 | 3,316,006 円 |
| プレミアム（20%） | 1,821,724 円 | 2,094,432 円 |
| プレミアム（30%） | 2,120,702 円 | 2,426,033 円 |
| プレミアム（40%） | 2,419,679 円 | 2,757,633 円 |

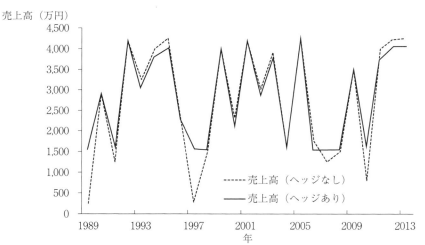

図 8-3 SDIコールオプション利用による売上高のヘッジ効果（みなかみ）

であれば、プレミアムは安く抑えられるはずであるが、今回の試算で逆の結果となった（表8-7）。

最後に、この試算に基づくヘッジの効果を検討する。図8-3はみなかみの事例を元に作成したものである。実際の小雪日データを元に、1日の平均売上高250万円が小雪日の分だけ減収になると仮定し、17日間の売上高を求めた。ここに、天候デリバティブのプレミアム210万円（標準偏差の30%）を毎年支払った場合、売上高の変化をどのようにヘッジするかを観察した。

ヘッジをしていない場合、小雪日が1日もなければ、17日間で4250万円

の売上となるが、17 日間全部が小雪日の場合、売上は 0 となる。実際の降雪データでは、過去 25 年間で小雪日が 16 日というケースが 2 回、14 日というケースが 1 回あり、この 3 回のケースでは図 8-3 の点線で示されるように、売上高が 1000 万円を下回ることになる。一方、ヘッジをした場合では、最大の売上高はプレミアムを引いた 4040 万円にとどまるが、小雪日のストライク値を越えた場合の受け取りを含めると、最低でも毎年 1540 万円の収入が得られる計算となる。

　バーニング・コスト法は以上のように簡単で分かり易いという長所がある一方で、試算に用いるデータ期間とその内容に大きく影響を受け、データの取り方によりプレミアムが大きく変化する、という短所を持つ。実際の契約では複数の手法を用いてプレミアムを試算し、これを総合して決定されることは言うまでもない。

## 4　まとめ

　本章では、天候リスクのマネジメント手法として、リスクファイナンス、特に天候リスクを移転する手法として天候デリバティブを取り上げ、スキームの概観、プレミアムの試算を通じて、天候リスクがヘッジされる機能を検証した。

　わが国には未だ米国のような取引所に上場する天候デリバティブはなく、OTC で引き受けた天候リスクのヘッジ先が存在しない。そのこともあり、天候リスクに関する市場規模は当初の予想よりも小さい状況である。1 つには、国土が狭いため、冷夏、暖冬、長雨などの天候リスクは全国共通となり、米国のように広い国土からくる様々な気候状況を生かし、引き受けたリスクの分散化が難しい、という点があるだろう。

　しかしながら、今後は上場デリバティブも含めて市場が活性化する期待は大きいと思われる。その背景として 2014 年 6 月 11 日に可決、成立した改正電気事業法がある。改正により、2016 年を目途として電力 10 社が地域ごと

に独占してきた電力販売が完全自由化されることとなった。これに伴い、電力会社が越境販売を積極的に進める他、異業種や海外企業の参入も予想される。これを裏付ける数値として、資源エネルギー庁が示す特定規模電気事業者数がある。これは自由化により新規に参入する企業、いわゆる新電力会社のことである。同庁資料によれば、これまでの一部自由化を受けて、2013年10月では109社であったが[17]、2014年12月末で468社が登録と、わずか1年で事業者数は4倍になった。特に事業開始予定を2016年以降とする企業は211社あり、完全自由化の期待の大きさを示しているといえよう。電力小売りをめぐる競争の激化は、天候リスクへの意識を高め、天候デリバティブへの利用につながると期待される。

　加えて、以前より指摘されているが、わが国は四季があり、変化が多く、台風や大雨などの被害も多く、これが売上高などの変動リスクにつながっている。地球温暖化やエルニーニョ現象など、異常気象をもたらす要因への注目も多く、企業が天候リスクを意識する機会は今後ますます増加するものと思われる。さらに、天候デリバティブの設計には詳細な過去の気象データが必要になるが、わが国にはこれが利用可能であり、気象情報を提供する企業が増加、競争が増したことで、予報精度の向上と詳細な情報の提供が可能となってきた。平行して、研究者・金融機関による新たなプライシング手法の提案、開発も進み、天候デリバティブ市場が成長する土壌はようやく整ってきた、といえるのではないだろうか。

　天候リスクは経営上、無視できないリスクである。天候不順に対し、対策を取ることもせず、「お天道様には逆らえない」と言い訳をする経営者は支持されない時代が来ているのではないだろうか。

　　謝辞
　　群馬県観光物産国際協会の野口勤専務理事、同観光部群馬県スキー場経営者協会担当の登坂秀昭氏にはアンケート実施に際しご協力いただきました。また、各スキー場関係者の方々にはシーズン入り直前の貴重な時間を割いて回答していた

だきました。ここに感謝とお礼を申し上げたく、謝辞に代えさせていただきます。

**注**
1) 気象庁はホームページ（http://www.data.jma.go.jp/gmd/risk/）上で気候リスク評価と気候リスク管理技術の実例として、アパレル（衣料品販売）、農業分野を紹介している。
2) 事前にプレミアムを支払わず、後日、天候の状況に応じて資金をやり取りするスワップ取引による契約もある。スワップ契約を用いれば、ゼロコストで天候デリバティブによる天候リスクのヘッジが可能となる。
3) 天候デリバティブ以外の代表的なリスク移転手法として、自社の保険引受を目的として保険子会社を設立するキャプティブ（Captive）、分散化が困難なリスクを加入者側と保険会社の間でシェアするファイナイト（Finite）、CATボンド（Catastrophe Bond）に代表される証券化などがある。
4) 例えば、2013年2月14日から15日にかけて関東地方にもたらされた記録的な大雪により、群馬県は平成25年度補正予算において、道路除雪費だけでも10億円の追加を行った（「ぐんま広報」平成26年4月号「大雪被害対策に関する補正予算の概要」より）。
5) 天候リスクマネジメント協会（Weather Risk Management Association: WRMA）は1999年に設立された、天候リスクマネジメントに関連する業者とエンドユーザーが参加する協会。市場規模を示す数値は同協会のホームページ（http://www.wrma.org/）から得られるプレスリリース等から採取した。
6) 2001年にはロンドン国際金融先物取引所で気温をインデックスとしたデリバティブが上場したが、NYSEユーロネクスト傘下の現在では上場が廃止されている。
7) 契約の具体的内容については土方（2003）の他、日本経済新聞1999年9月2日地方経済面、日経流通新聞1999年9月21日の記事を参照。
8) 契約の具体的内容については、琉球新報2002年7月18日の記事を参照。
9) 契約の具体的内容については、日経産業新聞2010年3月15日の記事を参照。
10) 日本損害保険協会によれば、風水害等による保険金の支払い額のトップ10のうち、2000年以降の事例が7件ある。これは2011年3月11日の東日本大震災に係る支払い保険金総額1兆2984億円とほぼ同水準の1兆2473億円に上る。
11) 東京金融取引所（当時東京金融先物取引所）では2006年4月7日のプレスリリースにて気温に関する先物取引の上場検討をしてきたが、時期尚早として当面の上場を見送ることを発表している。
12) 2014年12月18日、経済産業省は再生可能エネルギーの固定価格買い取り制度を見直し、太陽光発電で作った電気の買い取り価格を下げる方針を発表している。
13) 日経産業新聞2014年9月26日記事を参照。日照時間以外にも、風力発電事業者向けに風速をインデックスとした天候デリバティブの商品化が考えられる。
14) 例えば、日本経済新聞2001年2月22日地方経済面では、広島銀行は天候デリバテ

ィブの販売で損害保険会社2社と業務提携し、第一弾としてテーマパーク運営のファーム（愛媛県西条市）との契約を仲介したと報じている。同じく日本経済新聞2001年9月22日地方経済面では、群馬銀行が損害保険会社3社と天候デリバティブの販売について業務提携したとの報道がなされている。また、日本経済新聞2007年4月24日地方経済面で信用金庫の事例として鶴来信用金庫（石川県白山市）が仲介役となり、地元温泉旅館と損害保険会社との間で天候デリバティブの契約が成立したとの報道がなされている。

15) 日本経済新聞の記事検索データベースを用いて「天候デリバティブ」のキーワードを検索したところ、2001年から2004年にかけては毎年100件以上の記事がヒットしたのに対し、2005年から2007年では毎年100未満、2008年以降は毎年10未満のヒット数に留まっている。
16) 草津では25年間で小雪日が10日を下回る年が5回あった。
17) 資源エネルギー庁電力・ガス事業部電力市場整備課「電力小売市場の自由化について」（2013年10月）を参照。

**参考文献**

大羽宏一（1999）「損害保険分野におけるART（代替的リスク移転手段）の動向」『経済論集』（大分大学経済学会）Vol.51、No.3、181～201頁。

気象庁（2002）「企業の天候リスクと中長期気象予報の活用に関する調査」、3月。

気象庁（2003）「天候リスクマネジメントのアンサンブル予報の活用に関する調査」、3月。

天候リスクマネジメント協会ホームページ（http://www.wrma.org/）。

土方薫（2000）『天候デリバティブ』、シグマベイスキャピタル。

土方薫（2003）『総論天候デリバティブ――天候リスクマネジメントのすべて』、シグマベイスキャピタル。

広瀬尚志監修、天崎裕介・岡本均・椎原浩輔・新村直弘（2003）『天候デリバティブのすべて――金融工学の応用と実践』、東京電機大学出版局。

山田雄二・飯田愛美・椿広計（2006）「トレンド予測に基づく天候デリバティブの価格付けと事業リスクヘッジ」『統計数理』、Vol.54、No.1、57～78頁。

Alexandridis, A.K. and A.D. Zapranis（2013）*Weather Derivatives: Modeling and Pricing Weather-Related Risk,* Springer.

Jewson, S., and A. Brix（2010）*Weather Derivative Valuation: The Meteorological, Statistical, Financial and Mathematical Foundations,* Cambridge University Press.

# 第9章

# 景気変動と経営戦略
—— Business Fluctuations and Strategy ——

関根　雅則

## 1　はじめに

　企業は、長期的な存続・成長を図るために経営戦略を立案し実行しなければならない。その理由は、企業を取り巻く環境が常に変化するからである。つまり、環境の変化を前提とした戦略の立案と実行が、企業の存続・成長を実現するための鍵となる。

　外部環境の変化を戦略の立案・実行に反映させるための伝統的なツールとしては、PEST分析やSWOT分析がある。しかし、例えばデフレーション（deflation：以下、デフレ）という現象に対し、企業はそれだけを真に受け戦略を立案・実行しなければならないのであろうか。

　わが国では、1990年代からおよそ20年近くにわたりデフレが続いてきた。そのような中、多くのメディアは、「デフレの勝ち組」として、デフレ下でも成長を遂げた多数の企業を紹介してきた。しかし、今日、デフレの勝ち組と称された各企業の中でも優勝劣敗が顕著になっている。デフレの勝ち組の共通項は「低価格」である。しかし、「品質」を伴わない低価格は持続しない。

　そこで、本章では、「良いもの（サービス）をより低価格で」という最も基本的なスタンスが、結局のところデフレやインフレといった景気変動に関わらず重要であることを明らかにしたい。

## 2  経営戦略立案前提としての環境分析

### (1) 前提としての環境分析

　一般的に経営戦略を立案する場合、その前提として環境分析が必要であるといわれる[1]。経営戦略に関わる教科書では、最初にその重要性が説かれることが多い。例えば図9-1を参照いただきたい。

　図9-1では、戦略の実行やレビューを含めた戦略策定プロセスが時系列に表されているが、戦略策定に関わる意思決定の前提として、外部環境および内部環境の分析を行うことが必要であることが示されている。

　また、今日の教科書だけでなく、経営戦略に関わる初期の研究においても

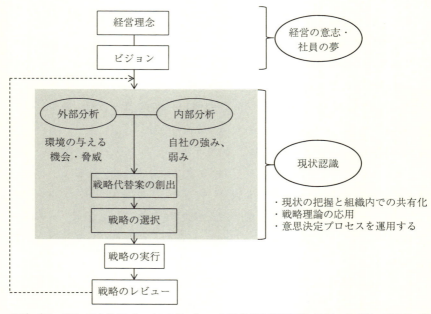

出所）グロービス・マネジメント・インスティテュート編『MBA経営戦略』ダイヤモンド社、1999年、16頁。

図9-1　戦略策定の基本プロセス

環境分析の重要性が示唆、主張されてきた[2]。

### (2) 環境分析の分類

環境分析は、企業を取り巻く諸要因を分析する外部環境分析と、企業を構成する諸要因（組織コンテクスト）を分析する内部環境分析の2つに大別される。さらに、外部環境分析については、法律や経済動向、人口動態、自然環境といった、あらゆる企業に幅広く影響を与える諸要因を分析するマクロ環境分析と、競合他社や顧客、取引先といった、特定の業界における企業に対して影響を与える諸要因を分析するミクロ環境分析とがある。

なお、経営戦略の分野でよく取り上げられる分析手法には、マクロ環境にだけ焦点を当てるもの（例：PEST分析、後述）やミクロ環境にだけ焦点を当てるもの（例：ファイブ・フォース分析[3]）、また、内部環境だけに焦点を当てるもの（例：バリューチェーン分析[4]、VRIO分析[5]）が存在する。さらには、3C分析[6]やSWOT分析（後述）のように、外部環境と内部環境の分析を同時に行うツールも存在する。

以上の点を踏まえ、環境分析をイメージとして分類したのが図9-2である。

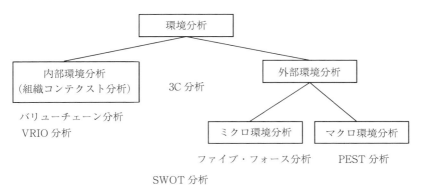

出所）筆者作成。

**図 9-2　環境分析の分類（イメージ）**

以上の分析ツールの中で、デフレというあらゆる企業に幅広く影響を与えうる要因を分析の対象とするのは、PEST 分析と SWOT 分析であろう。そこで、次項では、それら 2 つの分析手法の内容を改めて確認したい。

### (3) PEST 分析

PEST 分析とは、政治法律 (political/legal)、経済 (economic)、社会文化 (sociocultural)、技術 (technological) といったマクロ環境の分析のことで、各環境要因の英語表記の頭文字の組み合わせがその名称となっている。各環境要因の特に重要な事項について具体例を挙げると以下のようになる[7]。

①政治法律：独占禁止法、環境保護法、税法、労働法など
②経済：景気変動、経済成長率、金利、貿易収支、可処分所得、物価上昇率、失業率など
③社会文化：人口・年齢構成、所得分布、人々のライフスタイル、教育水準、倫理規範、環境問題に対する意識など
④技術：製品や製造や素材についての科学研究成果の公表、公的機関や企業の研究開発費の大きさ、技術移転や技術の陳腐化のスピードなど

なお、以上の各要因はそれぞれ別個に企業ないし企業の戦略に影響を与えるものではない。また、ある要因が別の要因に影響を与え、それらが相まって企業ないし企業の戦略に影響を与えることもある。この点について、與那原建氏は、「政治法律」、「経済」、「社会文化」、「技術」の各環境要因を「一般環境[8]」対する「下位環境」と位置づけた上で以下のように述べている[9]。

「これらの下位環境は相互に影響をおよぼし合う（例えば、環境保護法と人々の環境問題に対する意識）だけでなく、各下位環境内の要素にも密接な関係がみられる（例えば、金利と経済成長率、研究開発費の大きさと研究成果）というのはいうまでもない。さらに、外部環境を構成する一般環境と事業環境[10]も相互に影響し合う関係にある。まず一般環境は事業環境に影響をおよぼす。例えば、新規参入の妨げとなっていた法律的規制が緩和される

と、競合企業の数が増えるため、企業間の競争は激化するだろうし、景気変動や人々のライフスタイルの変化によって顧客のニーズも変わっていくだろう。また、技術革新が行われれば、既存製品は陳腐化していく。このように一般環境が変わるとそれにともなって事業環境も変化し、その結果、新しい事業機会が生まれたり、逆に脅威が発生したりするのである。」

以上のように、環境要因はそれ自体独立し、別々に企業ないし企業の戦略に影響を与えるのではない。この点については改めて触れることとする。

### (4) SWOT分析

経営戦略立案前提としての環境分析の中で、最もオーソドックスで幅広く認識されているのがSWOT分析であろう。その理由は、外部環境と内部環境の両方をカバーするものであるのと同時に、それら環境が当該企業にとって機会なのか脅威なのか、あるいは、強みなのか弱みなのかを明確に区別する包括的なツールであるからと考えられる[11]。

SWOT分析は以下のような観点を基準とし行われる[12]。

①企業の内部条件としての強み（strengths）
②企業の内部条件としての弱み（weaknesses）
③企業の外部条件としての競争市場における機会（opportunities）
④企業の外部条件としての競争市場における脅威（threats）

なお、SWOT分析のイメージは図9-3のように表される。

図9-3中の矢印が意味しているのは、機会を活用し脅威を回避するためにいかに自社の強みを発揮するか、また、弱みを克服するかを検討することが重要であるということである。

また、山田修氏は、内部環境の強みと外部環境の機会を当該企業にとってのプラスの要素、内部環境の弱みと外部環境の脅威を当該企業にとってのマイナス要素とし、それを表9-1のように表している[13]。

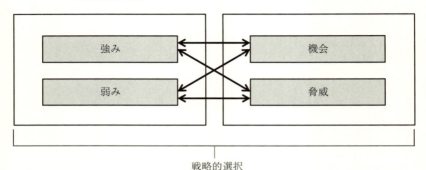

出所) J. B. Barney, *Gaining and Sustaining Competitive Advantage*, 2nd ed., Addison Wesley, 2002, p. 20. 岡田正大訳『企業戦略論——競争優位の構築と持続』（上巻、基本編）ダイヤモンド社、2003年、47頁。

図9-3　SWOT分析（1）

表9-1　SWOT分析（2）

|  | ＋の要素 | －の要素 |
|---|---|---|
| 内部環境 | 強み<br>Strengths | 弱み<br>Weaknesses |
| 外部環境 | 機会<br>Opportunities | 脅威<br>Threats |

出所) 山田修著『本当に使える経営戦略・使えない経営戦略』ぱる出版、2013年、157頁をもとに筆者作成。

### (5) SWOT分析を行う際の注意事項

(4)で述べたとおり、SWOT分析は外部環境と内部環境の両方を対象とし、しかも、それらをプラスの要素とマイナスの要素に明確に区分するという意味で、包括的であり非常にわかりやすい分析ツールである。しかし、それを行う際には十分な注意が必要である。つまり、当該企業にとって強みと思われるものが本当に強みなのか、逆に弱みと思われるものが本当に弱みなのか、さらに、機会と思われるものが本当に機会なのか、逆に脅威と思われ

るものが本当に脅威なのかについて熟考する必要がある。

　例えば、多数の実店舗と強いつながりを持つメーカーにとって、そのつながりは強みと分析されるかもしれない。しかし、ネット販売が勢いを増す今日、実店舗を通じた販売はコスト要因になりかねない。つまり、つながりがしがらみになってしまう可能性があるのである。この事実は、逆に捉えれば、実店舗とのつながりを持たない新興企業にとっての弱みが強みになりうることを意味している。また、デフレという現象は、多くの企業にとって脅威と捉えられるかもしれない。しかし、競合他社に対してコスト面での優位性を持つ企業にとってみれば、価格競争に勝てるという意味でデフレは機会である。

　以上の点から言えることは、SWOT分析を行うにあたって、強みや機会といったプラスの要素を挙げるときには、それが本当にプラスなのか悲観的に考えることが必要である。逆に弱みや脅威といったマイナスの要素を挙げるときには、それが本当にマイナスなのか、つまり、発想を転換することによりプラスにできないのか、ある意味楽観的に捉えることも有効かもしれない。

## 3　デフレ下における経営戦略

　前節では、デフレというマクロ環境の変化を把握するための分析ツールであるPEST分析とSWOT分析について、その内容を改めて確認した。本節では、そうした分析を前提として、企業がどのような戦略をとるべきかに関し、野村健太郎氏の見解を取り上げたい[14]。

### (1)　デフレの脅威と機会[15]
　野村氏は、デフレの脅威を以下のように分析している。
　①資産価値の低下
　②不良債権の増大、債権のコゲつき

③貸し渋り、貸しはがしの増大
④ベンチャービジネスやその他新規事業の起業の困難化
⑤雇用停滞、新規学卒者・高卒者の就職難
⑥デフレがデフレを呼ぶデフレ・スパイラルのリスク
一方で、デフレの機会（利点）として次の2点を挙げている。
①土地・不動産等の価格低下による当該資源の買い易さの増大
②貨幣の有効活用の増大

野村氏によれば、デフレには以上のような脅威と機会（利点）が存在するが、利点よりもマイナスの側面つまり脅威の方が大きい。したがって、「デフレ経済が現に進行している状況の下でこれを所与の条件と考えて、企業経営として、これにどのように対応していくべきであるか[16]」について考慮する必要があるということになる。

### (2) デフレ下における経営戦略[17]

(1)では、デフレの脅威と機会に関する野村氏の見解を紹介した。次に、デフレ下において企業が取りうる戦略に関する同氏の見解を紹介したい。以下のとおりである。

①不要資産は持たない。
②余剰資産を放置しておかない。
③資金回転率を高め、負債の返済を可及的に推進していく。
④顧客・消費者の欲する商品・製品は何かを十分検討していく。
⑤CRM（Customer Relationship Management）の重視。
⑥ネット社会に対応するeコマースの機会探究。
⑦デフレ下では、ITによる生産・販売関連情報の一元化を全社的視点で管理し、コスト削減・在庫圧縮に注力することが求められる。
⑧JIT（ジャスト・イン・タイム）方式の導入、カンバン方式の活用による部品・製品在庫の縮小化をはかる。
⑨見込生産から注文生産への生産方式の転換へ注力。

⑩在庫圧縮への組織替え・構造改革。
⑪不採算部門の整理・統廃合・企業集団からの切り出し・切り離し。
⑫成果主義・実力主義の人事政策の採用。
⑬デフレ対応への迅速な意思決定を可能にするトップのリーダーシップの向上をはかる。
⑭グローバル化の進展の反面として、ローカル・ビジネス、コミュニティ・ビジネスの掘り起こし。
⑮産学協同による新技術・新起業の開発・促進。
⑯連結経営時代における構造改革の推進。
⑰ベンチャービジネス成功へ向けての基礎固め、土壌発掘、エンジェル制度の活性化。

## 4　デフレ下における競争戦略

### (1)　経営戦略の2大テーマ

　前節では、デフレ下において企業がとるべき経営戦略に関する野村氏の見解を取り上げた。その内容は多様で、それぞれ納得させられるところがある。一方で、個別に検討してみると、経営戦略なのか、それとも経営戦略を実現するための手段なのか不明瞭なものもある。そこで、改めて経営戦略といった場合、それが何を意味するのか、言い換えれば、何をテーマとするのかについて確認しておきたい。
　経営戦略には2つの大きなテーマがある。1つは「事業領域の決定」であり、もう1つは「競争優位の確立」である。前者は、既存事業とは異なる可能性を秘めた新たな事業分野に進出したり、逆に、将来性がなかったり採算の合わない事業を止めてしまったりすることである。つまり、多角化や撤退などがそれに相当し、一般的に全社戦略（企業戦略）と呼ばれる。後者は、競合する同業他社にいかに勝つかということである。具体的には、差別化や低コスト化などがあり、一般的に競争戦略と呼ばれる。両者の違いは、例え

て言うと、前者が戦う土俵をどこに求めるかを決定することであるのに対し、後者は現在乗っかっている土俵で相手にいかに勝つかを模索することであるといえる。

　以上の観点からすると、野村氏の見解には、全社戦略に関わるものと競争戦略に関わるものが混在している。デフレ下において、全社戦略と競争戦略のどちらが重要になるのかについては検討の余地がある。しかし、それらは区別されなければならない。さらに、デフレについて改めて考えた場合、それが、持続的に物価下落が進行していく現象だとすれば、第2節(3)のPEST分析のところで述べたように、経済的要因であるデフレは、社会文化的要因である人々の認識に影響を与える。

　それでは、デフレ下において人々の認識はどう変わるのであろうか。あえて単純に言えば、「価格志向が強まる」ということになるであろう。この事実は、「価格」という点で競合他社に勝つこと、つまり、競争戦略が重要になることを示唆する。もちろん、デフレ下において、新たな需要を喚起するために異なる事業分野へ進出したり、不採算事業から撤退したりするといった全社戦略も重要ではある。しかし、上述の理由から、本論の以下では競争戦略、特にどう品質と価格を設定するべきかに限定し、デフレとの関連について検討することとする。

### (2)　品質と価格[18]

　(1)において、デフレ下では人々の価格志向が強まると述べた。ただし、それは「安ければ良い」ということを意味するわけではない。つまり、人々の購買の決定には、価格とともに、製品やサービス（以下、製品）の品質が影響する。一般的に、当該企業が高い品質の製品を提供しようとすれば、それを生産するためのコストが高まり、結果的として価格も高くなる。一方で、低品質の製品は低価格で提供できると考えられる。それを表したのが図9-4 である。

　ここで、「顧客価値（customer value）」という概念について説明してお

きたい。製品を購入する顧客は、たとえ価格が高くても相応に品質が高ければ満足しうる。また、製品の品質が低くても相応に価格が安ければ満足しうる。つまり、高品質・高価格製品と低品質・低価格製品は同様の効用を持ちうるのである。これを換言すれば、両製品の顧客価値は同じということになる。つまり、顧客価値とは、品質と価格の

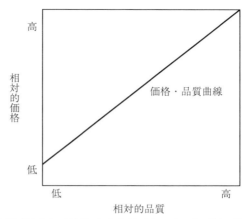

出所）網倉久永・新宅純二郎著『経営戦略入門』日本経済出版社、2011年、195頁。

図 9-4 価値マップ

両方で定義されるものである。したがって、図 9-4 の価格・品質曲線上にある全ての製品は、理論上、顧客価値が同様になる。

## (3) 価格・品質曲線（顧客価値）の変化

（2）で呈示した価格・品質曲線が固定的であるとすれば、当該企業は同線上のどこに自社の製品を位置づければ良いか判断するだけで済む。これが一般的な企業の戦略的決定であると仮定する。しかし、企業努力により品質を維持したままで、あるいは、品質の向上を図った上で、コスト削減を通じて低価格を実現することもありうる。これは価格・品質曲線を右下へシフトさせることを意味する（顧客価値の増大）。逆に、品質や価格に寛容ないし鈍感な顧客に対して、品質を維持したままで、あるいは、品質を低下させた上で、コスト削減することもなくより高価格で製品を販売することも企業の戦略的決定としてはありうる。これは価格・品質曲線を左上へシフトさせることを意味する（顧客価値の減少）。それを表したのが図 9-5 である。

なお、ここで確認しておきたいことは、顧客にとってみれば、高品質製品

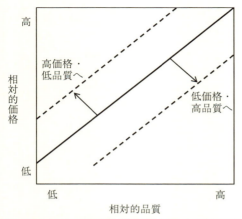

出所）網倉久永・新宅純二郎著『経営戦略入門』日本経済出版社、2011 年、195 頁をもとに筆者作成。

**図 9-5　価格・品質曲線の変化**

を低価格で提供（価格・品質曲線を右下にシフト）してもらう方が望ましい。しかし、それは企業にとってみれば、コスト削減努力を要する難しい課題である。もしコスト削減することなく価格だけ下げてしまえば利益は減少する。したがって、低品質製品を高価格で提供（価格・品質曲線を左上にシフト）できれば、企業にとってそれに越したことはない。しかし、いずれにせよ（価格・品質曲線を右下にシフトするにせよ左上にシフトするにせよ）、それには限界が存在する。その点について(4)で説明する。

### (4) 価値マップ

(3)で述べたとおり、企業は価格・品質曲線を右下にも左上にもシフトさせることができる。したがって、顧客価値の増大を図ることによって利益を得ようとする企業は、価格・品質曲線を右下にシフトさせるように努力するであろう。一方で、顧客価値を減少することによって利益を得ようとする企業は、例えば顧客の知覚品質[19]を操作することにより、価格・品質曲線を左上にシフトさせようとする。

しかし、高品質・低価格の追求にも、低品質・高価格の追求にも限界が存在する。図9-6をご覧いただきたい。右下の点線は、企業が追求できる高品質・低価格の限界を示している。つまり、同線よりさらに右下の「4. 高い価値」は、それが実現されれば顧客価値は高まるが、企業にとってみれば技

術的に不可能な領域である。一方、左上の点線は顧客が価値を認める限界線である。つまり、同線よりさらに左上の「5. 低い価値」は、低価格であるが、過度の低品質・高価格であるために顧客が購入を拒否する領域である。

そうなると、企業は両点線の幅の中で自社の製品をマッピングすることになる。両点線に挟まれた領域の中で、高品質・高価格の製品は「1. プレミアム」

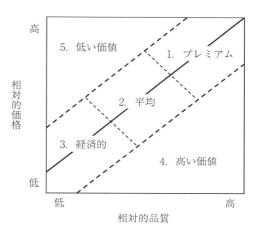

出所) R.D. Buzzell and B.T. Gale, *The PIMS Principles*, The Free Presss, 1987, p. 112. 和田充夫他訳『新PIMSの戦略原則——業績に結びつく戦略要素の解明』ダイヤモンド社、1988年、140頁。

**図9-6 価値マップ：5つの一般的な製品／サービス**

製品、中品質・中価格の製品は「2. 平均的」製品、低品質・低価格の製品は「3. 経済的」製品として位置づけられる。ちなみに、デフレ下では、多くの人々が「1. プレミアム製品」から「3. 経済的」製品に向かった購買を志向するようになると考えられる。

（5） デフレ下における品質と価格の関係

本節におけるここまでの議論を前提として、単純に、相対的品質が高いのか低いのか、さらに、相対的価格が高いのか低いのかという観点から製品を捉えると、4つのカテゴリーに分類できる。それを表したのが図9-7である。

図9-7の中で、顧客にとって最も好ましいのは右下の象限、つまり、「低価格・高品質」製品となるであろう。一方、左上の象限「高価格・低品質」製品は、もしそれが顧客に受け入れられるならば、企業にとって好ましいか

|  | | 低 | 高 |
|---|---|---|---|
| 相対的価格 | 高 | 高価格・低品質 | 高価格・高品質 |
| | 低 | 低価格・低品質 | 低価格・高品質 |

相対的品質

出所）網倉久永・新宅純二郎著『経営戦略入門』日本経済出版社、2011年、199頁。

**図9-7　相対的価格と相対的品質の組み合わせ**

もしれないが、実際の顧客はそれほど寛容でもなければ鈍感でもない。なお、右上の象限「高価格・高品質」製品と左下の象限「低価格・低品質」製品は、先述したとおり顧客価値は同様なので、図9-6中に示した「プレミアム」志向なのか「経済的」志向なのかによって、顧客の判断が分かれるところである。

次に、図9-7を基に、本章のテーマであるデフレ下ではどのような品質・価格設定が競争戦略上有効であるのかについて検討したい。本節(1)において、デフレ下では「人々の価格志向が強まる」と述べた。つまり、当然のことながら全てではないが、多くの顧客が高価格製品を敬遠する。したがって、顧客は、図9-8中の下の象限（グレー部分）に位置する製品を優先して購買することになると考えられる。実際に「デフレの勝ち組」と言われた企業のほとんどは、下の象限に位置する製品を提供する企業であった。

|  | | 低 | 高 |
|---|---|---|---|
| 相対的価格 | 高 | 高価格・低品質 | 高価格・高品質 |
| | 低 | 低価格・低品質 | 低価格・高品質 |

相対的品質

出所）網倉久永・新宅純二郎著『経営戦略入門』日本経済出版社、2011年、199頁をもとに筆者作成。

**図9-8　デフレ時に有効な提供価値**

### (6) デフレ脱却時における品質と価格の関係

次に図9-9を参照されたい。上述したように「デフレの勝ち組」と呼ばれた企業は、品質はともかくとして低価格製品を提供していた。しかし、デフレから脱却する兆しが見えてきた今日、顧客は価格よりも品質に重点を置くようになりつつある。つまり、高価格・高品質製品も受け入れられるようになった。高額な製品の売り上げが伸びているという事実は、その表れであろう。

なお、今日、デフレの勝ち組と呼ばれた企業の中でも優勝劣敗が明確になってきている。つまり、低価格・低品質製品を提供してきた企業の業績が振るわないのに対し、低価格・高品質製品を提供してきた企業は、依然として高い業績を維持しているところが多い。また、低価格・高品質製品を提供してきた企業で、高価格・高品質製品も取り扱うことによって成功している例もある。

いずれにせよ、デフレ脱却時には、図9-9中の右側の象限（グレー部分）に位置する製品を提供する企業が、競争戦略上優位に立つと考えられる。

### (7) 普遍的な品質と価格の関係

本節(5)および(6)では、それぞれデフレ時とデフレ脱却時に有効な品質・価格戦略について検討した。次に、図9-10を参照されたい。同図は、図9-8と図9-9を重ねたものであるが、それが示唆しているのは、景気変動に関

| 相対的価格 | | 低 相対的品質 高 | |
|---|---|---|---|
| | | 低 | 高 |
| | 高 | 高価格・低品質 | 高価格・高品質 |
| | 低 | 低価格・低品質 | 低価格・高品質 |

出所）網倉久永・新宅純二郎著『経営戦略入門』日本経済出版社、2011年、199頁をもとに筆者作成。

**図9-9　デフレ脱却時に有効な提供価値**

出所）網倉久永・新宅純二郎著『経営戦略入門』日本経済出版社、2011年、199頁を
もとに筆者作成。

**図 9-10　普遍的な提供価値**

わらず「低価格・高品質」製品、つまり、図中の右下の象限（濃いグレー部分）に位置する製品を提供する企業が強いということである。つまり、「低価格・高品質」の追求は、企業にとって普遍的に重要である。「良いものをより安く」というスタンスが、今さら当たり前ではあるが、企業に求められる基本姿勢なのである。

## 5　結び

　前節の最後では、結局のところ景気変動に関わらず「良いものをより安く」というスタンスの下、「低価格・高品質」製品を提供することが普遍的に重要であると述べた。実際に、一時期の日本のメーカーは、高品質と低価格という、本来ならばトレード・オフの関係にある両者を同時追求することによって世界を席巻した。つまり、図9-5中、右下に点線を移すことに邁進し成功したのである。しかし、今日、そうした企業の中で、他国企業との競争に敗れ低収益に苦しんでいる企業も少なくない。そうした企業は、「良いもの」つまり「高品質」とは何かを見誤ってしまったのかもしれない。つまり、顧客の「知覚品質」に無頓着であったとも考えられる。

　そうであるとするならば、企業ないしは技術者にとってみれば「低品質」と思われるような製品でも、顧客の「知覚品質」を操作することにより、高価格で受け入れてもらえるような方策を考えることも必要になる。つまり、

図9-5中において左上に点線をシフトさせることにも積極的に取り組んでいく必要があるかもしれない。

「良いものをより安く」という実直なスタンスが重要であることには変わりないが、グローバル化し人々のニーズが多様化する中で、自己満足的な高品質の追求には大きなリスクが伴うということを改めて確認し、本章を結びたい。

注
1) ミンツバーグ（H. Mintzberg）は、これまでなされてきた多様な経営戦略研究を10の学派（スクール）に分類しているが、環境分析に重点をおく学派を「デザイン・スクール」として位置づけている。H. Mintzberg et al., *Strategic Safari: A Guided Tour through the Wilds of Strategic Management*, The Free Press, 1998. 齋藤嘉則監訳『戦略サファリ――戦略マネジメント・ガイドブック』東洋経済新報社、1999年。
2) 例えば、H. I Ansoff, *Corporate strategy*, McGraw-Hill, 1965. 広田寿亮訳『企業戦略論』産業能率大学、1969年を参照されたい。また、1970年代に一世を風靡したボストン・コンサルティング・グループ（The Boston Consulting Group）によるPPM（Product Portfolio Management）も、当該事業・製品の市場シェアや市場成長率の分析を最重要事項とするツールである。
3) ファイブ・フォース分析（five force analysis）とは、業界を構成する5つの競争要因（競合他社、新規参入業者、代替品業者、供給業者、買い手）を分析する手法。M.E. Porter、*Competitive strategy*, The Free Press, 1980, p. 4. 土岐坤他訳『競争の戦略』ダイヤモンド社、1982年、18頁。
4) バリューチェーン分析（value chain analysis）とは、価値（value）を生み出す当該企業の諸活動やその連鎖（chain）について分析する手法。M.E. Porter, *Competitive Advantage*. The Free Press, 1985, p. 37. 土岐坤他訳『競争優位の戦略』ダイヤモンド社、1985年、49頁。
5) VRIO分析（VRIO analysis）とは、自社の経営資源が持続的な競争優位をもたらすかどうかを判断するために、資源の価値（Value）、稀少性（Rareness）、模倣可能性（Imitability）、さらには、資源を活用する組織（Organization）を分析する手法。J.B. Barney, *Gaining and Sustaining Competitive Advantage*, 2nd ed., Addison Wesley, 2002, p. 173. 岡田正大訳『企業戦略論――競争優位の構築と持続』ダイヤモンド社、2003年、272頁。
6) 3C分析（3C analysis）とは、自社（Company）、競合他社（Competitor）、顧客（Customer）を戦略策定の前提として分析する手法。グロービス・マネジメント・インスティテュート編『MBA経営戦略』ダイヤモンド社、1999年、18頁。
7) 與那原建稿「事業環境分析と競争戦略」中村國藏編著『経営戦略の基礎』第2章、

東京経済情報出版、2008 年、30 頁。
 8) 筆者が図 9-2 において呈示した「マクロ環境」に相当する。
 9) 與那原建、前掲稿、30 頁。
10) 筆者が図 9-2 において呈示した「ミクロ環境」に相当する。
11) ただし、SWOT 分析では具体的に何を分析対象とすべきかが明らかでない。したがって、機会、脅威、強み、弱みを実際に分析する際には、他の環境分析手法を応用することも必要となるであろう。
12) J.B. Barney, *Gaining and Sustaining Competitive Advantage*, 2nd ed., Addison Wesley, 2002, p.19. 岡田正大訳『企業戦略論――競争優位の構築と持続』（上巻、基本編）ダイヤモンド社、2003 年、47 頁。
13) 山田修著『本当に使える経営戦略・使えない経営戦略』ぱる出版、2013 年、156～159 頁。
14) 野村健太郎稿「デフレ経済下における経営・財務戦略」『大分大学経済論集』54 (3)、2002 年 9 月。
15) 同上、74～75 頁。
16) 同上、75 頁。
17) 同上、76～80 頁。
18) 網倉久永・新宅純二郎著『経営戦略入門』日本経済出版社、2011 年、194～221 頁。
19) 知覚品質とは、実際の品質に関係なく顧客が感覚的に抱く品質レベルのことである。例えば、いくら優れた技術を用いた製品でも、それを顧客が認識することができなければ知覚品質は向上しない。一方で、大した技術を用いていなくても、何らかの理由で顧客が当該製品を優れていると判断すれば知覚品質は向上する。同上書、198～199 頁。したがって、「本来の品質」と「知覚品質」は異なるが、本章中で用いる「（相対的）品質」という用語は「本来の品質」を意味するものとしたい。

第10章

# LCCの参入と国内航空市場の変化

大石　恵

## 1　はじめに

　2012年は、日本のLCC（Low Cost Carrier；低費用航空会社）元年ともいうべき年であった。航空法改正（2000年）や規制緩和の進展で、2011年に日系のLCC（エアアジア・ジャパン、ジェットスター・ジャパン、ピーチ・アビエーション）が設立され、翌2012年に運航を開始したからである。日本の航空市場には馴染みのなかったLCCとは、一般に既存の大手航空会社（Full Service Airlines；以下、FSAと表記）より低コスト・低運賃で航空輸送サービスを提供する航空会社を指す。北東アジアでは、提供座席数に占めるLCCの割合が低く、依然としてFSAが航空輸送サービスの主流になっているが、欧米や東南アジアではLCCが新たなビジネスモデルとして定着しており、シェアを拡大している（図10-1）。特に東南アジアでは、2011年から2013年にかけてシェアが2倍近く拡大している。

　日本では、2009年から国内航空需要が落ち込み、回復途上にある2012年にLCC3社が就航した。LCCの低コスト・低運賃という戦略は、確かに、景気低迷に起因する低価格志向の消費者のニーズを満たす運賃を提供できるであろう[1]。それでは、景気が低迷し、航空需要が落ち込んでいた当時、LCCは航空需要を喚起する契機となりえたのであろうか。また、FSAのサービスに慣れている日本の旅客に、最小限のサービスを低価格で提供し、必要に応じて追加的サービスを購入するLCCのビジネスモデルが受容される

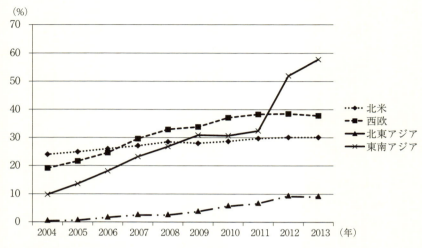

出所）CAPA Center for Aviation（2014）p. 17,48,83,94 より作成。

**図 10-1　座席数に占める LCC のシェア**

のであろうか。この2つの疑問に答えるため、本章では、国内航空市場にLCCが参入するに至った航空政策の経緯と、LCC運航開始後の国内航空市場の変化を考察する。

　日本の航空市場に関しては、1990年代の規制緩和に伴って参入したスカイマーク（1996年設立、1998年就航）[2]、AIR DO（1996年設立、1998年就航）、スカイネットアジア航空（1997年設立、2002年就航）、スターフライヤー（2002年設立、2006年就航）もFSAより低運賃を実現しており、LCCに分類される。しかし、これらの航空会社は、機内での無料の飲料提供や制限内の受託手荷物の無償引受など、FSAと同等のサービスを提供している。そのため、本章ではこれらを新規航空会社とし、2010年以降に新規参入した低コスト・低運賃で輸送サービスを提供する航空会社をLCCとする[3]。

## 2　海外航空市場の規制緩和とLCCの参入

　低コスト・低運賃で航空輸送サービスを提供するLCCは、規制緩和の進展で普及していった。それ以前の各国の航空市場は、他の輸送機関や通信業などと同様、政府の規制下にあった。以下では、航空市場が規制緩和へと転換したアメリカのケースを概観した上で、LCCのビジネスモデルについて言及する。

　LCCの草分けといわれるサウスウエスト（テキサス州、1967年設立、1971年就航）が誕生したアメリカでは、戦前に制定された民間航空法（1938年）を根拠に航空市場に対する規制を実施し、規制業務を所管するCivil Aeronautics Authority（1940年以降、Civil Aeronautics Board；以下、CABと表記）が、既存の国内航空会社の運航路線の振り分けや国内幹線への新規参入禁止などを通じて航空市場を保護していた。その背景には、必要以上の競争が利用者の不利益を生むとの考え方や、公共事業として規制が必要であるとの考え方があった[4]。

　しかし、1970年代後半になると、航空も含めた規制緩和が大きく進展した。すなわち、カーター政権下で新規参入や運賃決定の弾力化、輸送力の決定の自由などを含む「航空規制緩和法」（1978年）が成立して以降、政府の航空規制は段階的に廃止され、1985年にはCABも廃止されたのである。折しも、1970年代は大型機が開発され、空の大量輸送時代が到来していた。同時期のアメリカの国内航空市場は、第1次石油ショック前後のインフレーションを理由に複数回の航空運賃値上げを実施していたため、世論の批判に晒された[5]。また、CABによる規制を受けない州内で運航していたサウスウエストのマイルあたり運賃が、同程度の運航条件で州間を結ぶFSAに適用されるCAB認可運賃より低く、規制が航空運賃を高水準に押し上げていたことが明らかになったのである[6]。こうした状況から、アメリカでは規制政策を転換せざるを得なくなった。

サウスウエストは、2013年にはアメリカ航空市場の25%を占める、デルタ、ユナイテッドに次ぐ航空会社に成長している[7]。しかし、設立当初のサウスウエストは、当局からテキサス州内での就航を許可されたにもかかわらず、FSAの当局に対する働きかけで就航を差し止められ、4年の裁判を経て就航に至った[8]。

同社の経営戦略は、LCCのビジネスモデルにもなっている。第1に、2地点間の単純往復と低運賃を基本戦略にした[9]。1980年代以降、FSAはハブ・アンド・スポーク式の航空ネットワークを構築し、主要空港に航空路線を集約させる戦略を採ったが、サウスウエストは近距離路線を中心に需要が期待できる路線に就航した[10]。ただし、現在は乗り継ぎも重視して、ハブ・アンド・スポーク式の路線展開へ移行している[11]。第2に、混雑するダラス・フォートワース空港を避け、2次空港のラブフィールド空港をハブにしている。2次空港や混雑の少ない空港に拠点を置くことは、発着枠（スロット）を確保し、混雑による航空機の遅延を回避できる[12]。加えて、2次空港は着陸料や施設使用料などが安い。第3に、コストの削減である。サウスウエストは保有機材をB737型機に統一し、整備、乗員訓練、部品の調達や備蓄の効率化を実践している[13]。機種の統一は、1機種の操縦しかできない運航乗務員を機種ごとに多数雇用する必要がなくなる。

これらの経営戦略は他のLCCでも踏襲され、以下の特徴があげられる（表10-1）。

① 運航形態や保有設備

現在、LCCが路線開設の目安としているのは、片道4時間程度の地点である[14]。Scoot（シンガポール、2011年設立、2012年就航）のように、大型機を導入して長距離路線に特化したLCCもあるが、片道4時間のフライトが航空機1機あたりの高い稼働率を維持するのに適した距離とされる。

第2に、FSAのようなネットワークの利便性よりも低運賃を重視するため、LCCは2地点間の単純往復方式で運航する[15]。これは、航空機の折り返しを短時間に抑え、1機あたりの長時間稼働にもつながる。

表 10-1 LCC のビジネスモデル

| 項目 | 内容 |
| --- | --- |
| ①運航形態や保有設備 | ・片道 4 時間程度の近距離中心<br>・2 地点間の往復<br>・使用機種の統一 |
| ②サービス面のコスト削減と収益確保 | ・付帯サービスの有料化<br>・座席配置の最大化 |
| ③使用空港 | ・2 次空港、非混雑空港の使用<br>　（日本では成田、関西の混雑空港を拠点化） |
| ④航空券販売 | ・インターネット販売 |

出所）ANA 総研（2008）、塩谷（2008）、村上・加藤・高橋・榊原（2008）などをもとに作成。

　第 3 に、使用機種を単一の中型機に統一している。LCC は座席あたりのコストがより低い機種を選定する傾向にあり、その代表的機材として B737 型機や A320 型機が選択される。これらの機種は、座席あたりの燃油消費量を抑制できるだけでなく、高い搭乗率も実現しやすいサイズとされ、LCC 各社が採用している[16]。機種の統一は、機材の一括購入による割引、整備、部品の維持・調達や乗員訓練などのコスト削減につながっている[17]。また、使用機材の座席数を最大限配置し、収入の最大化を目指す。LCC によっては自由席としており、旅客は、付加価値のある座席を指定したい場合や早めに搭乗して良い座席を確保したい場合、有料でそれらの権利を購入することになる。

② サービス面のコスト削減と収益確保

　ライアンエア（アイルランド、1985 年設立・就航）の参入以降、多くの LCC で機内の飲食品やシートテレビなどの付帯サービスを有料化し、旅客は必要に応じてそれらのサービスを購入する方式が導入された。FSA では運賃に含まれているこれらのサービスを有料化すれば、調理室スペースを抑え、客席を最大数配置できる[18]。ただし、サウスウエストやジェットブルー（ニューヨーク州、1999 年設立、2000 年就航）ではソフトドリンクとスナックを無料提供している。

③　使用空港

　LCC は大規模で設備が整った混雑空港を避け、2次空港や非混雑空港を利用する場合が多い。混雑空港の場合、空港使用料や着陸料の高さ、混雑に伴う遅延の発生など、LCC の特徴である低コスト・低運賃を実現するには課題が残る。ただし、ジェットブルーのように主要空港（ジョン・F・ケネディー空港）を拠点にする LCC も存在する。

④　航空券販売

　LCC の航空券は、インターネットの自社サイト上で直接販売される。もちろん、近年は FSA でも自社サイトで航空券を販売しているが、一部は旅行会社に委託販売させている。中間業者の存在は航空会社のコスト増につながるため、多くの LCC ではインターネットを利用した販売が一般的で、コスト削減のため航空券のペーパーレス化も進んでいる[19]。

　こうした①～④を活用しながら、LCC は成長を遂げていった。

## 3　日本の国内航空市場の規制緩和と LCC の参入

　日本では、海外の状況とは異なり、1980 年代まで規制緩和が進展しなかった。以下では、規制によって先発企業が守られてきた戦後日本の民間航空政策について概観し、1990 年代にようやく航空会社の新規参入が許可された経緯を確認しておこう。

　戦後、日本では GHQ の占領下で民間航空に関する一切の組織・機関の解散を命じられたが[20]、朝鮮戦争の勃発が契機となって解消され、1951 年、日本航空の設立に至った。翌 1952 年、日本はサンフランシスコ平和条約の発効で主権を回復し、航空法の制定をみると、国内で多くの航空会社が設立された。ただし、それらの大半は経営基盤が脆弱で、航空需要も限られていたことから、1970 年代初頭までに業界内の再編・統合が進み[21]、国際線と国内幹線を運航する日本航空、国内幹線とローカル線を運航する全日本空輸（1958 年、極東航空と日本ヘリコプターの合併で誕生）、ローカル線を運航

する東亜国内航空（1971年、日本国内航空と東亜航空との合併で誕生）の3社による日本の航空市場の棲み分けが続いた。45/47体制と称されるこの枠組みは1985年まで維持され、運賃制度では認可制を採用して「平均原価に等しい運賃」を運賃とし、参入制度では路線ごとの免許制を敷いて需給調整を行った[22]。

こうした3社体制に変化をもたらしたのは、日米航空協議の1985年MOU（Memorandum of Understanding）によって実現した日本貨物航空（1978年設立、1985年就航）の太平洋路線参入であった[23]。その結果、日本航空のみが国際線に就航する45・47体制の修正は不可避となり、1980年代には複数の航空会社がアメリカへの乗り入れを果たした[24]。

国内線の規制緩和も進展し、運賃制度は1990年以降、同一距離同一運賃帯の実現や、割引運賃の届出制の導入、一定の制限内での普通運賃の設定自由化などである。これらは何れも、航空法の改正（2000年2月施行）で事前届出制へ変更された。参入制度については、年間旅客数をもとに複数社が就航できる基準を設け、段階的に基準を緩和した上で1997年に基準を廃止、新規参入が路線ごとの免許制から航空輸送事業者全般に対する許可制へと変更されたのである[25]。

新規参入の一番手となったのはスカイマークであった。スカイマークは、旅行会社のエイチ・アイ・エス創業者の澤田秀雄氏が、硬直した運賃設定が常態化していた日本の航空業界に懐疑的であったことが発端となって設立された。かつて日本の国内航空運賃は、運航時間帯や運航会社を問わず、各社横並びで、相対的に高く設定されていたのであった[26]。

これに続いて、1990年代にはAIR DO、スカイネットアジア航空など、既存の大手3社よりも安い価格帯を武器にした新規航空会社が相次いで誕生したのであった。しかしながら、新規航空会社を取り巻く環境は厳しく、スカイマークを除いて全日本空輸などの傘下で経営再建に取り組むケースが殆どである[27]。

近年では、政府の新成長戦略（2010年）で、関西空港の活用策としての

表10-2 日本のLCCの設立沿革

| 年月 | 事項 |
|---|---|
| 2011. 2 | ピーチ・アビエーション株式会社設立（本社：泉佐野市） |
| 8 | エアアジア・ジャパン設立（本社：成田市） |
| 9 | ジェットスター・ジャパン株式会社設立（本社：成田市） |
| 2012. 3 | ピーチ・アビエーション運航開始（関西―新千歳、福岡） |
| 5 | ピーチ・アビエーション国際線に就航（関空―仁川） |
| 7 | ジェットスター・ジャパン運航開始（成田―関西、新千歳、福岡、那覇） |
| 8 | エアアジア・ジャパン運航開始（成田―新千歳、福岡、那覇） |
| 10 | エアアジア・ジャパン国際線に就航（成田―仁川） |
| 2013. 6 | エアアジア・ジャパン資本構成の変更 |
| 11 | エアアジア・ジャパンの商号変更（バニラ・エア株式会社へ） |
| 12 | バニラ・エア運航開始（成田―那覇） |

出所）航空各社ホームページ「会社概要」、「沿革」、「プレスリリース」より作成。

LCC拠点化や、LCCなどの新規参入を通じたアジア地域のインバウンド取り込みが示された[28]。それと相前後して、全日本空輸が出資するピーチ・アビエーション、エアアジア・ジャパン[29]、日本航空やカンタス航空（オーストラリア）が出資するジェットスター・ジャパンが設立を発表し、各社とも2012年には就航を果たした（表10-2）。

日系LCC各社も、前節で概括した一般的なLCCのビジネスモデルに沿った経営戦略を採用している。すなわち、機種の統一、付帯サービスの有料化、インターネットを通じた航空券販売などである。また、各社は関西空港か成田空港のいずれかを拠点としている。空港側もLCCへの対応をすすめ、関西空港にLCC専用の第2ターミナルビル（2012年10月供用開始）が建設されたのを契機に、成田空港でも早朝・深夜便のLCC旅客に対応するための交通手段や宿泊施設が拡充されるようになった[30]。

## 4　LCC参入路線の航空旅客数の変動

過去20年間の国内航空輸送実績によれば（図10-2）、2000年代にかけて

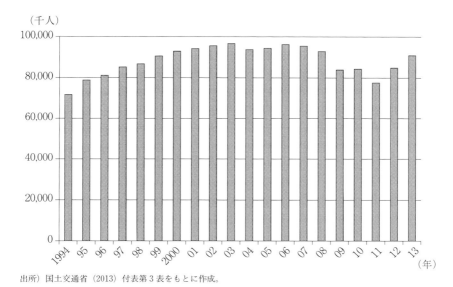

出所）国土交通省（2013）付表第3表をもとに作成。

図 10-2　国内定期航空旅客数

　旅客数は増加傾向にあったが、リーマンショック後の2009年から減少に転じ、2012年にようやく反転している。

　それでは、実際にLCCが参入した路線では、旅客数にどのような変動が生じたのであろうか。本節では、LCC参入路線のうちFSA、新規航空会社、LCCの三者が競合し、かつ2地点間の交通手段が航空機に限定される路線と、代替可能な陸上輸送機関がある路線をそれぞれ取り上げ、路線への新規参入がもたらす変化について考察する。

### (1)　航空機のみを移動手段とする路線：成田ー那覇線

　成田ー那覇線は、2011年12月にスカイマーク、2012年7月にジェットスター・ジャパン、同年8月にエアアジア・ジャパンが参入を果たしたものの、エアアジア・ジャパンについては全日本空輸との提携解消に伴い、2013年10月に一旦休止している。その後、2013年12月にはエアアジア・ジャ

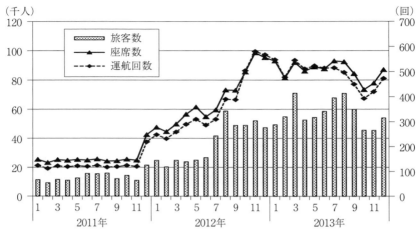

図 10-3　成田－那覇線の定期路線輸送実績

パンから商号変更したバニラ・エアが就航を果たした。

　図 10-3 から、スカイマークの参入以降、各社の参入・退出月には提供座席数、旅客数、運航回数のいずれも変動が見られる。路線別に提供座席数および旅客数を公表している各社の輸送実績によれば、スカイマークは参入以降、最高で 93.9％（2012 年 8 月）、最低で 33.1％（2013 年 12 月）、平均で約 60％ の搭乗率を記録しており、同社の成田発着線（成田－札幌、米子線）と比較しても搭乗率は高い[31]。バニラ・エアについては 2013 年 12 月の成田－那覇線の月間搭乗率は 84.6％ と高く[32]、路線全体の座席利用率（62.1％）を大幅に上回っている。

　これに対して、同期間の日本航空の搭乗率は最高 64.4％（2011 年 8 月）、最低 30.4％（2012 年 2 月）、平均約 47％、全日本空輸の搭乗率が最高 67.6％（2013 年 6 月）、最低 40％（2012 年 2 月）、平均約 54％ である[33]。よって、新規参入各社が当該路線でより高い搭乗率を実現し、旅客の増加に貢献したと考えられる。

## (2) 代替輸送機関がある路線：大阪－福岡線

関西圏は伊丹、関西、神戸の3空港を擁し、このうち伊丹、関西の2空港は2012年7月に経営統合したばかりである。関西空港はピーチ・アビエーションの第1拠点、ジェットスターの第2拠点であり、LCC専用ターミナルを建設するなどLCC誘致に積極的な空港でもある。

また、伊丹および関西を発着するFSA、LCCの競合路線で、なおかつ陸上交通機関で他地域へ移動可能な路線として、大阪（伊丹、関西）－福岡が挙げられる。この区間は、山陽新幹線を利用すれば新大阪－博多間を約2時間半で移動可能であり、運行本数の多さから新幹線の利用者数が圧倒的に多いとされる。

以下では、大阪の2空港と福岡とを結ぶ航空路線の旅客数の推移をみてみよう。

図10-4が示すとおり、関西－福岡線は運航回数、旅客数ともに低下の一

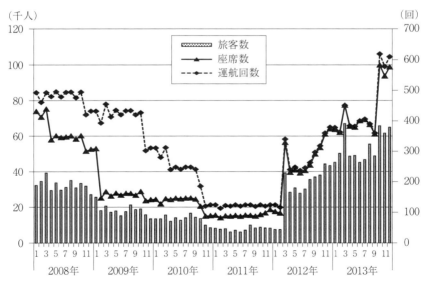

出所）国土交通省（2008～2013）第3表より作成。

**図10-4　関西－福岡線の輸送実績**

途をたどっていた。低迷する実績に転機が訪れたのは、2012年3月のピーチ・アビエーション就航であった[34]。その後、2012年8月にはジェットスター・ジャパン、2013年10月にはスターフライヤーが参入を果たし[35]、旅客数、運航回数ともに急増した。関空－福岡線の場合、運航回数は2010年から2011年にかけて半減しているにもかかわらず、提供座席数は小幅な減少にとどまっている。さらに、複数社の新規参入に伴う旅客数の増加と運航回数の増減が同じトレンドにあることから、各社とも中小型機で運航回数を増やしながらより多くの輸送を実現しようとしていたといえよう。実際、新規参入した3社は何れもA320シリーズで運航しており、1機あたりの定員はLCCで最大の180席、スターフライヤーで150席である[36]。なお、3社のうちスターフライヤーは、参入から3か月間の座席利用率が55.4%（10月）、50.8%（11月）、54.1%（12月）と伸び悩み、経営再建の過程で2014年2月を最後に同路線から撤退した[37]。

これに対して、FSAのみが就航している伊丹－福岡線の旅客数は堅調に推移していたが、減少傾向にあることは否定できない（図10-5）。2012年以降、提供座席数に大きな変化はみられないが、運航回数は増加傾向にあることから、使用機材が小型化したとみられる。

伊丹、関西を一体として見た場合、大阪－福岡線の総旅客数は増加傾向にあることから、新規航空会社およびLCCの参入が、従来は航空機を利用しなかった旅客層の需要創出につながったと考えられる。

## 5 おわりに

航空の規制緩和はアメリカにとどまらず、ヨーロッパではEUの市場統合に伴って進展し、1997年には、シカゴ条約で容認されているカボタージュ[38]の制限をEU加盟国内で撤廃するに至った。日本の航空規制緩和は、2000年の航空法改正で緒に就いたといえる。アジアに目を向ければ、ASEANは1990年代後半から域内の航空自由化を進めており、世界的に航

第 10 章　LCC の参入と国内航空市場の変化　209

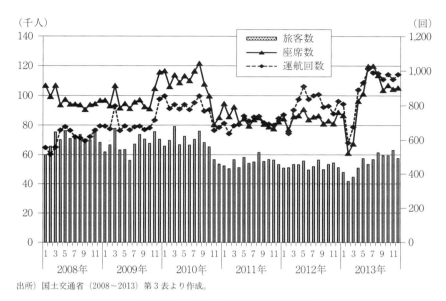

図 10-5　伊丹－福岡線の輸送実績

出所）国土交通省（2008～2013）第 3 表より作成。

空市場は規制緩和、自由化に向かっている。こうした流れの中で、LCC は市場を拡大しつつある。

　LCC は、航空市場に対する規制や FSA への対抗の中から生まれたビジネスモデルであったが、FSA との競合の結果、ビジネスモデルを変化させながら運航を続けている。サウスウエストのように、近距離単純往復という LCC の経営戦略を構築した企業も、アメリカ国内市場のニーズに応じて、ハブ・アンド・スポーク式のネットワーク構築へと転換したケースもみられる。

　海外では、LCC は規制緩和とともに成長してきたが、日本の場合、景気、航空需要ともに低迷していた時期に誕生した。日本の LCC は参入から間もないため、事業の成否を判断することはできない。ただ、LCC が参入した一部の路線の旅客数が増加しただけでなく、LCC は国内線の 6% のシェアを占め、航空需要の 5% 程度の伸びに貢献していることから[39]、LCC の参

入が日本の航空需要の回復の一因となったといえよう。

**注**
1) 「Peach Aviation の事業戦略と今後の展望について」『航空と文化』(2012年新春号)、14頁。
2) 設立当初の社名はスカイマークエアラインズであるが、本章では、2006年に変更した社名(スカイマーク)で表記する。なお、本章は2013年末までの事象を対象としており、同社の民事再生法適用申請については言及していない。
3) ただ、バニラ・エアのように定型内の受託手荷物20kg までを無料で預かるLCCも存在しており、受託手荷物の有料化が全ての国内LCCに共通するものではない。
4) ANA総研 (2008) 39頁。
5) 高橋・横見 (2011) 37頁。
6) 塩見 (2006) 124〜125頁、高橋・横見 (2011) 38〜39頁。
7) CAPA (2013) pp. 2-4.
8) 赤井・田島 (2012) 14〜15頁。
9) 村上・加藤・高橋・榊原 (2008) 161頁。
10) 塩谷 (2008) 24頁、赤井・田島 (2012) 20頁。
11) 花岡 (2007) 53〜54頁。
12) 塩谷 (2008) 24〜25頁。
13) 塩谷 (2008) 25頁。
14) 赤井・田島 (2012) 29頁。
15) 赤井・田島 (2012) 31〜32頁。
16) 赤井・田島 (2012) 70〜72頁。
17) ANA総研 (2008) 80頁。
18) ANA総研 (2008) 81頁。
19) 赤井・田島 (2012) 105頁、ANA総研 (2008) 82頁。
20) 「民間航空廃止ニ関スル連合軍再興司令官指令覚書」(1945年11月)。
21) ANA総研 (2008)。
22) 山内 (2010) 108頁、塩谷 (2008) 76頁。
23) 日本貨物航空社史編集委員会編 (2005) 15〜16頁。
24) 山内 (2010) 107〜108頁、ANA総研 (2008) 16頁。
25) 高橋・横見 (2011) 30頁、山内 (2010) 110頁。
26) 澤田 (2010) 429〜430頁。
27) AIR DO は2002年の民事再生法適用申請後、全日本空輸、日本政策投資銀行などがファンドを組成して支援し、2005年3月に再建を完了した(日本政策投資銀行「事業再生ファンドによる資金面、経営面での支援」、http://www.dbj.jp/case/01/airdo.html)。スカイネットアジア航空は、2004年に産業再生機構による経営支援を経て全日本空輸との業務提携を開始した。スターフライヤーは2007年から全日本空輸とのコードシェアを開始している。

28) 国土交通省成長戦略会議（2010）3-5、3-24、3-25 頁、CAPA（2012）57 頁。
29) エアアジアとの提携解消の結果、2013 年 11 月以降は、全日本空輸が 100％ 出資する LCC「バニラ・エア」に商号を変更した。以下、バニラ・エアと表記する。
30) 新関西国際空港株式会社「新 LCC ターミナルビル（T3）整備について」2013 年 12 月 26 日、プレスリリース（http://www.nkiac.co.jp/news/2013/1867/lcct3.pdf）。
31) スカイマーク「搭乗実績」(http://www.skymark.co.jp/ja/company/investor_loadfactor.pdf?d＝20140110)、参照。
32) バニラ・エア「輸送・運航実績」(http://www.vanilla‐air.com/jp/corporate/performance)、参照。
33) 日本航空については、JAL グループマンスリーレポート（http://press.jal.co.jp/ja/result/）、全日本空輸については、ANA グループ実績（http://www.ana.co.jp/pr/category_list/jiseki_7_index.html）の各月国内線輸送実績より算出。
34) ピーチ・アビエーション、プレスリリース（2012 年 3 月 1 日、http://www.flypeach.com/Portals/1/PressReleases/2012/20120301-Press-Release-J.pdf）。
35) ジェットスター・ジャパン、プレスリリース（2012 年 8 月 23 日、http://www.jetstar.com/jp/ja/about‐us/~/_media/C01CE6F8BD0A481199F96867176A5466.pdf）。
36) 航空各社ホームページ参照。
37) スターフライヤー「運航・輸送実績」(http://www.starflyer.jp/starflyer/traffic_figures/tf_2013.html＃a05)。
38) 外国の航空機による自国の地点間輸送サービス。
39) 国土交通省航空局（2013）9、12 頁。

**参考文献**
赤井奉久・田島由紀子（2012）『「格安航空会社」の経営テクニック』TAC 出版。
ANA 総合研究所（2008）『航空産業入門――オープンスカイ政策からマイレージの仕組みまで』東洋経済新報社。
国土交通省（2008～2013）『航空輸送統計年報』平成 20 年～平成 25 年。
国土交通省航空局（2013）「我が国の LCC の現状と課題（資料1）」平成 25 年 10 月 30 日（http://www.mlit.go.jp/common/001017437.pdf）。
国土交通省成長戦略会議（2010）『国土交通省成長戦略』平成 22 年 5 月 17 日（http://www.mlit.go.jp/common/000115442.pdf）。
澤田秀雄（2010）「『スカイマークエアラインズ』の誕生」、財団法人日本航空協会『日本の航空 100 年航空・宇宙の歩み』第三部第 2 章、所収。
塩谷さやか（2008）『新規航空会社事業成立の研究――日本におけるビジネスモデルと航空政策の革新』中央経済社。
塩見英治（2006）『米国航空政策の研究』文眞堂。
髙橋望・横見宗樹（2011）『エアライン・エアポートビジネス入門――観光交流時代のダイナミズムと戦略』法律文化社。

日本貨物航空社史編集委員会編（2005）『飛翔――NCA20年の歩み』日本貨物航空。
花岡伸也（2007）「アジアのLCCビジネスモデルの比較分析」『低費用航空会社（LCC）の研究』航政研シリーズ no. 473。
村上英樹・加藤一誠・高橋望・榊原胖夫（2008）『航空の経済学』ミネルヴァ書房。
山内弘隆（2010）「規制緩和と航空交通」、財団法人日本航空協会『日本の航空100年 航空・宇宙の歩み』第二部第5章。
CAPA, Center for Aviation（2012）*North Asia LCC and New Age Airlines 2012*, CAPA.
CAPA, Center for Aviation（2013）*World Aviation Year Book 2013: North America*, CAPA.
CAPA, Center for Aviation（2014）*World Aviation Yearbook 2014*, CAPA.
『航空と文化』

# 第11章

# 地域発の国際戦略

佐々木　茂

## 1　はじめに

　日本の地方を取り巻く現状は、本書のタイトルにもなっているデフレ経済に始まり、少子高齢化、都市への人口集中による過疎化、東日本大震災をはじめとする災害からの復旧の遅れ等々、いずれもマイナス要素が続いている。「日本創成会議」の人口減少問題検討分科会（座長・増田寛也元総務相）では、将来予測として、「2040年に若年女性の流出により全国の896市区町村が「消滅」する可能性がある」ことを指摘している（2014）。
　図11-1(a)は、2000年からの国内の旅行人数の推移を示している。前述の人口減少と呼応するように、国内の旅行人数は減少傾向にある。幸い、この2年あまりの国内旅行消費額（図11-1(b)）は、上昇基調にあるが、総額ベースで見ると、未だに2000年当時の水準には戻り切れていない（なお、図11-1はデータから筆者が作成した。折れ線は、消費額の増減の前年比を示している）。
　こうした地方経済の衰退については、人口が増加から減少に転ずる遙か以前から問題視されてきた。そして、たとえば、日本人のみを対象とした市場構成から、海外からの旅行者、いわゆるインバウンド・ツーリズムによって、国内消費の減少分を補うべく、"Visit Japan Campaign" も小泉政権時代から展開され始めた。
　その結果、2013年になって、訪日外国人客数が1000万人を超え、図11-2

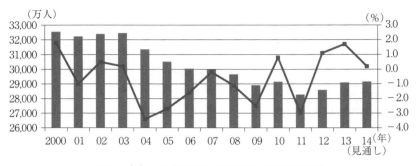

図 11-1(a)　国内旅行人数の推移および伸び率

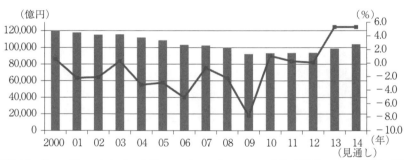

出所）http://www.jtbcorp.jp/scripts_hd/image_view.asp?menu=news&id=00001&news_no=1788, 2014.12.10 アクセス）

図 11-1(b)　国内旅行消費額の推移および伸び率

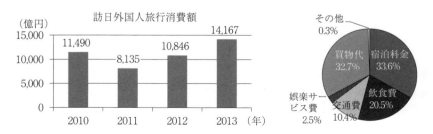

出所）http://www.mlit.go.jp/common/001032143.pdf, p. 12, 2014.12.10 アクセス）

図 11-2　訪日外国人旅行消費額と内訳

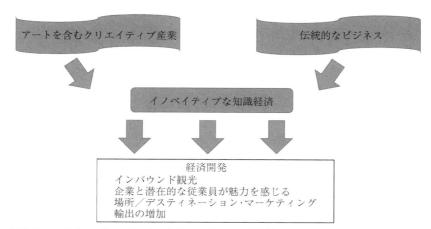

出所）Fraser McLeay, Hans-Christian Andersen, The art of SME export marketing: a case study, The Marketing Review, 2010, Vol. 10. No. 3, p. 241.）

図 11-3　イノベイティブな知識経済の形成

にも示されているように、彼らの旅行消費額が震災前よりも上昇に転じ始めた。とはいえ、GDP の 10% 近くを稼ぐニュージーランドの観光と比べれば、依然として経済を底上げするには至っていない。ではどうすれば、こうした消費をさらに上昇させることが可能となるだろうか。

F. マックレイらは、クリエイティブ産業と伝統的な産業の連携による経済開発を通じた、地域の国際戦略について、図 11-3 を元にその意義を説明する (2010)。これは、伝統ビジネスとクリエイティブ産業が協働することによって、知識中心のイノベイティブな経済を形成することができるようになり、それが、今日のグローバルな事業環境下で、競争に打ち勝つための決定的な要素となるということである。世界銀行の資料からも分かるように、イノベイティブな知識中心経済が経済成長の主要な要因となることは広く認識されている (1999)。C. ヘンリーは、クリエイティブ産業と増大する国際ビジネス活動との間で積極的な連携が見られると指摘している (2007)。すなわち、アートやツーリズムから派生して、多様なニーズが生まれ、伝統的な中小企業への波及効果がもたらされ、中小企業にとっても、輸出などグロ

ーバル化の機会が増大することを主張する。つまり、クリエイティブ産業には、グローバルな経済波及力が備わっていると考えられるのである。

また、F. マックレイらは、インバウンド・ツーリズムによって、内需が拡大することが、経済の底上げにつながる点も強調する (2010)。たとえば、MICE (Meeting, Incentive, Convention, Exhibition) の取り組みでは、その傾向がより鮮明に現れてくる。シンガポールは、MICE によって、単に国際会議を開催するだけでなく、会議参加者が多様な観光を楽しむことで、派生需要を享受している。さらに、関連産業への刺激も大きい。この点は、福岡県の MICE の取り組みでも同様の動きが見られる。

旅行やビジネスによる移動によって、人は、移動先の地域を経験することになる。その地域がクリエイティブな地域だとしたら、1度だけの旅行からその地への移住に心動かされることもあるかもしれない。

R. フロリダは、このクリエイティブ産業の特長を2つに大別して説明する (2008)。1つは、スーパー・クリエイティブ・コアとして、科学者、技術者、大学教授、詩人、芸術家、エンターテイナー、俳優、デザイナー、建築家、作家、編集者、文化人、シンクタンクの研究員、ソフトウエア系のエンジニア、映画制作者などをあげている。特に、クリエイティブな仕事として、社会や実用に直結した新しいライフスタイルやデザインの創出に着眼している。

もう1つの特長として、クリエイティブ・プロフェッショナルをあげ、ハイテク、金融、法律、医療、企業経営など知識集約型産業で働く人の存在を強調する。

そして、フロリダは、technology (技術)、talent (才能)、tolerance (寛容性) という3つのTの存在を重視し、これらの3つのTを兼ね備えた地域こそ、クリエイティブな地域 (クラスター) であると見なしている。彼の調査によれば、サンフランシスコのベイエリアが、その最先端を行っているという (2008)。その中心のシリコンバレーには、人を引きつけるエコ・システムがある。このサンフランシスコのベイエリアは、第5節(1)で

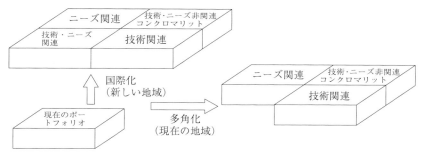

出所）H.I. アンゾフ著、1990、169頁。

**図 11-4　多角化と国際化の代替案**

も述べるが、フランス政府がインキュベーション施設を設立するなど、米国人以外の移住と彼らによるイノベーションへの取り組みが盛んな地域である。

　政府が自国以外の地域においてもインキュベーション施設を創設して、海外で起業を促進するという取り組みは、新市場開拓や新製品開発のための国際化が求められていることを示しているといえよう。H.I. アンゾフは、多角化と国際化という企業の成長のベクトルの2つの方向性の内、国際化は、自社製品を未経験の国に浸透させなければならない点と、その市場に対しても新たな技術を提供しなければならない点をあげて、国際化の厳しさを強調する（1990）。言い換えれば、進出先の市場に適したマーケティング戦略の展開が不可欠であることを意味しているといえよう。多角化と国際化のシナジーの方向性は、図 11-4 に示されている。

　アンゾフのこうした考え方は、企業を対象とした視点であった。しかしながら、現代においては、地域単位で、こうした視点を基に、地域内の産業の活性化を目指す必要がある。すなわち、中小企業にとっては、国内では技術の専門化が、市場の拡張のためには国際化がそれぞれ求められている。農業分野においても、日本的な農業をアピールする高付加価値型農業は、輸出にも適していることがわかっている。

そして、前述の人口減少社会にあっても、地域社会の活性化に成功している取り組みには、外国人観光客や移住者の定住促進が奏功することもわかってきている。つまり、地域の活性化には、もはや観光の取り組みが不可欠なのである。

そこで、本章では、こうした地域の活性化の方向性を国際化という視点に立脚して検討していくことにしたい。

## 2　地域の国際化の取り組みの現状

### (1)　インバウンド観光を促進する取り組みによる経済的影響

日本を訪れる外国人観光客が、2013年に初めて1000万人を超えた。その年の外国人の旅行消費額の総額は、1兆4167億円であった。買い物代金と飲食費の合計は、総支出額の53.5％となり、これが、宿泊や交通費以外の一般の地域経済へ直接影響を与えている消費と考えることができる。

さらに、インバウンド観光が経済に与える波及効果は大きいものがあり、国内の人口1人あたりの消費額を外国人観光客7人が補ってくれるという試算がなされている（2008）。

### (2)　外国人観光客の地域訪問が変化のきっかけ

長野県白馬村では、長野オリンピック（1998年）前後からワーキング・ホリディで受け入れた欧米やオーストラリアの人たちが多数移住し、母国語でブログを通じて情報発信をしている。これがきっかけとなって、冬期にインバウンドのスキー客が増加し、成田空港や新幹線長野駅からの直行バスの定期運行が相乗効果となって、誘客に成功している（2010）。

### (3)　地域資源の国際化の取り組み

インバウンド観光によって、地域に外国人観光客が訪れるようになることや、地域をあげて国際化に取り組むことによって、地域の日常生活のなかで

住民にとっては、当たり前すぎてその価値に気づくことがなかったような地域資源に光が当てられることになる。

たとえば、佐々木によれば、島根県隠岐の島の海士町では、Ｉターンで島に移り住んだ若者が、地域の漁師に弟子入りして、地域資源の活性化に取り組む中で、ナマコの価値に気づき、この若者のネットワークを活用して、中国に輸出することとなり、島の資源の活性化へと発展していった例もある（2014）。

また、群馬県川場村の永井酒造は、創業125年に及ぶ酒造メーカーであるが、シャンペンの醸造法である瓶内二次発酵の技術を日本酒醸造において完成させ、世界23か国に輸出するまでに展開している。主な輸出国は、出荷金額順に米国、香港、シンガポール、カナダ、タイ、ベルギー、中国、韓国、台湾、ニュージーランド、マレーシア、スペイン、英国、フランスなどに及んでいる。この取り組みの始まりは、フランスのワイン醸造家との交流であり、現在では、1企業としてのみならず、川場村を中心に、地域の資源全体に目配りを行い、周辺市町村とも連携して、多様な地域ブランドを開発し、これら地域ブランドと地域の自然を活かした「川場サミット」を展開して、世界と川場村の交流にも力を入れている。

### （4） 観光客は自分の居住地域でも日本の体験を繰り返したい、特に食

札幌市に本社のある（株）アブ・アウトが世界に展開する山頭火のラーメン・チェーン店は、今や、国内対海外の売上比率が4対6となり、海外比率が上昇中である。ラーメンの材料は、札幌から空輸する物と現地調達によりまかない、日本と同じ品質と味が提供できるよう工夫している。ラーメンが日本の食を代表するメニューの1つとして、昨今大きく注目されるようになっている。これは、日本での食の体験から、帰国後にも日本と同じ味を求めるトレンドが起きていることを背景にした、1つの日本の食文化体験といえるであろう。

出所）筆者撮影。

写真 11-1　高知県の柚子をジュースに加工したマレーシアのメーカーが出稿したタウン誌の広告

### (5) 農産物の輸出

　高知県では、シンガポールに事務所を設置して、特産の柚子に特化したマーケティング戦略を展開している。特に、若手女性料理家を起用し、柚子の賞味会を開催し、地域の有力事業者とのネットワーク作りに務めてきた。その結果、たとえば、同国のスターバックスでは、柚子のケーキが提供されるようになり、マレーシアのジュース・メーカーは、写真 11-1 にあるようなタウン誌による広告などのマーケティングを通じて、日系の百貨店のみならず、地元のスーパーマーケットでも販売している。さらに、パリの国際食品見本市 "SIAL2012" にも出展した。その結果、柚子の収穫期に 3 トンを輸出し、フランスや EU 諸国の高級レストランへ販売するようになってきている。"SIAL2012" では、サンリオと高知出身で県の観光特使の「ハローキティ」デザイナー山口裕子さんの協力により、「ハローキティ」と柚子がコラボし、現地メディアに高知の柚子をアピールすることができたという。その後、オランダやシンガポールから商社や有名シェフが、高知県の柚子産地を訪問するようになっている。

## (6) 世界に進出する地域の製品と中小企業

　筆者が2014年度に実施した海外調査から、昨今の日本製品、特に、生活に関連した商品に対するニーズは、これまで以上に拡大していることがわかってきた。

　たとえば、ニューヨーク（NY）では、米国系資本、中華系資本、韓国系資本、日系資本のスーパーマーケットを訪問したが、いずれにおいても、多様な日本食品の取り扱いが見られた。特に、日本の食料品に対しては、安心・安全と品質の高さを重視する消費者層からの支持が強いことがうかがわれた。

　また、世界的にラーメン・ブームということもあり、多様なラーメン店が進出している。その中で、前項(4)でも取り上げた（株）アブ・アウト（札幌市）にも訪問調査を行った。それによると、同チェーン店は、米国だけで10店舗に加えて、カナダ2、香港4、台湾3、シンガポール2、マレーシア1、インドネシア2、フィリピン2、タイ1店舗と、多店舗展開を行っている。日本のサービス業の特殊性が指摘された時代もあったが、現在では、日本的なサービスそのものが評価される時代へと転換し始めているのである。

　こうしたラーメン店に加えて、多様な日本食レストランの事業展開が見られるようになり、定食屋やカレー屋までもが進出するようになってきている。さらに食以外でも、ユニクロは全世界に店舗展開し、無印良品はNYの近代美術館の売店の一角を占めるまでに受け入れられている。

　さらに、日本酒もブームとなり、写真11-2のように、NYのマンハッタンで、米国人の経営する"SAKAYA"では、日本酒だけが常時150種類程度販売されている。インドネシアにおいても、居酒屋が現地の人に好評を博していた。また、日系のスーパーマーケットの敷地に隣接するおもちゃ屋では、高崎だるまが所狭しと陳列され、店主によると、米国人に人気が出てきているということであった。

　トラクターの生産や販売といったBtoBの市場においても、日本製に対するニーズの高さを知ることができた。ジョージア州アトランタ市周辺は、

出所）筆者撮影、2014.7.5。

**写真 11-2　NY の SAKAYA（酒屋）と雑貨屋に陳列される高崎縁起だるま**

　全米で最も日本企業の進出数が多い地域であり、ここでは、日本の農耕機メーカーを取引先とする日本の中小製造業 2 社を訪問した。いずれも、生産が需要に追いつかない状態が、3 年以上続いている。その背景には、他国製トラクターへの米国農家の不満があるということが 2 社の共通した見解であった。低価格の魅力から、他国製のトラクターを一時的に購入する農家があっても、故障の頻度が高く、結局、日本製に戻るところが多く、結果として、需要が右肩上がりとなるとのことであった。こうした機械の性能面での信頼の高さは、米国のみならず、インドネシアの自動車やオートバイの市場においても、同様の現象が見られる。その結果、インドネシアでの日本車のシェアが 96％ というほとんど独占の状態が形成されることとなっている。

　章の冒頭でも考察したように、日本の地域経済は日増しに疲弊の度合いを強めている。その一方で、地域が持つ多様な資源は、海外においてもその価値が認められ、その結果、日本の存在意義が高まってきてもいる。したがって、いま一度、地域を再点検して、活力を取り戻す方策を検討する際に、国際市場を視野に入れることも選択肢として充分に考えられる時代になったといえるのではないだろうか。

　しかしながら、中小企業や農水産物とその加工品には、決定的にブランド力が不足しているのも事実である。独力で国際化できる事業者が多いとはい

えない。そこで、地域ぐるみで取り組むことによって、次のようなメリットが期待できるのである。①限られた（人、物、金、情報）資源を重点的に活用できる。②地域名を冠することで知名度を活用できる。③従来通りの市場ではなく新しい販路を海外に求めることとなり、地域内の競争相手との協調関係を構築しやすい。④ブルーオーシャン戦略を展開しやすい。⑤国家的な命題である地域の活性化には政府予算が割り当てられており、地域のために活用しやすい。⑥すでにグローバルなネットワークを有するJETROやCLAIR（自治体国際化協会）やJNTO（日本政府観光局）など政府機関が活用できる、といった数々のメリットが考えられるのである。

つまり、従来は、1企業が独力で取り組んでいた活動を、現在では、多様な機関との連携の中で、いくつかの資源を活用しながら、取り組めるようになってきており、この枠組みをさらに発展させることで、日本の地域の活力を取り戻すだけにとどまらず、進出地域の発展にも大いに寄与できることが明らかになりつつある。

次節では、地域の文化を核とした中小企業や農産物とその加工品やインバウンド観光の取り組みのための、地域の国際マーケティングのプロセスについて検討する。

## 3 地域の文化を核とする国際マーケティングのプロセス

「はじめに」ではクリエイティブ産業と伝統的な産業の連携について述べた。このクリエイティブ産業は、地域の国際戦略の中心に文化の要素を設定し、図11-5のように、中小企業（SME）、農産物、観光を連携させながら国際マーケティングを展開しようとすることで、地域固有の資源を的確に組み合わせて、ブランディングすることが可能である。

図11-5の中心に位置する「文化」についてみておくことにしよう。

文化（culture）とは、広辞苑によれば、人間が学習によって社会から習得した生活の仕方の総称である。衣食住を初め、技術・学問・芸術・道徳・

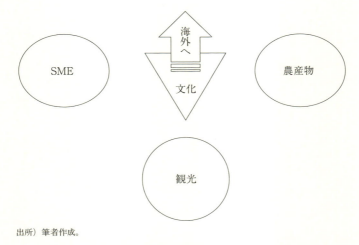

出所）筆者作成。

図 11-5　地域の国際マーケティングのトライアングル

宗教など物心両面にわたる生活形成の様式と内容とを含むとされる（1976）。
　また、ユネスコによれば、文化とは、特定の社会または社会集団に特有の、精神的、物質的、知的、感情的特長をあわせたものである。また、芸術・文学だけではなく、生活様式、共生の方法、価値観、伝統及び信仰も含むものである（2001）。
　地域に固有の文化は、他の地域や国から見ると、異質なものであり、興味深い知識や情報や体験と解釈される。したがって、文化要素と産業とを結びつけることで、海外の市場の関心を集めることが可能となるのである。
　この文化的要素に着目した研究として、F. マックレイらは、米国モンタナ州の取り組みを取り上げて、次のように説明している（2010）。モンタナ州は、米国で、「最後の最高の場所」と呼ばれる自然に恵まれた美しい景観の地域である。その一方で、企業の小規模性、都市から離れた田舎であること、市場まで遠距離であることに加えて、専門的知識を持つ人材の不足から、地域の経済力には限りがある。たとえば、2000年頃の実績では、1人あたりの収入は全米で46位、平均年収49位、輸出額50位、国内総生産、経

第 11 章　地域発の国際戦略　225

出所）Fraser McLeay, Hans-Christian Andersen, 2010, p. 252.

図 11-6　持続可能なプログラムの概念サイクル

済活動とハイテク分野の雇用 48 位といった具合であった。したがって、国際競争力のある企業経営者同士のつながりもつくりにくいこともあって、国際化に躊躇する中小企業経営者が多かった。

そこで、モンタナ世界貿易センター（MWTC）では、起業家向けのプログラムを開発した。それが、貿易ミッション（地域の中小企業、農業団体、観光業者や自治体関係者から構成される派遣団）とアーティストを連携させる取り組みであった。

図 11-6 は、MWTC による貿易ミッションが、プログラムを計画する前段階から実行までのプロセスの主要ステップの詳細を要約したもので、プログラムを持続可能にするためのサイクル（循環）を描いている。MWTC のプログラムは、補助金に依存している部分も残されているが、自力で運営で

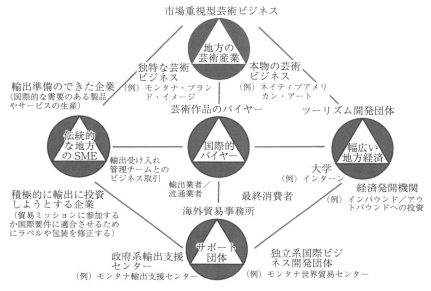

出所) Fraser McLeay, Hans-Christian Andersen, The art of SME export marketing: a case study, The Marketing Review, 2010, Vol. 10, No. 3, p. 252.)

**図 11-7　SME（中小企業）とアートの輸出ダイヤモンド**

きるところまで収益性が改善されてきている。貿易ミッションへの参加料による収入とテスト・マーケティング・プロジェクトと美術工芸品の売り上げから得られる手数料は、貿易ミッションの組織化や新しい国への展示会に再投資されている。経験を積んだスタッフは、計画と調査の領域を拡大し、地域、国、国際的な輸出支援組織との強力な関係と予算を利用して、プログラムの成功に重要な役割を果たしている。

　全ての地域が、モンタナやロッキー山脈のような神話的なウェスタンのイメージ、つまり、キャンペーンの支援に使われるようなセールス・ポイントがあるわけではない。しかしながら、ほとんどの地域には、投資すべきセールス・ポイントはある。図 11-7 は、特定のプログラムや市場向けに修正可能なコンセプトをダイヤモンドが示している。これは、中小企業とアートを

結びつける効果的な輸出支援プログラムを開発するために、経営者が考慮すべき4つの角（地方の芸術産業、伝統的な地方のSME、サポート団体、幅広い地方経済）とバイヤーを中心とする5つの当事者のつながりを同時に考慮に入れなければならないことを示している。ダイヤモンドの個々の点は、国際的に消費者満足をもたらすプログラムに影響を与え、そのため、プログラム全体の成功にも影響を与えることになる。組織と政策決定者は、輸出を促進するために、自国の優位性と国際的なつながりに基づいて構築できる範囲を見極めるモデルを使うことができる。

モンタナの貿易ミッションを中心とする地域国際戦略は、まず、アイルランド、ニュージーランド、オーストラリアという英語圏を対象と定めた。最初のアプローチでは、美術館や博物館での展示会の開催が主たるミッションとなり、その際に、モンタナへの観光と投資の魅力についてのPRも実施された。展示会に参加したアイルランドの旅行雑誌の編集者は、モンタナへのチケットを予約し、彼がモンタナを訪問したことで、ヨーロッパ全土にモンタナが紹介されることになった。その後、ニュージーランドとオーストラリアでも同様のプログラムが実施され、さらに、イタリア、カナダへとミッションを派遣した。

モンタナの取り組みは、市場としては比較的小規模ではあるが、それだけに他の地域からの注目度がそれ程高くはないようなアイルランドというニッチ・マーケットをターゲットにした結果、そこでの成功が橋頭堡となって、他の地域へと展開が可能となった。これは、いわばイノベーションの普及を妨げるキャズム[1]を乗り越える戦略であったといえよう。

一方、日本独自の文化といえば、茶道や能を中心とする伝統文化が頭に浮かぶが、いきなり茶道とそれにまつわる商品の紹介といっても、必ずしも共感を生む展開が期待できるとはいえないかもしれない。裏千家の茶道具を扱う（株）ミリエームの吉川氏は、「まずは世界的に認知されている『日本観』に基づき、より生活観のある『茶の湯』として、海外への浸透が望ましいと思います。例えば、世界遺産に登録された『和食』から『一汁一菜』→『茶懐

石』へ、また『和紙』から『表具・建具』→『茶室』へとナビゲートして、最終的に『茶道』へ誘導していくような手法もあろうかと思います」と指摘している[2]。

この考え方の実践版として、中小機構によれば、「愛知県西尾市の（株）あいやでは、抹茶は、健康に良いというメディアの報道→健康に関心の高い米国人の関心を集める→米国人の大好きなアイスクリームに抹茶を混ぜた抹茶アイスのレシピを売り込む→アイスで成功し、チョコレートやクッキーに拡げ、MATCHA の販売量が増加した」という取り組みが見られる（2014）。

最近では、クールジャパンの取り組みとして、三越伊勢丹が中心となって、NIPPONISTA（Japan Senses goes to New York）というイベントで、日本のファッション、デザイン、アート、フードを売り込む取り組みが行われている。こうした多様な取り組みが、日本の文化を伝える素地として積み重ねられていくことで、日本というブランドが明確化されていき、最終的には、日本文化の象徴の理解へと高まっていくと期待される（2013）。

また、JNTO NY では、2012 年から継続的に NY のグランド・セントラル・ターミナルのホールを借りて日本の観光プロモーション・イベントを実施している（2014）。観光関連企業に加えて、中小企業の PR の場としても活用され、多面性のある日本を PR して、日本への興味を抱かせようとする取り組みが行われている。こうした取り組みは、日本全体を傘ブランドとして認知してもらうことに有効であろう。

さらに、日本の各地域のマーケティングとしては、文化との接点で、地域の強みを世界に発信する場合に、歴史と文化の継承から、様々な地域に内在する固有の資源を活用することができる。世界遺産、文化遺産だけでも、多くの地域が認められ始めているが、こうした認証を得られていなくても、充分に個性豊かな地域資源が存在している。たとえば、JETRO 大阪本部では、2014 年 11 月に、「キッチン・テーブルウェア輸出商談会 in 大阪」と題して、中国、フランス、ドイツ、シンガポール、カナダ、米国からバイヤー

を招き、大阪、和歌山、京都、奈良、滋賀、兵庫の中小企業 49 社が参加して、①堺刃物の産地視察、②日本食料理人による和食のデモンストレーションを通じた日本のキッチン・テーブルウェアの使い方やつくりのいわれの解説、③緑茶の入れ方やたわしの使い方のデモ、④京都の竹芸品メーカーや和洋陶磁器卸小売店の視察を通じて、地域の伝統文化と中小企業の技をプロモーションした。その結果、従来の日本の市場では先細りと思われてきた業種に、海外で人気が得られることが明らかになったという (2014)。

地域固有の文化性は、その地域を体現しており、それによって固有の付加価値とともに、商品やサービスの提供が可能となるのである。

## 4　世界の日本に対するニーズ

### (1)　ニューヨークの食料品

前述したように、NY 周辺の米国系、中国系、韓国系、日系の各スーパーマーケットを訪問調査してみると、予想以上に日本製品が多数品揃えされていることに気づかされる。

たとえば、NY の食品小売コンサルタント下城氏によれば、Wegman's Food Market は、全米で最高レベルのスーパーマーケット (SM) で、NY と周辺の 5～6 州に 86 店舗をチェーン展開し、白人を顧客の中心としており、どの店舗にもインターナショナル・コーナーが設置され、そこでは相当の日本食品も扱われているという[3]。

この他にも、日経産業新聞によれば、伊藤園のペットボトル入り緑茶飲料「お～いお茶」が米国で普及し、2012 年の出荷量は、米国進出当初の 01 年の 20 倍に増加した。12 年には「セブン-イレブン」でも発売し、ほとんどの SM で購入できる。現地の販売価格は日本より高めの 1.5～2 ドルだが、健康志向の顧客を中心に受け入れられている。生活習慣病の対策としての日本食への関心の高まりに合わせて、緑茶への注目も集まった。緑茶に多く含まれるカテキンには、血圧やコレステロールの抑制、抗菌効果などが指摘さ

出所）筆者撮影。

**写真11-3　ミツワ店内で抹茶を提供する伊藤園**

れており、米国では、健康を意識した飲み方が主流である（2013）。ニュージャージー州のSMのミツワ店内では、写真11-3のように抹茶のカフェも登場し、賑わっていた。

日本経済新聞地方経済面新潟によれば、亀田製菓は、日本食ブームに応えて米国で代表商品「柿の種」の現地生産を行い、米大手SMで販売を開始する。小麦アレルギーの原因物質であるグルテンを含まない付加価値の高さもアピールし、健康志向の強い米国の消費者に訴える。味付けは従来と同様だが、「カメダクリスプス」は「亀田の柿の種」よりも米国向けに辛みが際立つ味に仕上げている。2012年にはウォルマートの一部店舗で取り扱いが始まるなど販路開拓を進めている（2013）。

日経MJ（流通新聞）によれば、ヤマト醤油味噌（金沢市）は輸出を拡大し、加熱処理をしない生しょうゆや有機栽培の大豆を使った味噌などを欧米のSMや高級飲食店に売り込む。日本食の普及で調味料への関心も高まっており、輸出先の8～9割を占める米国とフランスを軸に輸出拡大に取り組む。米国では西海岸の大手中間流通業者と契約した。フランスでは高級飲食店向けに加え、百貨店の食料品売場でも拡販する。パリの三つ星レストラン10店中8店が同社の「ひしほ醤油」を使うという（2012）。

日本経済新聞地方経済面北関東によれば、群馬県のコンニャク業界が米国

への輸出など、海外への販路拡大に動き始めた。群馬県は全国の8〜9割のシェアを握るが、国内の消費は減少傾向が続く。低カロリーなどの特長を生かして海外市場を開き、需要を広げる狙いだ。昭和村役場や企業関係者は、ロサンゼルスで開かれた日本食の展示会に参加し、低カロリーで食物繊維が豊富な健康面の特長に着目し、肉や小麦などを代替した製品を提案した。米国は世界でも有数の内臓脂肪症候群患者が多い国だ（2012）。

### （2） タイのRIX TECHNOLOGY（THAILAND）CO., LTDの取り組み[4]

リックス（株）は、福岡県福岡市に本社を置き、機械系の商社と製造部門（自社開発の半導体の洗浄機械の生産）を有し、国内およびタイ、中国、ドイツに生産拠点と販売拠点を設置している。このうち、タイのRIX TECHNOLOGYでは、日本とタイの工場で生産したものを販売し、他社のものも商社として販売している。タイ人14人、日本人3人の構成である。タイ進出のきっかけは、RIXの半導体洗浄装置を収めている顧客が多数あり、メンテナンスを足がかりに現地への進出へと展開していった。タイでの成功要因としては、自社に強力な製品が存在するという強みと日本での顧客との取引関係をそのままタイに持ち込めた点があげられる。

日本と異なる顧客先のうち、売り上げのおよそ半数は、新たな取引先である。9割が日系で、残り1割はタイと欧州系と米国系に分けられる。既存顧客だけでは、経営が厳しいが、タイで営業していることで、ユーザーが新たなユーザーを見つけてくれる紹介型の取引先開拓が多いといえよう。自動車分野では、部品メーカーが元請けからのアドバイスでラインの課題解決のための相談を受け、その後RIXの顧客となるといった関係が拡がっている。新規顧客向けに本社による新製品開発の取り組みが行われ、その結果、本社側でも新たな人員が増えている。

タイは、日本人が生活する環境が整っており、商社でも20〜30代の人の駐在が多いという。また、30代で社長の経験ができることも人材育成の視点で、中堅や中小企業にとっての海外進出の意義として大きいものがある。

海外に進出して、新しい取引先が増え、そこで評価されるようになると、国内でも、従来の取引先から、海外で取引を始めた企業に取引が移るところも出てきている。こうなると、国内に留まることを選択した企業にとっては、競争相手がどこから現れてくるのか未知数となり、実際の対応が難しくなる。今後は、日本に拠点を残しておかないと開発できない"知恵"の部分が残り、それ以外は、海外にシフトする傾向が大きいのではないだろうか。

サポート体制については、バンコクでは、地元の会計会社、コンサルタントにも相談できる。日本のメガ・バンクや、福岡県の地銀からバンコクの銀行へトレーニーとして出向している人にも相談が可能である。タイ政府投資委員会（Office of the Board of Investment）Japan Desk にも相談ができる。

その一方で、課題としては、タイでの技術開発は難しく、技術は日本から持ち込むしかない。研修を受けさせると、別の企業がハントしてしまうこともあり、長期間勤続する人員が稀なことが原因である。また、売り方にも問題がある。B to B のマーケティングの分野でのブランディングが弱いため、ヨーロッパ企業に売り負けてしまう可能性がある、ということであった。

### （3） インドネシアの工業団地で自動車関係の部品を製造する A 社[5]

同社は、当初、電機メーカーの要請を受け、インドネシアに進出したが、進出後には自動車産業との取引が活発になり、急激に売り上げを増加させている。日本国内での取引先とは異なる客先への対応をするために、国内で新たな技術開発を進め、その技術を活用して、インドネシアでの生産に当たるようになり、この技術が評価され、さらに、インドネシアから他国への輸出も視野に入ってきている。日本での生産量自体は、減少傾向にあるものの、新技術の開発など付加価値の高いビジネスに注力するため、新たな雇用も生んでいるということであった。

一方で、現地での人材育成にも力を入れ、マネジャー・クラスは、すべて現地の人材が担うまでになってきている。同社では、新入社員向けの入門

(挨拶など基礎的なコミュニケーション)・中級(チーム・ビルディング)・応用(リーダーシップ)・発展(改善提案)という4つのレベルで、現地人材の育成を行い、発展レベルまで習得すると、社外研修にも積極的に参加させ、学んだ内容を社内で講師役となって共有している。QC活動も積極的に導入している。こうした教育システムは、他の企業も参考とするところとなり、教育面での日本の中小企業のレベルの高さが大いに評価されているという。

海外の日本に対するニーズは、安全安心と、製品の耐久性や高品質、そして、人材育成といった点ではないだろうか。これらの強みを活かして、日本企業は、規模の大小を問わず、海外市場での発展の可能性を志向することができるものと考えられる。

## 5　今後に向けた取り組み

### (1)　起業促進の取り組みとして：付加価値産業への注力、特にIT

米国・カリフォルニア州のシリコンバレーは、世界中から優秀な人材が集まって、起業が活発に行われている地域である。ここで創業し、世界規模の企業へと成長した企業の創業者は、米国人とは限らない。そこに着目したフランス政府は、2014年3月に、サンフランシスコ市にインキュベーション施設を開設した。

日本は、JETROがサンフランシスコのベイエリアに立地する3か所のアクセラレーター[6]に独自のスペースを用意し、日系の創業者の支援を行っている。

また、自治体としては、福岡県が同地のアクセラレーター施設内に独自の事務所を開設し、シリコンバレーを中心とした米国経済情報の収集や、県内企業の米国進出支援を行っている。

このように、起業支援は、国内地域のみに限定するのではなく、海外においても、積極的に取り組むべきであるといえよう。

### (2) 多様な機関との連携

① 官官連携：政府系機関と地方自治体の連携によって、地域の国際戦略を推進する。

愛知県では、2014 年、「あいち国際ビジネス支援センター」を開所した。同センターは、愛知県産業労働センター（ウィンクあいち）内に、JETRO（同一フロア）と、一階には、愛知県観光協会の案内所も設置され、さらに愛知県内の産業の振興等を図るとともに、県内の伝統的工芸品や名産品などの県内産品を広く PR するために、ミニストップ内に、県内産品コーナー（展示即売所）を設けている。

同センターは、愛知県産業立地通商課と公益財団法人あいち産業振興機構が入居し、JETRO 名古屋と共同で企画を実施し、県内企業の海外販路開拓や海外進出支援のサービスをワン・ストップで行っている。訪問客の要望に応じて、県、産業支援機構、JETRO のそれぞれの取り組みを紹介し、関係機関に紹介も行う。

支援内容は、国際ビジネスに関する情報収集、専門家への相談、実務の学習、海外販路の開拓、国際ビジネスの実現がある。

成果としては、こうした施設が駅前の利用しやすい場所に立地することによって、利便性が高まり、国際化に向けた支援が身近でわかりやすいものとなることから、利用者は増加している。企画もスピーディに立案できるようになったという。

② 官民連携：自治体と地域の企業による連携によって、地域の国際戦略を推進する。

多様な連携が見られる分野である。特に、海外で地域のプロモーションを行う際には、自治体が主催し、JETRO の現地事務所などと連携を図りながら、地域の企業をとりまとめて、展示会を開催し、出展することで、地域のブランディングに貢献している。

③ 民民連携：企業間の連携によって、地域の国際戦略を推進する。

これには、地域の金融機関と地域の企業が連携して海外展開を推進するも

のや、中小企業が海外に進出する場合に、現地にインキュベーション施設を設立して、進出や創業を支援する取り組み、先輩企業によるサポートも見られる。たとえば、シンガポールでは、Crosscoop Singaporeが、ビジネス中心街にインキュベーション施設を設立して新規創業者の海外進出コストを削減し、現地でのビジネスの専門家との連携もアレンジして起業をサポートしている[7]。また、ヴェトナム・ホーチミン市では、先発の日本企業の経営者グループが立ち上げたsherpa（NPO）が、新規参入を希望する日系企業のメンターとして、アドバイスやコンサルティングを提供している[8]。

④　ALTの応用展開

最近の日本国内の取り組みとして、外国語指導助手（Assistant Language Teacher：ALT）や自治体で働く国際交流員（Coordinator for International Relations：CIR）らが、地域の様々なニーズに対応して、"よそ者"の視点で、インバウンドの誘客の役割を担う地域も出てきている。

たとえば、神戸新聞によれば、但馬で暮らす外国人と各市町の観光関係者たちによる交流会を通じて、生活のなかで感じている観光面の課題や魅力についての情報交換を行い、SNSを通じた情報発信の提案も行われている（2014）。

さらに、信濃毎日新聞によれば、松本市は2010、11年度、市内のNPOに委託し、ALTや留学生の協力を得て観光資源を再発掘し、受け入れ態勢の改善点をあげてもらう調査を実施した。そこから、登山道に外国語の案内表示が不足していることなどが課題として浮かび上がった。プロジェクト代表で亀清旅館（千曲市）のタイラー・リンチ氏（米国出身）は「外国人の興味のあるところにマッチした観光資源を打ち出せる。海外で知られていない長野の魅力を発信すれば、もっと多くの外国人が来てくれるはずだ」という（2011）。

このように、地域に長期間関わろうとする外国人を観光誘客や地域資源の発掘に活用する取り組みは、日本の各地域と海外の人々を結びつけ、より多くの地域の魅力を伝えるきっかけとなるであろう。

## 6　むすびにかえて

　本章では、地域の活性化の方向性として、地域からの国際化の方策を論じてきた。これらを総括するならば、地域の活性化の取り組み方には、2つの方向性が考えられよう。

　1つは、世界に出るか地域に貢献するかの選択である。本章で述べたように、今や世界進出は、大手企業のみならず、地域の中小企業や農家にとっても大いに可能性がある。しかし、地域にも多様なニーズは存在しており、それらへの取り組みにも多様な意義が見いだされる。すなわち、国内地域における社会的課題からニッチ・マーケットを開拓することも求められているのである。

　もう1つは、世界に売りに行くか世界から買いに来てもらうかについての判断である。前者は、現地でのパートナーとの関係作りが大きな課題となろう。後者は、観光のためのコンテンツ作りが課題である。

　いずれの選択肢も、地域の自主性が問われる時代である。それが地域の文化、個性の発信につながるからである。

※本章は、平成26年度（高崎経済大学）特別研究助成金に基づき研究をまとめることができた。

注
1)　キャズムとは、E.M. ロジャースの普及曲線上で初期少数採用者から初期多数採用者に成長する手前で失速してしまう溝を指す（Geoffrey Moore, Chasm (1999)、ジェフリー・ムーア著、川又政治訳 (2002)『キャズム』翔泳社、11～38頁）。
2)　筆者の訪問調査の際のインタビュー（2014）。
3)　同上。
4)　同上。
5)　同上。
6)　アクセラレーター（accelerator）とは、創業間もない、あるいはこれから創業するような段階のベンチャー企業や創業チームに対して小額の資金を投資し、2～5%

程度の株式を取得する。そして、メンターと呼ばれる起業経験者や業界の識者による2～3か月間の短期集中の育成プログラムを実施し、プログラムの最後にはエンジェルやVCを集めて追加投資を得るためのピッチと呼ばれるイベントを開催する（http://jp.fujitsu.com/group/fri/column/opinion/201111/2011-11-9.html 2014/03/11 アクセス）
7）筆者の訪問調査の際のインタビュー（2014）。
8）同上。

**参考文献**
新たな「国土のグランドデザイン」（2014）http://www5.cao.go.jp/keizai-shimon/kaigi/special/future/wg3/0416/haifu_01.pdf（2014.12.10 アクセス）。
Fraser McLeay, Hans-Christian Andersen (2010) "The art of SME export marketing: a case study," *The Marketing Review*, Vol. 10. No. 3, pp. 239-258.
World Bank (1999) "Knowledge for Development," *World Development Report*, 1998/99, Washington; World Bank, August 9.
Henry, C. (ed.) (2007) *Entrepreneurship in the Creative Industries: An International Perspective*, Cheltenham, UK: Edward Elgar.
Richard Florida (2002) *The Rise of the Creative Class*, リチャード・フロリダ著、井口典夫訳（2008）『クリエイティブ資本論――新たな経済階級の台頭』ダイヤモンド社。
H. Igor Ansoff (1988) *THE NEW CORPORATE STRATEGY*, H. イゴール・アンゾフ著、中村元一、黒田哲彦訳（1990）『最新・戦略経営――戦略作成・実行の展開とプロセス』産能大学出版部。
観光立国推進戦略会議（2008）http://www.kantei.go.jp/jp/singi/kanko2/suisin/working/dai2/siryou2.pdf（2014.12.10 アクセス）。
新村出編（1971）『広辞苑』岩波書店、1976頁。
ユネスコ文化多様性に関する世界宣言（2001）http://www.unesco.org/new/fileadmin/MULTIMEDIA/HQ/CLT/diversity/pdf/declaration_cultural_diversity_ja.pdf（2014.12.10 アクセス）。
http://www.smrj.go.jp/keiei/kokurepo/case/057330.html（2014）（2014.12.10 アクセス）。
http://www.meti.go.jp/policy/mono_info_service/mono/creative/4_mitsukoshiisetan.pdf（2013）（2014.12.10 アクセス）。
高崎経済大学地域政策研究センター編、「地域内の協働によるインバウンド戦略の可能性」Annual Report 2010, 2010年度9号、19～22頁。
佐々木茂、石原慎士、石川和男著（2014）『地域マーケティングの核心』同友舘。
ジャパンウィーク（2014）http://japanweek.us/（2014.12.10 アクセス）。
2014年度大阪バイヤー招へい事業（デザイン／キッチン・テーブルウェア）実施報告、JETRO大阪本部、2014。
日経産業新聞、2013/9/17、9頁。

日本経済新聞地方経済面新潟、2013/5/31、22 頁。
日経 MJ（流通新聞）、2012/10/31、15 頁。
日本経済新聞地方経済面北関東、2012/3/7、41 頁。
神戸新聞地方版、2014/9/9、28 頁。
信濃毎日新聞朝刊、 2011/01/14、6 頁。

# あ と が き

　本書は高崎経済大学産業研究所のプロジェクト「デフレーション現象への多角的接近」の研究成果に基づく報告書第2弾である。しかし続編という位置づけではなく、執筆者を一新した、別個の報告書である。

　第1章は様々な観点から、デフレーションがもたらす望ましくない影響の程度について、先行研究に基づき検討している。その結果、総合的にみて、日本において1990年代以降に生じたデフレーションがもたらした社会的費用は甚大な物であったとは断言できないとする。

　第2章は客観的状況たる実質価格・実質賃金よりも、人間の目の前に提示される数値である名目価格・名目賃金の方に人間の意思決定や感覚は影響されるという、貨幣錯覚について取り上げ、実験手法によって検証を行っている。本章の著者による実験では、貨幣錯覚の存在が確認された。個人レベルで生じる貨幣錯覚がわずかであったとしても、それが人々の予想に影響を与えることによって名目価格の調整に大きな影響をもたらすことが実験によって明らかにされた。また別の実験では、価格変動が小さい条件と大きい条件との比較が行われ、物価変動が大きい方が貨幣錯覚による影響が大きくなることが確認され、そしてどちらの条件においても被験者の行動が消費を抑制する方向へと向かうことが分かった。

　第3章はOLGモデル（overlapping generations model、世代重複モデル）に基づいた理論的考察である。人々が合理的な意思決定をしたとしても、複数の貨幣的均衡が存在しうることが指摘される。金融政策などを含む経済政策が行われると、それが人々の合理的な予測の行い方を大きく変化させ、経済の不安定化につながる可能性が否定できないため、政策を実施する際にはより一層の慎重さが求められるとする。

　第4章はNPM（New Public Management、新しい公共経営）について取り上げる。本章は先ず不況対策の財政出動に伴って国の一般会計における

公債残高がうなぎ登りに増加してしまったことを確認する。次に、累進構造を持つ税金の仕組みが、デフレーションの下では、物価下落率を下回る税収の落ち込みをもたらしてしまうことを述べる。そして厳しい財政の下では、歳出削減のために「新しい公共経営」と称する取り組みが欠かせないと主張する。

第5章は民主主義政体下における政策決定に際して、国民に不人気な政策を決めるにあたって働くある種の力学について取り上げる。非難回避の戦略として5つが紹介され、その中でも超党派的合意形成が最も望ましいと結論づける。

第6章は第1次世界大戦終了前後から1925年の金本位制復帰を経て再び金本位制離脱となる1931年までを取り上げる。金本位制においては、各国中央銀行が保有する金準備を防衛するために金利を高めにすることがあり、そのためにデフレーションになることがある。この時期の国際関係の中で、各国がどのように金利を設定し、また金本位制の復帰や離脱を行ってきたかが描かれる。

第7章は明治以降における日本の近代的な産業形成と物価の変動を振り返り、それと対比しながら群馬県の産業形成と物価変動が概観される。先行研究の引用により、1937年以前には、戦争の勃発をきっかけにインフレーションが生じ、戦争が終わるとデフレーションになる、という物価変動パターンが4度起こったことが指摘される。特に第1次世界大戦に伴って大きな変動が日本でも起きた。1914年7月に勃発すると翌年には日本では戦争景気が始まり、物価が高騰した。1919年に終戦となると各種の物価が暴落する戦後恐慌が始まった。本章では、全国及び群馬県のデータを用いて、物価の変化と主要産品の生産額の変化が丹念に描かれる。

第8章は天候デリバティブについて取り上げる。群馬県の北部にはスキー場が有り、その多くは12月中旬から下旬にかけて営業を開始している。各スキー場はこの時期に営業を始められるよう、開業準備をしているのだが、この時期の降雪が少ないと営業開始を遅らせなければならない。既に経費を

かけているのに収入が得られない状態がしばらく続くことになる。この損失を補うファイナンス的手段として天候デリバティブの利用を提案している。県内のスキー場を対象に質問票調査を行い、天候デリバティブの利用度合いや利用意向などを調べている。また試算を行っている。

　第9章はデフレーション及びインフレーションの下で企業がとるべき経営戦略が検討される。市場競争の下に置かれている各企業にとっては、良い物（サービス）をより低価格で提供するべく努力する、という最も基本的なありようが、デフレーションであれインフレーションであれ、景気変動に関わらず重要であることが明らかにされる。

　第10章はLCC（Low Cost Carrier、低費用航空会社）が日本の航空市場に与えた影響が検討される。まず、航空機のみを移動手段とする路線として成田－那覇線が検討され、ここでは新興航空会社及びLCCの参入が旅客需要を増加させることに貢献したと結論づける。また代替的交通手段として新幹線が存在する航空路線として、大阪－福岡線が検討された。ここでは新幹線利用客の方が圧倒的に多いとされるのだが、新興航空会社及びLCCの参入が、従来は航空機を利用しなかった旅客層の需要創出につながったと結論づける。

　第11章は地方の企業が世界を相手にビジネスを展開する可能性にについて取り上げる。既に実現している先進的な取り組みを多数紹介している。デフレーションに伴う国内需要の減少に適応するだけでなく、海外の市場に売り込んでいく、あるいは外国人観光客をより多く迎えられるようにする、というありようは、商いの原理原則を思い起こさせる。

　本稿執筆時点で振り返ってみると、物価は上がったと実感するが、それに見合う賃金上昇は全国民的規模では未だ生じていないように思われる。円安が進行したため中小企業はさらなる打撃を受けているとの報道も聞かれる。現政権による経済政策の恩恵が全国民的に行き渡るまでには時間がかかるのかもしれないが、変化の速度がますます速くなっている現代社会では、しび

れが切れてしまうまでの猶予も以前より短くなっているだろう。

「インフレーションに転換すれば、人々は価格が上がってしまう前に物を買うだろうから景気が良くなる」とよく言われる。しかし、これは需要の先食いにとどまってしまう可能性が高い。需要の先食いが起きれば、その後に反動減がやってくるということが、容易に予測できる。物価が上がる事象の一つに消費税増税があるが、近年の消費増税の前後に起きた駆け込み需要と反動減を思い起こす。また家電エコポイント制度終了後の家電業界の業績悪化も記憶に新しい。反動減がやってくるのが確実なら、企業行動あるいは経営者の行動としては、人件費を初めとした経費の変動費化をさらに進めるのが合理的である。一時的な需要増加に応えるため投資をしたとしても、回収が済む前に反動減がやってくれば、経営危機に陥ってしまいかねない。変動の山と谷を小さく抑えて、安定が長く継続するようにならないものだろうか。変動を抑えるために一人ひとりができることは何だろうか。

高崎経済大学産業研究所の職員の方々には、事務作業の全てを担っていただいている。もちろん事務作業の多くを職員が担当するのは、分業論の立場から望ましいだけでなくリスク管理の面からも不可欠である。とはいえ今回も当然遂行すべき以上の負担をかけることになり感謝の念に堪えない。出版を引き受けていただいた日本経済評論社および担当編集者氏そして印刷・製本業者の皆様には、年度末の忙しい時期にさらに拍車をかける事態となった中、快く業務を遂行していただいたことに深謝したい。個人情報保護に敏感にならざるをえない昨今の状況を踏まえ、個々人のお名前をここに挙げるのは控えるが、お世話になった記憶はこれからも消えないだろう。

2015 年 2 月

研究プロジェクトを代表して　藤 本　哲

## 執筆者紹介 （執筆順）

**中野正裕**（なかの　まさひろ）
1969年熊本県生まれ。
現在、高崎経済大学経済学部准教授。
専攻はマクロ経済学、金融論。
主な著作に『国際化時代のマクロ経済』（共著、実教出版、2006年）、「人口減少時代の社会像と地域・中小企業金融」佐々木茂、味水佑毅編著『地域政策を考える——2030年へのシナリオ』（勁草書房、2009年、第13章所収）、「ソーシャル・キャピタルと経済成長」（高崎経済大学附属産業研究所編『ソーシャル・キャピタル論の探求』日本経済評論社、2011年、第11章所収）。

**山森哲雄**（やまもり　てつお）
現在、高崎経済大学経済学部准教授。東京大学大学院経済学研究科博士課程修了。博士（経済学）。群馬工業高等専門学校講師、高崎経済大学経済学部講師を経て現職。
専攻はゲーム理論、実験経済学。
主な著作に "When You Ask Zeus a Favor: Third Party's Voice in a Dictator Game"（共著：*The Japanese Economic Review*, 2010）、"Evolutionary Drift in Preference and Equilibrium Selection"（*The Japanese Economic Review*, 2009）、"Voice Matters in a Dictator Game"（共著：*Experimental Economics*, 2008）など。

**岡田知之**（おかだ　ともゆき）
現在、高崎経済大学経済学部准教授。
専攻は経済成長論。
主な著作に「所得再分配政策の所得格差と経済成長に対する効果」（『現代経済学研究』第8号、西日本理論経済学会編、勁草書房、2000年）、「ラーニング・バイ・ドゥーイングによる後発国における持続的成長の可能性について」（『日本経済研究』第45号、日本経済研究センター編、2002年）、「再生可能資源の持続的利用可能性について」（『地球環境レポート』第9号、中央大学出版部、2004年）。

**中村匡克**（なかむら　ただかつ）
法政大学大学院社会科学研究科博士後期課程修了。博士（経済学）。
現在、高崎経済大学地域政策学部准教授。
専攻は地方財政、公共選択。
主な著作に「規模に応じた市町村の役割分担の再検討——地方分権の議論と公共選択の視点」（『公共選択』第63号、2015年）、「市町村の政策決定におけるインセンティブの実証分析——ごみ処理有料制の実施状況から」（『経済学集』第57巻第2号、2014年）、「地方自治体における地域政策研究の内部化と地域活性化——東京都町田市を事例として」（高崎経済大学地域政策研究センター編『イノベーションによる地域活性化』日本経済評論社、2013年、第7章所収）。

**秋朝礼恵**（あきとも　あやえ）
現在、高崎経済大学経済学部准教授。
専攻は福祉国家論、地域研究（北欧）。
主な著作に「財政再建の政治経済学——痛みの分かち合い方」（『北欧学のフロンティア』ミネルヴァ書房、2015年）、"Reflections on the Evolution of the Swedish Model: Machinery for Innovation"（*Japanese Journal of European Studies*, vol. 3. 2015）、「スウェーデン——人的資源育成策としての保育・教育サービス」（『世界の保育保障』法律文化社、2012年）。

## 執筆者紹介

**伊藤宣広**（いとう　のぶひろ）
1977年三重県生まれ。
現在、高崎経済大学経済学部准教授。
専攻は経済学史、現代経済学。
主な著作に『現代経済学の誕生――ケンブリッジ学派の系譜』（中公新書、2006年）、『ケンブリッジ学派のマクロ経済分析――マーシャル・ピグー・ロバートソン』（ミネルヴァ書房、2007年）、アルフレッド・マーシャル著『クールヘッド＆ウォームハート』（翻訳＋解説）（ミネルヴァ書房、2014年）、Ryuzo Kuroki (ed.) *Keynes and Modern Economics*, Routledge, 2013（共著）ほか。

**今野昌信**（こんの　まさのぶ）
1957年宮城県生まれ。
現在、高崎経済大学　経済学部教授。
専攻は国際金融。
主な著作に「〈近代の超克〉論と近代科学への一考察」（『高崎経済大学論集』、2014年）、「大学発ベンチャー事業立ち上げと人材派遣会社の教育プログラムに関する考察」（『産業研究』、2014年）、「製糸業における技術改良と群馬県の生産体制」（『高崎経済大学論集』、2014年）。

**阿部圭司**（あべ　けいじ）
1970年新潟県生まれ。
現在、高崎経済大学経済学部教授。
専攻は証券市場論、企業財務論。
主な著作に『ファイナンス入門』（共著、放送大学教育振興会、2012年）、『ファイナンシャル・リテラシー』（共著、同友館、2011年）、『Excelで学ぶ回帰分析』（ナツメ社、2004年）。

**関根雅則**（せきね　まさのり）
1967年東京都生まれ。
現在、高崎経済大学経済学部教授。
専攻は経営戦略、イノベーション。
主な著作に「オープン・イノベーションの背景」（『高崎経済大学論集』第56巻第1号、2013年）、「戦略的CSRとイノベーション」（『高崎経済大学論集』第53巻第1号、2010年）、「ビジネス・インキュベータにおける柔軟さの必要性」（『高崎経済大学論集』第51巻第1号、2008年）。

**大石恵**（おおいし　めぐみ）
1973年山口県生まれ。
現在、高崎経済大学経済学部准教授。
専攻は台湾の政治・経済。
主な著作に「中華民国交通部編『台湾交通事業設備及人力統計報告』にみる航空事業」（『産業研究』第48巻第1号、2012年10月）、「台湾における外資航空会社の存続問題――外国人投資条例（1954年）の施行をめぐって」（『産業研究』第46巻第2号、2011年3月）、「台湾政府文書からみた冷戦期台湾の民間航空――米台関係を中心に」（『高崎経済大学論集』第52巻第4号、2010年3月）。

**佐々木茂**（ささき　しげる）
1959年東京都生まれ。
現在、高崎経済大学経済学部教授。
専攻はマーケティング。
主な著作に『流通システム論の新視点』（ぎょうせい、2003年）、『イノベーションによる地域活性化』（共著、日本経済評論社、2013年）、『地域経営の課題解決』（共著、同友館、2013年）、『地域マーケティングの核心』（共著、同友館、2014年）。

### デフレーションの経済と歴史

| | | |
|---|---|---|
| 2015年3月25日　第1刷発行 | 定価（本体3500円＋税） | |

| | | |
|---|---|---|
| 編　者 | 高崎経済大学産業研究所 | |
| 発行者 | 栗原哲也 | |
| 発行所 | 株式会社 日本経済評論社 | |

〒101-0051　東京都千代田区神田神保町3-2
電話　03-3230-1661　FAX　03-3265-2993
URL: http://www.nikkeihyo.co.jp/
印刷・製本：太平印刷社

装幀＊渡辺美知子

乱丁・落丁本はお取替いたします。Printed in Japan　ISBN978-4-8188-2377-8
Ⓒ高崎経済大学産業研究所

・本書の複製権・譲渡権・公衆送信権（送信可能化権を含む）は㈱日本経済評論社が保有します。
・JCOPY　〈(社)出版者著作権管理機構　委託出版物〉
本書の無断複写は、著作権法上での例外を除き禁じられています。複写される場合はそのつど事前に(社)出版者著作権管理機構（電話 03-3513-6969、FAX 03-3513-6979、e-mail: info@jcopy.or.jp）の許諾を得て下さい。

## 高崎経済大学産業研究所叢書

| | |
|---|---|
| 群馬・地域文化の諸相 ―その濫觴と興隆― | 本体3200円 |
| 利根川上流地域の開発と産業―その変遷と課題―（品切） | 本体3200円 |
| 近代群馬の思想群像Ⅱ（品切） | 本体3000円 |
| 高度成長時代と群馬（品切） | 本体3000円 |
| ベンチャー型社会の到来―起業家精神と創業環境― | 本体3500円 |
| 車王国群馬の公共交通とまちづくり | 本体3200円 |
| 「現代アジア」のダイナミズムと日本―社会文化と研究開発― | 本体3500円 |
| 近代群馬の蚕糸業（品切） | 本体3500円 |
| 新経営・経済時代への多元的適応 | 本体3500円 |
| 地方の時代の都市・山間再生の方途（品切） | 本体3200円 |
| 開発の断面 ―地域・産業・環境―（品切） | 本体3200円 |
| 群馬にみる人・自然・思想―生成と共生の世界―（品切） | 本体3200円 |
| 「首都圏問題」の位相と北関東 | 本体3200円 |
| 変革の企業経営 ―人間視点からの戦略― | 本体3200円 |
| IPネットワーク社会と都市型産業 | 本体3500円 |
| 都市型産業と地域零細サービス業（品切） | 本体2500円 |
| 大学と地域貢献―地方公立大学付設研究所の挑戦―（品切） | 本体2000円 |
| 近代群馬の民衆思想 ―経世済民の系譜― | 本体3200円 |
| 循環共生社会と地域づくり | 本体3400円 |
| 事業創造論の構築 | 本体3400円 |
| 新地場産業と産業環境の現在 | 本体3500円 |
| サステイナブル社会とアメニティ | 本体3500円 |
| 群馬・産業遺産の諸相 | 本体3800円 |
| 地方公立大学の未来 | 本体3500円 |
| ソーシャル・キャピタル論の探究（品切） | 本体3500円 |
| 新高崎市の諸相と地域的課題 | 本体3500円 |
| 高大連携と能力形成 | 本体3500円 |
| デフレーション現象への多角的接近 | 本体3200円 |

表示価格は2015年3月現在の本体価格（税別）です。